Leonardo Padura

Labyrinth der Masken

metro

Leonardo Padura

Labyrinth der Masken

Das Havanna-Quartett: »Sommer«

Aus dem kubanischen Spanisch von
Hans-Joachim Hartstein

Unionsverlag

metro – Spannungsliteratur im Unionsverlag,
herausgegeben von Thomas Wörtche

Die spanische Erstausgabe erschien 1997
unter dem Titel *Máscaras* bei Tusquets Editores, Barcelona.
Deutsche Erstausgabe

Die Übersetzung aus dem Spanischen wurde
unterstützt durch die Gesellschaft zur
Förderung der Literatur aus Afrika, Asien
und Lateinamerika e.V. in Zusammenarbeit
mit der Kulturstiftung PRO HELVETIA

Im Internet
Aktuelle Informationen,
Dokumente, Materialien
www.unionsverlag.com

Rieterstrasse 18, CH-8027 Zürich
Telefon 0041-44-281 14 00, Fax 0041-44-281 14 40
mail@unionsverlag.ch

Umschlagfoto: Robert Polidori
Druck und Bindung: GGP Media GmbH, Pößneck
ISBN 3-293-00323-0

Und wieder einmal so, wie es sein muss: Für Dich, Lucía

Vorbemerkung des Autors

In diesem Roman habe ich mir die dichterische Freiheit genommen, mehr oder weniger ausführlich aus Texten von Virgilio Piñera, Severo Sarduy, Dashiell Hammett, Abilio Estévez, Antonin Artaud, Eliseo Diego, Dalia Acosta und Leonardo Padura sowie aus verschiedenen halbamtlichen Dokumenten und aus Passagen der Evangelien zu zitieren. Einige der Zitate habe ich verändert, andere sogar verbessert, und fast immer habe ich die sonst üblichen Anführungszeichen weggelassen.

Folgenden Freunden möchte ich dafür danken, dass sie ihre Zeit und ihr Talent der Lektüre und Korrektur meines Manuskriptes gewidmet haben: Lourdes Gómez, Ambrosio Fornet, Alex Fleites, Norberto Codina, Arturo Arango, Rodolfo Pérez Valero, Justo Vasco, Gisela González, Elena Núñez und natürlich Lucía López Coll. Schließlich weise ich wie immer darauf hin, dass Personen und Ereignisse in diesem Buch meiner Fantasie entsprungen sind, auch wenn sie der Realität ziemlich nahe kommen sollten. Mario Conde ist kein Polizist, sondern eine Metapher, und sein Leben spielt sich im virtuellen Raum der Literatur ab.

Sommer 1989

PÄDAGOGE: Nein, es gibt keinen Ausweg.
OREST: Bleibt nur der Sophismus.
PÄDAGOGE: Das ist richtig. In einer so dünkelhaften Stadt
wie dieser, mit Ruhmestaten, die niemals vollbracht,
mit Denkmälern, die niemals errichtet, mit Tugenden,
die von niemandem je besessen wurden,
in solch einer Stadt ist der Sophismus die ideale Waffe.
Wenn eine jener weisen Frauen dir sagt, sie sei
eine fruchtbare Schöpferin von Tragödien, so wage nicht,
ihr zu widersprechen; behauptet ein Mann, er sei
ein hervorragender Kritiker, so bestätige ihn in seiner Lüge.
Wir befinden uns, vergiss das nicht, in einer Stadt,
in der alle Welt betrogen sein will.

Virgilio Piñera, »Electra Garrigó«, III. Akt

Zuallererst ist es wichtig festzustellen,
dass das Theater, genau wie die Pest, ein Fieberwahn
und ansteckend ist.

Antonin Artaud, »Das Theater und sein Double«

Wir alle benutzen Masken.

Batman

1

Die Hitze ist eine schreckliche Plage, die alles und alle heimsucht. Die Hitze senkt sich wie ein weiter Mantel aus roter Seide herab, geschmeidig und zäh umhüllt sie Körper, Bäume und Dinge, um ihnen das böse Gift der Verzweiflung und des langsamen, sicheren Todes einzuflößen. Die Hitze ist ein Urteil, gegen das weder Berufung eingelegt noch mildernde Umstände geltend gemacht werden können. Sie scheint es darauf abgesehen zu haben, das gesamte Universum zu zerstören, auch wenn nur die gottlose Stadt oder das verfluchte Viertel in ihren tödlichen Strudel gerissen werden sollen. Die Hitze ist eine Qual für die räudigen Straßenköter, die in der Wüste herumirren auf der Suche nach einer Wasserpfütze; für die Greise, die sich auf ihren müden Beinen und noch müderen Krücken durch die Hundstage schleppen in ihrem täglichen Kampf ums nackte Weiterleben; für die einst so majestätischen, nun aber von der Geißel ansteigender Temperaturen gebeugten Bäume; für den leblosen Staub an den Bordsteinen, der sich nach dem lange ausbleibenden Regen oder nach einem einsichtigen Wind sehnt, bereit, sich von ihnen wieder zum Leben erwecken zu lassen und sich in Schlamm oder in Staubwolken, in Sturzbäche oder Drecklawinen zu verwandeln. Die Hitze zermalmt alles, sie tyrannisiert die Welt, zerstört das, was noch nicht verloren ist, und erzeugt nichts als Wut und Rachsucht, die teuflischsten Neid- und Hassgefühle, so als wäre ihr einziges Ziel das Ende der Welt, der Geschichte, der Menschheit, der Erinnerungen …

Scheiße noch mal, murmelte er, so eine verdammte Hitze. Er nahm die Sonnenbrille ab, um sich den Schweiß vom Gesicht zu wischen, und spuckte auf die Straße. Der zähe Speichel rollte über den durstigen Staub, der ihn gierig aufsaugte. Der Schweiß brannte ihm in den Augen. Mario Conde richtete den Blick gen Himmel und flehte darum, eine gnädige Wolke möge sich erbarmen. Plötzlich attackierte lautes Stimmengewirr sein Hirn. Ein mehrstimmiger Chor der Rache oder des Triumphes erfüllte die Luft, so als wäre er jäh aus der Erde hervorgebrochen, um gegen die Nachmittagshitze zu protestieren. Für einen Moment übertönte er den Lärm der Autos und Lastwagen, die über die Calzada röhrten, und setzte sich hartnäckig im Gedächtnis des Teniente fest. Mario ging bis zur nächsten Straßenecke, und erst da sah er sie. Während die einen feierten, sich auf die Schultern klopften und herumgrölten, beschimpften sich die anderen in gleicher Lautstärke, allerdings mit entsprechend feindseligen Mienen, wobei sie sich gegenseitig die Schuld daran gaben, dass Erstere sich vor Glück kaum einkriegten. Die einen haben gewonnen, die anderen verloren, schloss Mario messerscharf. Er blieb stehen und sah sich das Spektakel an, das von den Jungen zwischen zwölf und sechzehn Jahren veranstaltet wurde. Alle Hautfarben waren vertreten, und es gab Dicke und Dünne, Große und Kleine unter ihnen. Wenn vor zwanzig Jahren jemand wie ich ein solches Geschrei vernommen hätte und an dieser Straßenecke stehen geblieben wäre, dachte El Conde, dann hätte er genau dasselbe gesehen wie ich jetzt: Jungen aller Hautfarben, Dicke und Dünne, Große und Kleine, und der da, der am lautesten herumschrie vor Ärger oder vor Freude, das wäre bestimmt der kleine Condesito gewesen, der Enkel von Rufino Conde. Den Teniente überkam das Gefühl, dass die Zeit hier stehen geblieben war. Genau diese Seitenstraße hatte nämlich schon damals als Baseballfeld gedient, auch wenn für kurze Zeit mal ein treuloser Fußball gesichtet oder ein abtrünniger Basketballkorb an einen der Strommasten genagelt worden war. Dann hatte jedoch bald wieder der Baseball – mit dem Schlagstock oder mit der Hand, über vier Ecken, mit drei *rolling-un-fly* oder gegen die Wand – ohne große Diskussion die Herrschaft über jene flüchtigen Modeerscheinungen übernommen. Baseball war eine ansteckende Krankheit, eine chronische Leidenschaft, von der Mario und seine Freunde dauerhaft und heftig befallen gewesen waren.

Trotz der Hitze eigneten sich die Augustabende bestens für ein Baseballspiel an der Ecke. Die Sommerferien sorgten dafür, dass sich alle Welt zu jeder Tageszeit auf der Straße herumtrieb. Man hatte nichts Besseres zu tun, und die unermüdliche Sonne erlaubte es, eine richtig spannende Partie auch noch weit nach acht Uhr zu Ende zu spielen. In letzter Zeit jedoch hatte El Conde nur selten Gelegenheit gehabt, solchen Partien zuzuschauen. Offenbar bevorzugten die Jungen aus dem Viertel andere, weniger Kraft raubende und weniger Schweiß treibende Zerstreuungen als die, in der glühenden Sommersonne stundenlang zu rennen, den Ball zu schlagen und herumzuschreien. Mario fragte sich, womit sich die Jungs heutzutage die langen Nachmittage und Abende vertrieben. Wir jedenfalls haben ständig Baseball gespielt, erinnerte er sich. Und dann fiel ihm ein, dass nicht mehr viele von ihnen hier im Viertel wohnten. Während die einen wegen kleinerer oder größerer Delikte im Gefängnis aus- und eingingen, hielten sich andere an so unterschiedlichen Orten wie Alamar, Hialeah, Santiago de las Vegas, Union City, Cojímar oder Stockholm auf. Und einer hatte inzwischen sogar eine Reise ohne Wiederkehr zum Friedhof Colón angetreten. Armer Marquitos … Selbst wenn sie, die von damals, es also wollten, wenn sie noch genügend Kraft in Armen und Beinen hätten, dachte er, selbst dann könnten sie keine ordentliche Baseballpartie dort an der Ecke austragen. Das Leben hatte diese Möglichkeit, wie so viele andere, zunichte gemacht.

Freudengeheul und Zähneknirschen waren vergessen, und die Jungen beschlossen, eine weitere Partie zu spielen. Zwei von ihnen, allem Anschein nach die Anführer der Gruppe, stellten die Mannschaften neu zusammen. Diesmal sollte ein ausgewogeneres Kräfteverhältnis dafür sorgen, dass der Kampf um den Sieg unter gerechteren Bedingungen stattfinden konnte. Da hatte Mario eine Idee. Er würde sie bitten, ihn mitspielen zu lassen. Die acht Stunden im Büro des Erkennungsdienstes der Polizeizentrale hatten ihn zwar ziemlich mitgenommen, aber es war erst sechs Uhr nachmittags und er verspürte noch keine Lust, in die Hitze seines einsamen Heimes zurückzukehren. Das Beste würde es sein, sich bei einem spannenden Baseballspiel zu entspannen. Wenn sie ihn ließen.

Er ging zu dem Holzbrett, das ihnen als *home-plate* diente, und sprach Felicios Sohn an. Der schwarze Felicio war einer von denen, die früher immer mit ihm gespielt hatten. El Conde hatte ihn schon seit einer Ewigkeit nicht mehr gesehen, und so nahm er an, dass er wieder mal im Knast gelandet war. Der Sohn war genauso schwarz wie sein Vater und hatte auch jenen durchdringenden, säuerlichen Schweißgeruch geerbt, an den Mario sich noch so gut erinnerte. Zu oft war er ihm in die Nase gestiegen, wenn er mit Felicio unterwegs gewesen war. »Rubén«, sagte er zu dem Jungen, der ihn überrascht ansah, »was meinst du, kann ich wohl ein bisschen bei euch mitspielen?«

Der Junge starrte ihn an, als hätte er ihn nicht richtig verstanden. Dann sah er zu seinen Freunden hinüber. El Conde hielt eine Erklärung für angebracht. »Hab schon lange nicht mehr gespielt, und jetzt hätte ich Lust, mal wieder ein paar Bälle zu fangen …«

Rubén wandte sich den anderen zu, um die Verantwortung für diese folgenschwere Entscheidung nicht alleine tragen zu müssen. In diesem Land ist es besser, alles mit allen zu besprechen, dachte Mario, während er auf den Urteilsspruch wartete. Die Gruppe war offenbar geteilter Meinung, und die Entscheidung ließ lange auf sich warten. »Okay«, sagte Rubén schließlich in seiner Funktion als Vermittler. Doch weder er noch die anderen Jungen schienen begeistert von der erteilten Spielerlaubnis.

Während noch über die Zusammenstellung der beiden Mannschaften diskutiert wurde, zog Mario das Hemd aus und krempelte die Hosenbeine zweimal um. Zum Glück hatte er heute seine Dienstpistole nicht dabei. Er legte das Hemd über das Mäuerchen vor dem Haus, in dem Enrique gewohnt hatte. El Gallego. Wie lange war der jetzt schon tot? Zehn Jahre, zwanzig, tausend? Mario wurde Rubéns Mannschaft zugeteilt. Als er sich dann aber mitten unter den Halbwüchsigen wiederfand, mit freiem Oberkörper wie sie, merkte er, wie absurd und widernatürlich das alles war. Er spürte die ironischen Blicke der Jungen auf seiner Haut und dachte, dass er ihnen wohl wie der erste Missionar vorkommen musste, der auf einen abgeschieden lebenden Indianerstamm gestoßen war. Ein Fremder mit fremder Sprache und fremden Gewohnheiten, für den es nicht leicht sein würde, sich in der verschworenen Gemeinschaft zurechtzufinden, die ihn weder gerufen noch gewollt hatte und ihn nicht verstehen konnte. Außerdem wussten bestimmt alle, dass er Polizist war, und bei dem uralten Verhaltenskodex in diesem Viertel war es ihnen sicher nicht gerade angenehm, von anderen beim gemeinsamen Baseballspiel mit einem Bullen gesehen zu werden, auch wenn der ein noch so guter Freund ihrer Väter oder älteren Brüder war. Ja, bestimmte Dinge änderten sich nicht an dieser Ecke.

Seine Mitspieler gingen bereits auf ihre Plätze. Mario nahm sein Hemd vom Mäuerchen und näherte sich Rubén. Er wollte ihm den Arm um die Schultern legen, hielt sich dann aber zurück, als er an die Schweißschicht dachte, die die Haut des Jungen überzog. »Entschuldige, Rubén, aber mir ist eben eingefallen, dass ich gleich angerufen werde. Ich spiel ein andermal mit …«, sagte er.

Und entfernte sich in Richtung Calzada. Er fühlte, wie ihm die inzwischen tief stehende rote Sonne unbarmherzig Haut und Seele verbrannte. Über seinem Haupt konnte er das Flammenschwert sehen, Zeichen der Vertreibung aus dem unwiderruflich verlorenen Paradies, das einmal seines gewesen war, es jetzt aber nicht mehr war und nie mehr sein würde. Wenn diese Straßenecke ihm nicht mehr gehörte, was blieb ihm dann überhaupt noch? Das schmerzliche Gefühl, fremd zu sein, fremdartig, anders, überkam ihn mit einer solchen Macht, dass er sich an den letzten Rest seines Stolzes klammern und sich beherrschen musste, um nicht anzufangen zu laufen. Und erst jetzt, als er sich wieder der Hitze bewusst wurde, die für ein Baseballspiel an der Ecke denkbar ungeeignet war, erst jetzt begriff er, warum ihn die Jungen nicht mitspielen lassen wollten. Warum bin ich nicht gleich drauf gekommen, dachte er, die kleinen Strolche spielen um Geld …

»Was ist los, Mario?«

»Weiß nicht. Ich glaub, ich bin müde.«

»So 'ne Hitze, was?«

»Eine Scheißhitze.«

»Siehst auch Scheiße aus, du.«

»Glaub ich wohl.« El Conde hustete und spuckte durchs Fenster auf den Hinterhof. Der dünne Carlos musterte ihn achselzuckend vom Rollstuhl aus. Wenn sein Freund so eine Stinklaune hatte, war es besser, ihn nicht zu beachten, das wusste er. Er war immer schon der Meinung gewesen, dass El Conde ein verdammter Jammerlappen und unverbesserlicher Erinnerungsfetischist war, ein autistischer Masochist und hart gesottener Hypochonder, einer von denen, die man beim besten Willen nicht trösten kann. Und heute Abend verspürte der Dünne keine große Lust, Zeit und Nerven zu opfern, um zu ergründen, welche melancholische Attacke seinen Freund nun wieder quälte. »Willst du Musik auflegen?«, fragte er ihn.

»Und du?«

»War ja nur 'ne höfliche Frage. Nur um irgendwas zu machen.«

Mario ging zu den Musikkassetten, die nebeneinander auf dem obersten Regalbrett aufgereiht waren. Er überflog die Titel und Interpreten, doch der zusammengewürfelte Musikgeschmack des Dünnen erstaunte ihn inzwischen kaum noch. »Was möchtest du hören? Die Beatles? Chicago? Fórmula V? Los Pasos? Creedence?«

»Creedence natürlich.«

Darüber wurden sie sich immer schnell einig. Ihnen beiden gefielen die kraftvolle Stimme von John Fogerty und die simplen, ursprünglichen Gitarrenklänge von Creedence Clearwater Revival. »Das ist und bleibt die beste Version von *Proud Mary.*«

»Kein Thema.«

»Er singt wie ein Schwarzer. Ach, was sag ich! Er singt wie ein Gott, verdammt noch mal.«

»Jawohl, wie ein Gott, verdammt noch mal«, wiederholte der andere.

Überrascht sahen sie sich an. Beiden war in diesem Moment mit schrecklicher Deutlichkeit die zwanghafte Wiederholung bewusst geworden, die ihr Leben bestimmte. In den nun fast zwanzig Jahren ihrer Freundschaft hatten sie diesen Dialog immer und immer wieder geführt, mit denselben Worten, und immer hier in diesem Zimmer, dem Zimmer des Dünnen. Die regelmäßige Wiederbelebung der immer gleichen Sätze vermittelte ihnen das Gefühl, das verzauberte Reich zyklisch wiederkehrender, sich nie ändernder Zeit zu betreten, wo man sich der Vorstellung des Reinen und Immerwährenden hingeben konnte. Doch unzählige sichtbare Zeichen wiesen neben anderen, hinter Schamgefühl, Angst, Groll und sogar Zärtlichkeit verborgenen darauf hin, dass das einzig Bleibende die Stimme von John Fogerty und die Gitarren von Creedence waren. Die drohende Kahlköpfigkeit des Teniente Mario Conde und die krankhafte Fettleibigkeit des dünnen Carlos – der inzwischen alles andere als dünn war –, Marios unerbittliche Melancholie und

Carlos' irreversible Behinderung, all das waren, neben tausend anderen, schlagende Beweise für ein elendes, immer verheerenderes Desaster.

»Hast du den roten Candito in letzter Zeit mal gesehen?«, fragte Carlos seinen Freund, als der Song zu Ende war.

»Ist schon 'ne Ewigkeit her.«

»Neulich war er hier. Das Geschäft mit den Sandalen hat er aufgegeben, hat er mir gesagt.«

»Und wo hängt er jetzt drin?«

Der Dünne starrte auf den Kassettenrecorder, so als hätte ihn irgendetwas an dem Apparat oder an der gerade laufenden Musik plötzlich abgelenkt.

»Was hast du, Bär?«

»Nichts ... Er verkauft jetzt Bier, unter der Hand ...«

El Conde schüttelte grinsend den Kopf. Er konnte auf hundert Kilometer Entfernung förmlich riechen, worauf sein Freund hinauswollte.

»Und er hat mich gefragt, warum wir nicht mal auf einen Sprung bei ihm vorbeikommen, du und ich ...«

El Conde schüttelte wieder den Kopf und grinste.

»Du weißt doch, dass ich mich nicht auf so was einlassen kann, Dünner. Was der macht, ist illegal, und wenn was passiert ...«

»Ach, red doch keinen Stuss, Mario. Guck mal, bei der Hitze, und so scheiße, wie du heute aussiehst ... Und zum Roten ist es doch nur 'n Katzensprung ... Los komm, nur auf 'n paar Bierchen ...«

»Ich kann nicht, Alter. Ich bin Polizist, Mann, vergiss das nicht.« Mario wedelte mit den hilflosen Armen seines schwachen Willens und funkte SOS. »Hör auf damit, Dünner.«

Aber der Dünne hörte nicht auf.

»Mensch, ich würd so schrecklich gerne rübergehen, und ich hab gedacht, ich könnte dich animieren. Ich komm doch nie hier raus, das weißt du doch, und ich langweile mich zu Tode. Wie 'ne Kröte unterm Stein ... Ein kühles Bierchen, Mario, auf meinen Geburtstag, ja? Du bist doch gar kein richtiger Polizist mehr, du ...«

»Was hab ich doch für 'n Scheißfreund! Dein Geburtstag ist erst nächste Woche, Dünner ...«

»Ist ja gut, ist ja gut. Wenn du nicht willst, dann gehen wir eben nicht.«

El Conde schob den Rollstuhl des Dünnen bis vor den Eingang des Wohnhauses. Er wischte sich den Schweiß von Gesicht und Nacken. Die Arme waren ihm schwer und schmerzten von der Anstrengung, die zweihundertfünfzig Pfund seines Freundes zehn Karrees weit, einschließlich zwei Steigungen mit dem anschließenden Gefälle, vor sich her geschoben zu haben. Er sah in den Hausflur hinein, von dem viele Türen abgingen. Ganz hinten durchbrach eine flackernde Birne das Halbdunkel. Das weißlich schimmernde Licht der Bildschirme fiel aus den offen stehenden Wohnungstüren, und die Stimmen der aktuellen Fernsehserie hallten durch den Flur. »Sag, Mama, wer ist schuld an all dem, was geschehen ist? Bitte, Mama, sag es mir«, flehte ein Mädchen, dem bestimmt furchtbare Dinge zugestoßen waren in jenem in Kapitel aufgeteilten Leben, das sich für die Realität ausgab. Mario steckte sein Taschentuch wieder ein und schob den Rollstuhl zu der einzigen Tür, die geschlossen war. Dabei zog er den Kopf ein und blickte zu Boden, um sich möglichst unsichtbar zu machen. Ich bin immer noch Polizist, dachte er auf dem Weg zu dem illegalen, aber verlockenden Bier, das ihm die ersehnte Abkühlung verschaffen und ihn alles andere vergessen lassen würde.

Er klopfte, und die Tür öffnete sich, als hätte man auf sie gewartet. Cuqui, die kleine Mulattin, die zurzeit bei Candito wohnte, hatte nur den Arm auszustrecken brauchen, um den Türknauf zu drehen. Wie alle anderen im Haus sah auch sie sich die Serie im Fernsehen an, und auf ihrem Gesicht spiegelte sich das Erschrecken der Protagonistin wider, die soeben die ganze schreckliche Wahrheit herausgefunden hatte. Ich bin schuld an allem, wollte Mario sagen, doch er beherrschte sich.

»Kommen Sie rein, kommen Sie rein«, forderte die junge Frau sie freundlich auf, doch ihre Stimme klang unsicher wie die der Serienheldin. Sie konnte die Wahrheit einfach nicht glauben, und vielleicht ließ sie die Besucher deshalb nicht aus den Augen, während sie ins Wohnungsinnere rief: »Candito, Besuch!«

Wie in einem Kasperltheater streckte der rote Candito den Kopf durch den Vorhang, der die Küche vom Wohnraum abtrennte. Der Teniente begriff sogleich den Code. »Besuch« bedeutete etwas anderes als »Gäste« oder »Kundschaft«, und darum wohl wagte sich Candito nur vorsichtig aus seiner Höhle. Als der Mulatte aber den »Besuch« erblickte, lächelte er und kam zu ihnen. »Mensch, Carlos, hast du ihn doch noch überredet?«, rief er und drückte seinen beiden alten Schulfreunden die Hand.

»Ich hab dir doch gesagt, wir kommen, und hier sind wir.«

»Gut, dann kanns ja losgehen, ich hab noch was da. Cuqui, reiß dich von deiner Soap los und mach ’n paar Sandwiches fertig, mach schon … Jedes Mal wenn ich da hinguck, reden die denselben Schmus …«

Candito rückte die Möbel zur Seite, um Platz zu schaffen für den Rollstuhl des Dünnen, schlug den Küchenvorhang zurück und öffnete die Tür, die auf den Innenhof führte. Dort standen sechs Tische, alle besetzt. El Conde blieb wie angewurzelt stehen. Candito nickte ihm aufmunternd zu, aber Mario sah sich von der Küche aus erst mal die Gäste an. Fast alles Männer, nur drei Frauen. Er versuchte die Gesichter zu erkennen. Instinktiv fasste er sich an den Gürtel, um sich zu vergewissern, dass er seine Pistole zu Hause gelassen hatte. Er kannte jedoch keinen der Gäste, was ihn beruhigte. Jeder der Anwesenden hätte ihm schon mal bei einem Verhör in der Zentrale begegnet sein können, und es hätte ihm gar nicht gefallen, so jemanden an einem Ort wie diesem hier wieder zu treffen.

Die runden Tischplatten waren aus falschem Marmor, die Untergestelle aus Gusseisen. Batterien leerer Bierflaschen standen auf den Tischen. Eine helle Lampe tauchte die Szene in kaltes Licht, und ein Kassettenrecorder versorgte sie lautstark mit schmerzerfüllten Klageliedern von José Feliciano, dessen Stimme die der Gäste zu übertönen versuchte. Zwei Blechkanister schwitzten neben der Waschstelle in der glühenden Hitze. Candito ging zu einem Tisch im Hintergrund, an dem zwei Furcht erregende Gestalten saßen. Er flüsterte ihnen etwas zu. Die beiden nickten und standen auf. Der eine von ihnen war ein blonder Hüne von über einsachtzig, mit überlangen Armen und einem Gesicht, das von ebenso vielen Kratern überzogen war wie die Mondoberfläche. Der andere, kleiner und so schwarz, dass er schon beinahe bläulich wirkte, musste der direkte Nachfahre und Universalerbe des Cromagnon-Menschen sein. Darwins Evolutionstheorie wurde von seinem enorm vorstehenden Oberkiefer und der niedrigen Stirn aufs Schönste illustriert, was die gelblich wässrigen Augen eines Urwaldtieres noch unterstrichen. Candito forderte El Conde mit einer Geste auf, Carlos' Rollstuhl an den frei gewordenen Tisch heranzuschieben, und mit einer anderen bedeutete er den beiden Männern, drei Bier zu bringen.

»Was hast du zu den Höhlenmenschen gesagt?«, fragte Mario leise, während sie sich setzten.

»Keine Sorge, Conde, keine Sorge. Hier kennt dich keiner, oder? Die beiden sind meine Geschäftspartner.«

El Conde wandte sich zu dem großen Blonden um, der bereits mit dem Bier kam, es auf den Tisch stellte und sich wortlos wieder entfernte.

»Deine Leibwächter, was?«

»Meine Partner, Condesito, für was auch immer.«

»Hör mal, Candito«, schaltete sich jetzt der Dünne ein, »was kostet eigentlich das Bier?«

»Kommt drauf an, Carlos, hängt ganz vom Einkaufspreis ab. Im Moment ist nur schwer dranzukommen, ich verkaufs für drei Pesos. Aber das hier geht aufs Haus, klar? Keine Widerrede!«

Cuqui brachte einen Teller mit Schinken- und Käsesandwiches, dazu jede Menge Gebäck. Candito lächelte sie breit an. »Okay, *negra,* jetzt kannst du dir wieder deine Soap angucken«, sagte er und verabschiedete sie mit einem klatschenden Klaps auf den Po.

Das kalte Bier beruhigte Marios gereizte Nerven ein wenig. Schade nur, dass er die erste Flasche fast auf einen Zug geleert hatte, ohne Atem zu holen. Jetzt störte ihn lediglich die laute Musik und das ungute Gefühl, das er empfand, weil er mit dem Rücken zu den anderen Gästen saß. Natürlich verstand er, dass Candito die übrigen Tische im Auge behalten musste. Als der Blonde – Effizienz war wieder auf die Insel zurückgekehrt – seine leere Flasche gegen eine volle austauschte, beschloss El Conde, sich zu entspannen.

»Und, Conde, was machst du so?«, fragte Candito zwischen vielen kleinen Schlucken. »Hast dich lange nicht mehr hier blicken lassen.«

El Conde probierte den Schinken. »Man hat mich zur Schreibtischarbeit verdammt, weil ich mich mit einem Kollegen rumgeprügelt hab, mit irgendso 'm Vollidioten. Ich muss Karteikarten ausfüllen und darf keinen Schritt nach draußen tun ... Aber du hast ja auch die Branche gewechselt, stimmts?«

Candito trank einen langen Schluck aus seiner Flasche.

»Nicht zu ändern, Conde. Unsereiner muss wissen, wann er aufhören muss, bevor die Kacke am Dampfen ist. Das mit den Sandalen wurde mir langsam zu heiß, verstehst du, und, na ja, da hab ich eben den Job gewechselt. Du weißt ja, das Leben ist knallhart, und wer keinen Peso in der Tasche hat, ist in den Arsch gekniffen, hab ich Recht?«

»Wenn du hierbei geschnappt wirst, kriegst du Ärger. Mindestens 'ne satte Geldstrafe, darauf kannst du Gift nehmen ... Und wenn ich hier gesehen werd, komm ich für den Rest meines Lebens nicht mehr raus aus dem Scheißbüro.«

»Vergiss es, Conde, es gibt keinen Ärger, wenn ichs dir doch sage.«

»Und, gehst du immer noch in die Kirche?«

»Ja, hin und wieder. Gewisse Leute muss man sich warm halten ... Die Polizei zum Beispiel ...«

»Red keinen Scheiß, Roter.«

»Hört auf damit, Leute«, mischte sich der Dünne ein. »Das Bier kommt super. Sag dem Riesenbaby, er soll mir noch eins bringen.«

Candito hob die Hand und rief: »Noch drei.«

Wieder bediente sie der Blonde. Aus dem Recorder war nun die volltönende Säuferstimme von Vicentico Valdés zu hören – er behauptete gerade zu wissen, wo die Ohrringe waren, die dem Mond fehlten –, und während El Conde sein drittes Bier trank, merkte er, wie er langsam ruhiger wurde. Die mehr als zehn Jahre Polizistendasein hatten eine innere Spannung in ihm erzeugt, die ihn überallhin verfolgte. Nur an einigen wenigen Orten, wie zum Beispiel im Haus des Dünnen, gelang es ihm, sich von seinen Obsessionen zu befreien und die innere Lockerheit früherer Zeiten wiederzuerlangen, jener Zeiten, von denen sie auch jetzt wieder sprachen. Von damals, als sie Schüler der Oberstufe am Gymnasium von La Víbora waren und sich die Zukunft ausmalten; als der dünne Carlos noch dünn war und auf seinen beiden gesunden Beinen gehen konnte, denn damals war er noch nicht im Krieg in Angola gewesen und verwundet worden; als Andrés von einer großen Karriere als Baseballspieler träumte; als der Hasenzahn unbedingt die Geschichte umschreiben wollte, der rote Candito sein leuchtend rotes Haar im Afrolook trug und Mario Conde die Tage damit verbrachte, seine ersten Erzählungen als früh gescheiterter Schriftsteller auf einer Underwood auszuschwitzen.

»Erinnerst du dich noch, Conde?«, fragte ihn Candito, und Mario sagte, ja, er erinnere sich noch, und er erinnerte sich auch noch an jene hübsche Anekdote, die er gerade verpasst hatte.

Der Blonde brachte die vierte Runde und Cuqui den zweiten Teller mit Sandwiches, über die sich der dünne Carlos sogleich hermachte. Mario beugte sich gerade vor, um sich ein Schinkensandwich zu sichern, als Candito plötzlich aufsprang und dabei seinen Stuhl umwarf.

»Du Arschloch!«, rief jemand.

El Conde drehte sich um und sah, wie ein Mulatte sich mit den Händen das Gesicht bedeckte und vor dem großen Blonden zurückwich, der mit einer zerbrochenen Flasche in der Hand vor ihm stand. Der prähistorische Schwarze näherte sich dem Mann von hinten – »Du Arschloch, du Arschloch!« – und umklammerte seine stämmigen Gorillabeine. Dann bearbeitete er die Nieren des Störenfrieds mit einer Serie blitzschneller Haken und zwang ihn so auf die Knie. Der große Blonde hatte den beiden inzwischen den Rücken zugekehrt und hielt, eine Hand am Gürtel, die Tische in Schach. »Wenn einer aufsteht …«, drohte er, aber niemand hatte das Verlangen aufzustehen.

El Conde sah, wie Candito an ihm vorbei auf den knienden Mulatten zuging und ihn am Hemdkragen packte, während der kleine Blauschwarze das Opfer an den Haaren festhielt und ihm mit einer Scheuerbürste aufs Ohr schlug. Aus einer Augenbraue des Mannes quoll Blut.

»Hör auf!«, schrie Candito, aber der Schwarze schlug weiter mit der Bürste auf den Mann ein. »Du sollst aufhören, verdammt noch mal!« Candito ließ den Hemdkragen des Mulatten los und umklammerte nun die Hand seines Partners, der endlich von seinem Opfer abließ. El Conde beobachtete mit beinahe wissenschaftlichem Interesse den K.o. des malträtierten Mulatten, der nach rechts zu Boden sank. Sein Kopf schlug wie eine hohle Kokosnuss auf dem Zement auf. Nein, viel mehr hätte der nicht einstecken können.

Der Blonde ging zum Recorder und wechselte die Kassetten. Daniel Santos hieß der neue Star des Abends. Dann, ohne große Eile, wandte er sich dem Mulatten zu und fasste ihn unter den Achseln, während der Schwarze ihn an den Fußgelenken hochhob. Durch eine Tür hinten im Hof, die Mario bislang nicht bemerkt hatte, trugen sie ihn fort.

Candito sah die übrigen Gäste an. Einen Moment lang war nur die Stimme von Daniel Santos zu hören.

»Ist doch nichts passiert, oder?« Der Rote blickte grinsend in die Runde. »Wenn jemand noch 'n Bier will, muss ers nur sagen, okay?« Er hob den Stuhl auf, der bei seinem überstürzten Eingreifen umgekippt war.

Der Dünne wischte sich den Schweiß ab, der ihm überall am ganzen fetten Körper ausgebrochen war. »Was war los, Roter?«, fragte er nach einem endlos langen Schluck.

»Keine Panik, Jungs. Das sind die Schattenseiten des Geschäfts, wie man so sagt.«

»Der wollte auf mich los, stimmts?«, fragte Mario.

Jetzt trank Candito ausgiebig aus seiner Flasche und nahm dann, ohne hinzusehen, ein Käsesandwich. »Keine Ahnung, Conde, aber auf irgendeinen wollte er los«, antwortete er schnaubend, ohne das Kauen einzustellen.

»Und woher willst du das wissen? Der Typ hat doch kein Wort gesagt ...« Carlos hatte sich noch nicht von dem Schreck erholt.

»So einen darf man auch nicht zu Wort kommen lassen, Dünner. Aber irgendwas hatte der vor.«

»Scheiße noch mal, die beiden hätten ihn fast umgebracht.«

Der Rote strich sich grinsend über die Stirn. »Das Dumme ist nur, dass sich so was nicht vermeiden lässt, Bruder. Hier herrscht das Gesetz des Dschungels. Respekt ist alles. Eins steht jedenfalls fest: Weder der von eben noch sonst jemand hier und auch keiner, der erfährt, was heute vorgefallen ist, wird das in Zukunft noch einmal wagen.«

»Und was machen die jetzt mit ihm?« Die Neugier nagte an Carlos, der nervös weitertrank.

»Die legen ihn irgendwo ab, wo er sich erholen und abkühlen kann. Dann muss er bezahlen, was er getrunken hat, und danach schicken wir ihn nach Hause. Der muss nämlich heute früh ins Bett, findest du nicht auch?«

Der Dünne schüttelte den Kopf, als kapiere er gar nichts mehr, und sah Mario an. Der hüllte sich in Schweigen und lauschte scheinbar versonnen dem Bolero, den Daniel Santos gerade sang.

»Hast du das gesehen, Kleiner?«

»Na klar hab ich das gesehen, Bär.«

»Und? Kapierst du was?«

»Nein. Ich kapier immer weniger, ehrlich … Los, Roter, bring noch 'ne Runde, mach schon.«

2

Das Schlimmste von allem war das Gefühl der Leere. Während das Schrillen des Weckers Marios Hirn durchbohrte, ihm einhämmerte: viertel vor sieben, viertel vor sieben, und die Augenlider gegen den bleiernen Schlaf und die Schwere der Biere ankämpfte, viertel vor sieben, viertel vor sieben, nahm die Leere ihren Platz in Marios Bewusstsein ein wie ein Ölfleck, der sich auf der Meeresoberfläche ausbreitet. Dieser Fleck jedoch war farblos, denn es handelte sich um die Leere, das Nichts, es war das Ende, das jeden Tag aufs Neue begann mit unerbittlicher Fähigkeit zur Erneuerung, gegen die er sich weder mit Gewalt noch mit schlagenden Argumenten wehren konnte. Viertel vor sieben, das war das einzig Fassbare inmitten der Leere.

In letzter Zeit hatte er angefangen, sich den Tod als ein Erwachen im leeren Raum vorzustellen, mühsam, aber schmerzlos, frei von Erwartungen und Überraschungen. Denn genau das war der Tod: das bodenlos tiefe Loch der Leere, eine dunkle Wattewolke, die ihn einhüllte, endgültig, bis in alle Ewigkeit. Und dann versuchte er, sich an die Zeit zu erinnern, als es weder ein Gefühl der Leere noch Gedanken an den Tod gegeben und der Morgenschleier sich wie ein Theatervorhang für eine neue Aufführung gehoben hatte, eingebildet oder überraschend, egal, aber auf jeden Fall verlockend und unumgänglich. Die unbewusste Sehnsucht danach, einen neuen Tag zu erleben. Doch es geschah das, was auch dann geschah, wenn er sich krank fühlte und sich vorzustellen versuchte, wie es war, wenn er sich gesund fühlte. Es gelang ihm nicht. Das Unwohlsein war allgegenwärtig und hinderte ihn daran, andere, angenehmere Gefühle zu empfinden.

Wenn er dann an einem so heißen Morgen wie diesem auf die Straße trat, im Mund den einsamen Kaffeegeschmack, ohne den

Abschiedskuss einer Frau hinter sich oder irgendein erfreuliches Ereignis in naher Zukunft vor sich, das ihn wie ein Magnet angezogen hätte, dann fragte er sich, ob er überhaupt noch einen Grund hatte, seine Uhr aufzuziehen oder den Wecker zu stellen, wo doch die Zeit genau das war, was seine Leere am objektivsten zum Ausdruck brachte. Und weil er keinen überzeugenden Grund dafür fand – Pflichtgefühl? Verantwortungsbewusstsein? Die Notwendigkeit, seinen Lebensunterhalt zu verdienen? Bewegung der trägen Masse? –, fragte er sich immer wieder, was er hier eigentlich machte, auf dem Weg zur Bushaltestelle, zu der Schlange, die jeden Tag länger und brutaler wurde, eine Zigarette rauchend, die ihm die Eingeweide zerfraß, inmitten einer Menschenmenge, die ihm immer fremder war, unter der Hitze leidend, die mit jeder Minute unerträglicher wurde. Und seine Antwort lautete: Das ist mein vorgezogener Weg in die Hölle. Er fasste sich an den Gürtel und stellte fest, dass er auch heute wieder seine Dienstpistole zu Hause vergessen hatte. Er erkundigte sich, wer der Letzte in der Schlange war, und zündete sich die dritte Zigarette des Tages an. Wo ich doch sowieso sterben muss …

»Mayor Rangel will mit dir sprechen.«

Die Worte des Dienst habenden Offiziers weckten in Mario Conde eine seiner verloren geglaubten Hoffnungen. Ja, vielleicht würde er gleich einen guten Kaffee bekommen, der im Stande war, den Geschmack jenes süßen, dunkelbraunen, undefinierbaren Gesöffs zu vertreiben, das er in der trostlosen Cafeteria der Kripozentrale getrunken hatte. Als er die Schlange vor dem Aufzug sah, beschloss er, die Treppe zu nehmen. Er hatte keine Ahnung, warum ihn der Alte zu sich rief. Aber mit der Nase seiner Erinnerung roch er bereits den Duft des gerade durchgelaufenen Kaffees, der in den weißen Tassen seines Chefs serviert würde. Vor drei Monaten, nach seiner Prügelei mit Teniente Fabricio in einem öffentlichen Park, war El Conde vom Disziplinarausschuss dazu verdonnert worden, ein halbes Jahr lang beim Erkennungsdienst Karteikarten auszufüllen und Telexe zu übermitteln. Nach Ablauf dieser Zeit sollte sein Fall neu verhandelt und entschieden werden, ob er wieder als Ermittler arbeiten konnte. Seitdem vermied er es, dem Alten unter die Augen zu treten. Der Mayor betrachtete das Urteil gegen seinen Untergebenen als persönliche Niederlage. Trotz der exzentrischen Art und der lockeren Dienstauffassung war Mario sein bester Mann, und er hatte volles Vertrauen zu ihm. Wiederholt hatte er, öffentlich und privat, ihm gegenüber seinem Respekt Ausdruck verliehen und ihn freundlich, geradezu liebvoll behandelt. Deswegen hatte El Conde irgendwie das Gefühl, seinen Chef enttäuscht zu haben. Darüber hinaus hatte die interne Ermittlung, der zurzeit die gesamte Zentrale unterzogen wurde, dem Mayor so gründlich die Laune verdorben, dass es äußerst ratsam schien, ihm am besten nur aus der Entfernung zu begegnen. Falls man ihm denn unbedingt begegnen musste, dachte Mario.

Er öffnete die Glastür zum Vorzimmer seines Chefs. Hinter dem Schreibtisch, wo seit mehreren Jahren Maruchi gesessen hatte, die Sekretärin von Mayor Rangel, saß nun eine andere Frau. Ungefähr fünfzig, in Uniform, mit den Rangabzeichen eines Teniente. Die Tasse Kaffee, die El Conde bereits zum Mund führte, löste sich in Wohlgefallen auf. Mario ging zu der neuen Sekretärin, grüßte und sagte, wer er war. Der Mayor warte bereits auf ihn, ließ sie verlauten. Dann drückte sie auf eine Taste der Gegensprechanlage und erstattete Meldung: »Teniente Mario Conde.«

»Soll reinkommen«, krächzte es aus dem Apparat, und die Sekretärin stand auf, um die Tür zum Chefzimmer zu öffnen.

Mayor Antonio Rangel war hinter seinem Schreibtisch aufgestanden und streckte Mario die Hand hin. Diese für den Alten so ungewöhnliche Geste verriet dem Teniente, dass die Dinge nicht zum Besten standen. »Wie geht es dir da unten, Mario?«

»Geht so, Mayor.«

»Setz dich.«

El Conde nahm in einem der beiden Sessel vor dem Schreibtisch Platz. Jetzt konnte er nicht länger an sich halten. »Und wo ist Maruchi, Chef?«, fragte er.

Der Mayor sah ihn nicht an. Er wühlte in einer Schreibtischschublade und nahm eine Zigarre heraus. Sah nicht aus wie eine gute Havanna. Zu dunkel, die Rippen des Deckblatts zu deutlich zu sehen, zu rebellisch gegen die Flamme des Feuerzeugs, die der Alte an die Spitze hielt.

»Wie 'n Stück Holz«, brummte der Mayor, nachdem er zwei-, dreimal den Rauch ausgestoßen hatte. Er betrachtete die Bauchbinde, als könnte er es nicht fassen, und Mario wartete auf den fälligen Kommentar. »Nicht zu fassen«, sagte der Mayor dann auch tatsächlich, »sieh dir das an! ›Auslese‹, aus Holguín. Welcher Idiot behauptet, dass in Holguín Zigarren gerollt werden? Das ganze Land spielt verrückt … Maruchi ist versetzt worden. Wohin, weiß ich nicht. Und warum, auch nicht. Außerdem, frag mich nicht, ich kann dir nichts sagen, und selbst wenn ichs könnte, ich würd nicht. Kapiert?«

»Es ist unmöglich, das nicht zu kapieren, Mayor«, bestätigte Mario Conde. Adiós, Kaffee, der bei Maruchi immer drin gewesen war. »Und warum hast du keine anständige Zigarre?«

»Ich hab keine, und das geht dich nichts an … Zur Sache …« Der Mayor lehnte sich im Schreibtischsessel zurück. Er sah sehr müde aus. Als wäre auch er ins Loch der Leere gefallen, dachte El Conde. Er hatte immer die jugendliche Vitalität des Mayor bewundert, die seinen achtundfünfzig Jahren so gar nicht entsprach und durch tägliche Runden im Swimmingpool und stundenlanges Balldreschen in der Squash-Halle kultiviert und gegossen wurde. »Ich hab dich kommen lassen, weil du einen Fall übernehmen sollst.«

El Conde lächelte schwach und beschloss, seinen kleinen Vorteil zu nutzen: »Willst du mir keinen Kaffee anbieten?«

Der Mayor deutete nun seinerseits ein Lächeln an, ein kaum wahrnehmbares Hochziehen der Oberlippe über der Zigarre. »Heute ist schon der Siebte«, sagte er, »aber die monatliche Kaffeequote ist noch nicht bei mir angekommen. Pech gehabt, Conde ... Also, ich hab nicht genug Leute zur Verfügung und seh mich deshalb gezwungen, die Maßnahme gegen dich vorübergehend aufzuheben. Du und Sargento Palacios, ihr werdet diesen Fall unverzüglich übernehmen. Ein toter Trassvestit im Stadtwald von Havanna.«

»Transvestit.«

»Sag ich doch.«

»Nein, du hast ›Trassvestit‹ gesagt. Es heißt aber ›Transvestit‹.«

Der Mayor schüttelte den Kopf. »Wirst du dich eigentlich nie ändern, mein Junge? Meinst du, das Leben ist ein Spiel?« Seine Stimme hatte sich verändert. Seine Stimme veränderte sich je nach Thema oder Absicht, je nach Ort oder Zeit. Jetzt war sie schroff und spröde.

»Entschuldige, Chef.«

»Nein, ich entschuldige nicht, Conde. Und sag nicht immer Chef zu mir! Weißt du eigentlich, wo mir der Kopf steht? Meinst du, es wär leicht, seine Arbeit zu tun, wenn ein ganzes Bataillon von internen Ermittlern hier in der Zentrale rumschnüffelt? Weißt du, wie viele Fragen mir Tag für Tag gestellt werden? Weißt du, dass bereits zwei unserer Beamten wegen Korruption entlassen worden sind und zwei weitere wegen Nachlässigkeit im Dienst suspendiert werden? Und kannst du dir vielleicht vorstellen, wem all diese Geschichten angelastet werden? Mir natürlich! Nein, ich entschuldige nichts, Conde ... Und du, warum läufst du hier in Zivil rum? Hab ich dir nicht gesagt, dass du in Uniform erscheinen musst, solange du da unten arbeitest?«

El Conde stand auf und blickte durch das breite Fenster nach draußen. Gebäude, Bäume und ein ruhiges Meer im Hintergrund, Horizont so vieler Träume, Schicksale und Enttäuschungen. »Wer hat den Bericht mit den Daten des Falls?«, fragte er und fasste sich wieder an den Gürtel, wo manchmal seine Dienstpistole steckte.

»Es gibt noch keinen. Der Tote ist gerade erst entdeckt worden. Ich glaube, Manolo wartet in deinem Büro auf dich. Du kannst jetzt gehen. Sofort.«

Mario Conde drehte sich um und ging zur Tür. Er zögerte. Irgendwie fühlte er sich seltsam. Geschmeichelt oder benutzt, das wusste er noch nicht. Doch er nahm an, dass der Alte sich noch viel seltsamer fühlte. Soweit er wusste, war es das erste Mal, dass Mayor Rangel die Disziplinarstrafe eines Untergebenen aussetzte. »Schade, dass du meine Entschuldigung nicht annehmen willst und mir keinen Kaffee anbieten kannst. Aber ich mag dich, und deshalb werd ich versuchen, eine gute Zigarre für dich aufzutreiben«, sagte er und ging hinaus, ohne eine Antwort abzuwarten oder dem Mayor dafür zu danken, dass er ihm diesen Fall übertrug. Er hatte es schon tun wollen, doch im letzten Moment war ihm eingefallen, dass sein Chef ein Dankeschön möglicherweise als zu taktlos empfunden hätte.

Als der Polizist die Plane anhob, drückte der Fotograf noch einmal schnell auf den Auslöser, so als fehlte ihm noch das Foto aus genau diesem Blickwinkel. Laut Personalausweis hatte der Tote Alexis Arayán Rodríguez geheißen. Jetzt war er nur noch eine rot gekleidete, karnevaleske Figur mit zwei sehr weißen, sehr muskulösen Beinen, die sich von dem sonnenverbrannten Gras deutlich abhoben. Ein Frauengesicht, violett und aufgeschwemmt, vervollständigte die Leiche. Um den Hals wand sich straff die rote Seidenschärpe des Todes.

Auf ein Zeichen des Teniente hin ließ der Wachposten betont angeekelt die Plane fallen. El Conde holte ein Päckchen Zigaretten hervor, und Manuel Palacios bat ihn um eine. Mario gab sie ihm widerwillig. Angeblich hatte der Sargento das Rauchen aufgegeben, aber in Wirklichkeit kaufte er sich einfach keine Zigaretten mehr.

El Conde sah auf den Fluss. Morgens, unter dem dichten Blätterdach des Stadtwaldes von Havanna, konnte man die Illusion hegen, der Sommer hätte sich zur Erleichterung der Stadtbewohner über Nacht verabschiedet. Eine sanfte Brise, die die trüben Gerüche des Flusses herantrug, bewegte die Zweige der Pappeln und Johannisbrotbäume, der Mandelbäume, deren Kronen sich wie Zirkuszelte öffneten, und der Lorbeerbäume, an denen zu langen Zöpfen geflochtene Lianen wie Tränen herabhingen. Mario erinnerte sich an die vielen Geburtstagsfeiern, die er als Junge hier im Stadtwald rund um die für diesen Zweck zu mietenden Pavillons jenseits der Brücke erlebt hatte. Und daran, wie er sich einmal wie Tarzan von Liane zu Liane geschwungen hatte und dabei mit den nagelneuen orthopädischen Schuhen, die seine Mutter ihm für diesen Tag gekauft hatte, an einem Stein entlanggeschrammt war. Auf dem schwarzen Leder seiner einzigen Schuhe des Jahres blieben zwei verräterische Streifen zurück, was ihm eine Woche ohne Baseball, ohne Fernsehen und vor allem ohne die täglichen Folgen der Radioserie *Guaytabó* eingebracht hatte. El Conde hatte das nie vergessen. Denn genau in der Woche war der Indio Guaytabó dem alten Apolinar Matías in der Kautschukfabrik des Türken Anatolio begegnet, und damit hatte ihre unzerstörbare Freundschaft als Kämpfer für die Gerechtigkeit und gegen das Böse begonnen. Und er, Mario Conde, hatte ausgerechnet jene denkwürdige Begegnung verpasst!

Während er so auf den Fluss blickte, dachte er daran, dass in der Stadt weiter gestohlen, veruntreut, überfallen und gemordet wurde, und das in zunehmendem Maße. Zum Glück, dachte Mario. Schrecklich, aber wahr: Dieser Tod durch Ersticken, den der Gerichtsarzt den Ermittlungsbeamten Teniente Conde und Sargento Palacios gerade zu erläutern versuchte, hatte ihm ermöglicht, seiner Leere zu entfliehen und zu spüren, dass sein Gehirn wieder funktionierte und sein Kopf mehr produzieren konnte als Kopfschmerzen bei einem seiner häufigen Kater.

»Was hältst du davon, Conde? Ja, es handelt sich um eine männliche Person. Geschminkt und gekleidet wie eine Frau. Jetzt gibt es hier bei uns sogar schon ermordete Transvestiten, fast wie in einem entwickelten Land. Wenn das so weitergeht, bauen wir schon bald Raketen und fliegen zum Mond …«

»Red keinen Scheiß und mach weiter«, knurrte der Teniente und warf die Kippe in den Fluss. Manchmal reizte es ihn, ausfällig zu werden, und dieser Gerichtsarzt forderte ihn aus irgendeinem so unerklärlichen wie zwingenden Grund dazu heraus. Vielleicht machte das sein vertrauter Umgang mit dem Tod.

»Ich rede keinen Scheiß, aber ich mach weiter«, gab der Arzt zurück.

Während El Conde seinen Ausführungen lauschte, versuchte er sich vorzustellen, was hier passiert war. Er sah Alexis Arayán Rodríguez, eine Frau, die von Natur aus keine war, an der Seite eines Mannes durch den Stadtwald von Havanna schlendern, ganz in Rot gekleidet, in einem langen, altmodischen Kleid, die Schultern mit einer roten Stola bedeckt, um die Taille eine ebenfalls rote Seidenschärpe. Vielleicht war ein leichter Wind aufgekommen, dachte der Teniente, und die geheimnisvolle Nacht hier war angenehmer und einladender als in der übrigen Stadt. Auf dem Weg, der zum Wald führte, hatte man die Abdrücke von

Alexis' Sandalen entdeckt. Die anderen Spuren stammten von dem Begleiter, einem offenbar korpulenten Mann. Wahrscheinlich hatte er Arayáns Gesicht fasziniert angeschaut: die sorgfältig nachgezogenen Augenbrauen, die zartpurpurnen Lidschatten, die getuschten Wimpern und vor allem den Mund, so leuchtend rot wie das merkwürdige Kleid, das aus einer unbestimmten, aber ganz bestimmt fernen Vergangenheit stammte. Sie werden Küsse und erregende Liebkosungen ausgetauscht haben, dachte El Conde, Alexis' schlanke Finger mit den lackierten Nägeln werden den Mann gestreichelt haben. Dann waren sie neben dem verkrüppelten Stamm eines hundert Jahre alten, blühenden Flamboyants stehen geblieben, und dort hatte sich die Tragödie des amourösen Irrtums abgespielt.

»Wisst ihr was«, unterbrach El Conde mit Blick auf die verhüllte Leiche den Bericht des Gerichtsmediziners, »gestern war doch der 6. August, oder?«

»Ja, und weiter?«, fragte der Arzt zurück.

»Da könnt ihr mal sehen, wie nützlich es ist, wenn man am Religionsunterricht teilgenommen hat ... Der 6. August ist für Katholiken das Fest der Verklärung Christi, der Transfiguration. Laut Bibel verwandelte sich Jesus Christus an dem Tag auf dem Berg Tabor vor dreien seiner Jünger. Und Gottvater, von einer Lichtwolke, dem Taborlicht, umgeben, forderte die Jünger auf, ihm auf ewig zu folgen. Ist es da ein Zufall, dass am 6. August ein toter Transvestit gefunden wird?«

Sargento Palacios verschränkte die Arme vor seiner unterernährten Hühnerbrust und sah den Teniente an. Der genoss diesen leicht schielenden Blick, in dem sich Unsicherheit widerspiegelte. El Conde wusste, dass er Manolo, dieses schmale Handtuch, mit seinen Worten überrascht hatte. Doch sein Kollege ließ sich gerne auf diese Weise von ihm überraschen.

»Und wieso kannst du dich an den Scheiß erinnern, Conde? Soviel ich weiß, hast du seit mindestens dreißig Jahren keine Kirche mehr von innen gesehen.«

»Nicht ganz, Manolo, nicht ganz. Die Geschichte von der Transfiguration hat mir nämlich immer schon imponiert. Im Religionsunterricht hab ich mir vorgestellt, wie Gott auf einer Wolke thront und alles überstrahlt, wie ein Scheinwerfer ...«

»Ach, komm, Conde«, mischte sich der Arzt ein, »was ist, wenn Alexis sich jeden Tag verkleidet hat?« Er unterstrich seine Frage mit einem triumphalen Grinsen, das den Teniente noch an weitere Motive für seine Abneigung gegen ihn erinnerte.

»Dann ist Schluss mit Geheimnis und Verklärung«, gab El Conde zu. »Aber wär das nicht ein Jammer? Die Verwandlung des Alexis Arayán. Klingt gut, was? ... Los, erzähl weiter.«

Er sah sie unter dem Flamboyant stehen. Der Mond schimmerte matt durch das Blätterdach, übergoss das Paar – den richtigen Mann und die falsche Frau – mit einem silbrigen Licht. Der Wind ließ rote Blüten auf sie regnen. Bestimmt küssten und liebkosten sie sich wieder, und Alexis kniete sich hin wie ein reuiger Sünder, in der offensichtlichen Absicht, die Lust des Mannes mit dem Mund zu befriedigen (Grasspuren an den Knien zeugten von dem Kniefall). Und dann kam es zu der Tragödie. Irgendwann wanderte die rote Seidenschärpe von Alexis' Taille zu seinem Hals, der kräftige Mann schnürte der Frau, die keine war, erbarmungslos die Luft ab, bis die zartpurpurn umrahmten Augen aus den Höhlen traten und sämtliche Schließmuskeln erschlafften und ihre Schleusen öffneten.

»Und genau das kapier ich nicht, Conde. Der Mann hat vor ihm gestanden, das verraten uns die Spuren, ja? Aber offenbar hat sich der Transvestit nicht gewehrt, hat den Täter nicht gekratzt und nicht mal versucht, sich zu befreien ...«

»Es hat also keinen Kampf gegeben?«

»Wenn überhaupt, dann nur mit Worten. Unter den Fingernägeln ist auf den ersten Blick nichts zu entdecken, aber mit Sicherheit lässt sich das erst nach einer genaueren Untersuchung sagen ... Aber da gibt es noch ein zweites Geheimnis. Der Mörder hat angefangen, die Leiche dorthin zu schleifen, dort ins Gras, siehst du? So als wollte er sie in den Fluss werfen. Nach kaum zwei Metern hat er sie dann aber liegen lassen. Warum hat er sein Opfer nicht ins Wasser geworfen, obwohl er doch zuerst daran gedacht hat?«

El Conde betrachtete das Gras, auf das der Mediziner gedeutet hatte. Dann wanderte sein Blick zu der Plane zurück, die die Leiche von Alexis Arayán und damit das rote Kleid bedeckte. Dieser leuchtend rote Farbfleck hatte den morgendlichen Jogger aufgeschreckt, der daraufhin seine Route verlassen und die Leiche entdeckt hatte, auf der bereits die Ameisen herumkrabbelten, angelockt von dem üppigen Festschmaus.

»Aber das wirklich Erstaunliche kommt erst noch! Nach dem Mord hat der Täter dem Transvestiten nämlich den Slip heruntergezogen und seinen After untersucht. Das weiß ich deshalb, weil er seine Finger hinterher an dem roten Kleid abgewischt hat. Was halten Sie von diesem Detail, meine Herren? ... Also, so weit mein vorläufiger Bericht. Nach der Obduktion und den Analysen im Labor wissen wir vielleicht mehr. Ich muss euch jetzt leider verlassen, in Alt-Havanna wartet der nächste Tote auf mich ...«

»Dann viel Spaß, Todesengel«, sagte El Conde und wandte dem Gerichtsarzt den Rücken zu.

Er sah wieder auf den trüben Fluss, in dessen Wasser er so manches Mal gebadet hatte. In anderen Gewässern allerdings, dachte er mit Heraklit. In weniger schmutzigen jedenfalls, weiter unten bei der Brücke von La Chorrera, wo er und seine Freunde *biajacas* gefangen hatten und sogar Zierkarpfen, nachdem irgendjemand auf die Idee gekommen war, diese exotischen roten Fische in den Flüssen und Seen der Insel zu züchten. »Also los, Manolo«, sagte er zu seinem Kollegen, »stellen wir uns die Fragen, die der Todesengel aufgeworfen hat. Warum lässt sich jemand strangulieren, ohne sich zu wehren? Warum wirft der Mörder die Leiche nicht ins Wasser? Und warum, zum Teufel, tastet er den After des Opfers ab?«

Sargento Palacios verschränkte wieder seine dünnen Ärmchen vor der hageren Brust. Bei jedem Fall, den er mit El Conde zu bearbeiten hatte, passierte dasselbe. Immer musste er der Erste sein, der sich irrte. »Ich weiß es nicht, Conde«, sagte er deshalb vorsichtig.

Der Teniente sah ihn erstaunt an. »Wie, du weißt es nicht? Du weißt doch sonst immer alles.«

»Heute eben nicht ... Sag mal, Conde, was ist eigentlich mit dir los? Du benimmst dich zum Kotzen, Alter ...«

El Conde zündete sich eine Zigarette an. Manolo hatte Recht. Was war los mit ihm? »Keine Ahnung, Manolo, aber irgendetwas stimmt nicht mit mir. Kannst du dir vorstellen, dass ich mich gefreut hab, als man mir einen Mordfall übertragen hat und ich die Zentrale verlassen konnte? Mann, ich muss schon ziemlich im Arsch sein, wenn ich mich über einen Toten freue ... Und dann noch dieser Arzt, der macht mich fertig, ehrlich.«

Manuel Palacios nickte. Er kannte den Teniente inzwischen gut genug, um dieses Bekenntnis zu schätzen zu wissen. Er beschloss, sich erkenntlich zu zeigen. »Was hältst du davon: Ein ehrenwerter Mann, verheiratet, Kinder, lernt eine Frau kennen. Im Grunde ist er kein Don Juan, aber die Frau ist hübsch, und er ist von seiner Eroberung hin und weg. Er geht mit ihr in den Stadtwald, sie küssen sich, sie befummeln sich, die Frau kniet sich hin, um ihm einen zu blasen, wie der Arzt sich ausdrückt, und dann merkt der Mann, dass er keine Frau vor sich hat, sondern das genaue Gegenteil. Oder anders: Auch der ehrenwerte Mann ist das Gegenteil, ich meine, genauso schwul wie der Tote, und er rächt sich an Arayán wegen irgendeiner alten Geschichte. Eine Abrechnung unter Schwuchteln, wie gefällt dir das? Oder der Typ ist ein Perverser, der es gerne mit Transvestiten treibt und sie hinterher umbringt. Denn in Wirklichkeit hasst er die Tunten, weil er selbst eine ist, aber nicht so richtig dazugehört, weil er groß und dick ist. Klingt doch hübsch, findest du nicht?«

El Conde hustete mit der Zigarette im Mund. »Du wirst mit jedem Tag intelligenter, Manolo, wirklich ... Aber das Ganze bleibt merkwürdig. Niemand lässt sich erwürgen, ohne dem anderen auch nur einen Kratzer beizubringen. Und dann, was kann man im After verstecken? Drogen? Diamanten? Und woher wusste der andere, dass er genau dort suchen musste? Weil sie sich kannten! Aber andererseits, wenn der Mörder die Leiche nicht in den Fluss geworfen hat, dann deshalb, weil er sich sicher ist, weder mit dem Tatort noch mit dem Opfer in Verbindung gebracht zu werden ... Und das rote Ballkleid, das aus weiß Gott welcher Kleiderkammer stammt? Und warum läuft ein so elegant Transvestierter mit seinem Personalausweis durch die Gegend? Findest du das nicht unpassend? Soll ich dir mal was sagen, Manolo? Die ganze Geschichte gefällt mir nicht, überhaupt nicht. Zu viele Geheimnisse auf einmal. In diesem Land ist es zu heiß, und man muss sich mit zu vielen Problemen herumschlagen, da ist kein Platz mehr für Geheimnisse. Und ich sag dir noch was: Ich hab noch nie viel für Schwule übrig gehabt, damit dus weißt! Ich hab da so meine Vorurteile ...«

»Kann man wohl sagen«, stimmte der Sargento ihm zu.

»Mach, dass du wegkommst, Manolo.«

Das Schlimmste an den Toten ist, dass sie Lebende zurücklassen, dachte Mario Conde, nachdem ihm die Frau bestätigt hatte: Ja, Alexis Arayán Rodríguez ist mein Sohn, was ist nun schon wieder passiert? Sie war ihm so stark, so selbstsicher vorgekommen, dass er ohne Umschweife zu ihr gesagt hatte: Er ist gestern Nacht ermordet worden. Und da war die Frau in dem bequemen Ledersessel buchstäblich in sich zusammengefallen, und zwischen den vors Gesicht geschlagenen Händen hatte sich ein schwaches Stöhnen Bahn gebrochen …

In dem Personalausweis, den der Tote bei sich gehabt hatte, war als ständiger Wohnsitz diese Adresse angegeben. Ein zweistöckiges Haus in der 7. Avenida in Miramar, mit einem gepflegten Vorgarten und weiß gestrichener Fassade, mit großen Fenstern, deren Scheiben wunderbarerweise heil waren in dieser Stadt der zerbrochenen Scheiben, und zwei Autos auf den überdachten Stellplätzen. Ein Mercedes und ein Toyota, klärte ihn Manolo auf, der alles wusste, was es über Autos und Automarken zu wissen gibt. Alles in allem also ein Bild des Wohlstands. Und das war auch gar nicht verwunderlich, denn laut Ausweis war Alexis der Sohn von Faustino, genauer gesagt von Faustino Arayán, dem letzten Vertreter Kubas bei der UNICEF. Ein Diplomat, der viele Missionen erfüllt hatte. Eine Persönlichkeit. Und die Mutter war Matilde Rodríguez, eine Frau von vielleicht sechzig Jahren, gut erhalten, mit kastanienbraunem Haar und gepflegten Händen, jene Frau, die jetzt urplötzlich viel älter als sechzig aussah und die arrogante Selbstsicherheit verloren hatte, mit der sie den beiden Polizisten anfangs begegnet war.

Wie von dem schwachen Aufstöhnen der Hausherrin herbeigerufen, war eine Schwarze lautlos in den Raum getreten. Sie verursachte beim Gehen keinerlei Geräusche, sodass man den Eindruck hatte, ihre Füße berührten den Boden nicht. Dem Teniente fiel der rötlich glänzende Blick aus den hervortretenden Augen auf. Ohne die Polizisten zu grüßen, setzte sie sich neben Matilde Rodríguez und begann sie leise, fast mütterlich zu trösten. Nach einer Weile stand sie auf, ging dahin, wo sie hergekommen war, und kam mit einem Glas Wasser und einer winzigen rosa Tablette zurück, die sie

Alexis' Mutter gab. Mit seinem geschulten Auge nahm El Conde ein leichtes Zittern ihrer schwarzen Hände wahr, als sie die fahrigen Hände von Alexis' Mutter berührten. Ohne die Polizisten anzusehen, sagte die schwarze Frau: »In letzter Zeit ist sie mit den Nerven am Ende.«

Dann half sie Señora Rodríguez beim Aufstehen und führte sie zur Treppe.

Mario sah zu Manolo hinüber und zündete sich eine Zigarette an. Der Sargento hob die Schultern und machte ein Gesicht, als wollte er sagen: Na prima! Sie warteten. Nach kurzem Zögern wagte der Teniente es, einen weißen Aschenbecher zu benutzen, auf dem in blauen Buchstaben GRANADA stand. Alles sah sauber und perfekt aus in diesem Haus, in dem soeben das Schicksal zugeschlagen hatte.

Zehn Minuten später kam die Schwarze wieder herunter und setzte sich ihnen gegenüber. Endlich sah sie die beiden Polizisten an. Ihre Augen glänzten immer noch rötlich wie bei jemandem, der Fieber hat. »In letzter Zeit ist sie mit den Nerven am Ende«, wiederholte sie. Der Satz klang wie eine Losung. Oder war es das einzige ihr zur Verfügung stehende Vokabular?

»Und der Genosse Faustino Arayán?«

»Er ist im Außenministerium«, antwortete sie. »Er ist schon früh aus dem Haus gegangen.« Sie faltete die Hände und presste sie zwischen ihre Oberschenkel. Es sah aus, als bete sie zu einem Bild, das auf dem Boden lag.

»Sie arbeiten hier?« fragte der Sargento.

»Ja.«

»Seit langem?«

»Seit mehr als dreißig Jahren.«

»Wissen Sie, wann Alexis gestern Abend von hier fortgegangen ist?«

»Nein.«

»Hat er denn nicht hier gewohnt?«

»Nein.«

»Aber das hier war doch seine offizielle Adresse, oder nicht?«

»Ja.«

»Was denn nun? War das seine Adresse, ist er von hier fortgegangen, oder wissen Sie es nicht?«

»Ja, es war seine Adresse, aber er hat seit einigen Monaten nicht mehr hier gewohnt und ist gestern Abend nicht von hier fortgegangen … armer Alexis …«

»Und wo hat er gewohnt?«

Die Schwarze zögerte mit der Antwort und blickte zur Treppe hinüber, die nach oben zu den anderen Zimmern führte. Brauchte sie eine Erlaubnis, um zu antworten? Sie wirkte plötzlich nervös, senkte den rötlich glänzenden Blick und biss sich auf die Lippen. »Bei jemand anderem«, sagte sie schließlich. »Bei Alberto Marqués.«

»Und wer ist das nun wieder?«, insistierte der Sargento. Sein knochiger Hintern rutschte auf die Sesselkante vor.

Die Schwarze sah wieder zur Treppe hinüber. Mario Conde verspürte jenes namenlose Gefühl, das eine Freundin von ihm in Ermangelung eines geeigneteren Ausdrucks »projizierte Scham« nannte. Scham über die Erniedrigung eines anderen. Mitten im Jahre 1989 schleppte diese Frau immer noch einen atavistischen Sklaveninstinkt mit sich herum. Sie war eine Dienerin und, was das Schlimmste war, sie hatte die Mentalität einer Dienerin, eingehüllt in den unsichtbaren, aber dichten Schleier eines Charakters, der sich durch Generationen von Versklavten und Unterdrückten entwickelt hatten.

Dann jedoch wurde die projizierte Scham von körperlichem Unbehagen verdrängt. Mario verspürte den Wunsch, dieser blasierten und glasierten Glamourwelt zu entrinnen.

Die schwarze Frau sah wieder zu Sargento Palacios hoch und antwortete auf seine Frage:

»Ich glaube, das ist ein Freund von Alexis ... Er hat bei ihm gewohnt ... o Gott ... armer Alexis ...«

El Conde vergewisserte sich, dass die unwahrscheinliche Adresse tatsächlich existierte, klappte das Notizbuch mit den Daten aus der umfangreichen Akte von Alberto Marqués Basterrechea zu und steckte es in die Gesäßtasche seiner Jeans. Er betrachtete die Bougainvilleen im Vorgarten, die trotz der unmenschlichen Mittagssonne wunderbarerweise noch ganz munter aussahen. Zwischen den Blättern, Dornen und Zweigen, die den Eindruck erweckten, als könnten sie jede lokale oder weltweite Katastrophe überleben, leuchteten ihre Blüten gelb und violett. Wie verzauberte Schmetterlinge. Der Garten, aus dem einige Arekapalmen ragten wie stolze Federbüsche, verlieh dem Haus Nr. 7 in der Calle Milagros eine schattige Note. Milagros, zwischen Delicias und Buenaventura, so lautete die vollständige Adresse. Wunder, Freude, Glück. Sollte Alberto Marqués diese Straßennamen erfunden haben, um sein Haus im irdischen Paradies zu platzieren, inmitten der himmlischen Seligkeit des Gartens Eden? Ja, es musste eine der unzähligen Launen des Teufels sein. Das jedenfalls legte die alte, aber immer noch aussagekräftige Akte nahe, die ihm von dem Sicherheitsbeauftragten des Kulturministeriums mit einem strahlenden Lächeln ausgehändigt worden war. El Conde hatte sich die wichtigsten Informationen herausgeschrieben. Danach zu urteilen, schien so ziemlich alles möglich, wenn es um eben diesen diabolischen Alberto Marqués ging: Homosexueller mit einem reichen Schatz an ausschweifenden Erfahrungen, politisch desinteressiert, ideologisch ein Abweichler, Querkopf und Provokateur, häufige Auslandskontakte, verschlossen, affektiert, möglicherweise Konsument von Marihuana und anderen Drogen, Beschützer von Schwulen, die aus der Bahn geworfen worden waren, Anhänger zweifelhafter Philosophien, voller kleinbürgerlicher, klassenfeindlicher Vorurteile, die im Moskauer Handbuch zu Techniken und Methoden des sozialistischen Realismus aufgelistet und klassifiziert waren … Dieses beeindruckende Curriculum Vitae war das Ergebnis der schriftlich festgehaltenen, zusammengetragenen, zusammengefassten und bisweilen sogar wörtlich zitierten Erinnerungen von verschiedenen Informanten der Polizei, von Vorsitzenden des Komitees zur Verteidigung der Revolution, von Kadern des ehemaligen Nationalrats für Kultur und jetzigen Kulturministeriums, vom politischen Beirat der kubanischen Botschaft in Paris, bis hin zu einem Franziskanerpater, vor ewig langen Zeiten Beichtvater des Observierungsobjektes und einiger seiner perversen Liebhaber, die ausschließlich zu kriminellen Delikten vernommen worden waren. In welche Scheiße bin ich da wieder reingeraten, dachte der Teniente.

Während er vergeblich versuchte, seinen Kopf von Vorurteilen freizuschaufeln – »ich liebe Vorurteile, und ganz besonders die gegen Schwule«, hatte er zu Manolo gesagt, »die kann ich einfach nicht ausstehen« –, durchquerte er den Vorgarten, stieg die vier Stufen zum Hauseingang hoch und drückte auf den Klingelknopf, der unter der Nr. 7 prangte wie eine Brustwarze. Er streichelte ihn zweimal, bevor er vorsichtshalber noch einmal klingelte, weil hier draußen kein Ton zu hören war. Und als er den dritten Versuch starten wollte und sich schon überlegte, ob er nicht ganz einfach die Klinke runterdrücken sollte, sprang ihn die Dunkelheit hinter der sich langsam öffnenden Tür an, zusammen mit dem blassen Gesicht des Dramatikers und Theaterregisseurs Alberto Marqués Basterrechea. »Wessen werde ich nun wieder beschuldigt?«, fragte der Mann, indem er seiner tiefen Stimme einen unüberhörbar ironischen Unterton verlieh.

El Conde bemühte sich, mit einer dreifachen Überraschung fertig zu werden: der sich wie von unsichtbarer Hand öffnenden Tür, der beeindruckenden Blässe des Hausherrn und der Frage, mit der dieser ihn empfing. Er entschied sich für ein freundliches Lächeln. »Ich suche Alberto Marqués«, sagte er.

»Der bin ich, Herr Polizist«, antwortete der Mann und verbreiterte den Türspalt mit übertriebener Theatralik um einige Zentimeter, so als wollte er dem Teniente das verbotene Vergnügen gönnen, seinen ganzen Körper betrachten zu dürfen. Nicht nur blass war er, sondern geradezu bar jeder Farbe, mit schütterem, strähnigem, glanzlosem weißen Haar. Sein schlanker, beinahe abgemagerter Körper war in einen bodenlangen Kimono gehüllt, der gut und gerne in die Han-Dynastie gepasst hätte. Ja, dachte El Conde, nicht weniger als zweitausend Jahre Kummer und Leid müssen über diesen Stoff hinweggegangen sein, der ebenso ausgebleicht wie das Gesicht des Kimonoträgers und so fadenscheinig war, so abgenutzt, dass man kaum glauben konnte, dass es sich um Seide handelte. Flecken, die von Kaffee, Bananen, Jodtinktur oder auch Blut herrühren mochten, zeugten von zahlreichen Schlachten und verpassten dem, was ein kaiserliches Gewand sein wollte, ein neues, unregelmäßiges und tristes Muster. El Conde lächelte gezwungen, als er an die brisanten Informationen dachte, die er in seinem Notizbuch mit sich herumtrug, und erlaubte sich die Frage: »Woher wissen Sie, dass ich Polizist bin? Haben Sie auf mich gewartet?«

Alberto Marqués zwinkerte mehrmals und versuchte, seine glanzlosen Haarsträhnen zu ordnen. »Dafür muss man kein Sherlock Holmes sein«, erwiderte er. »Bei dieser Hitze, zu dieser Stunde, mit diesem Ihrem Gesicht und in diesem Hause, wer kann das schon sein, wenn nicht die Polizei? Außerdem habe ich gehört, was mit dem armen Alexis passiert ist …«

El Conde nickte nachdenklich. Es war jetzt schon das zweite Mal in kürzester Zeit, dass man eine Bemerkung über sein Polizistengesicht gemacht hatte. Bald glaubte er es schon selbst. Wenn es Busfahrer mit Busfahrergesicht, Ärzte mit Arztgesicht und Schneider mit Schneidergesicht gab, dann war es nicht schwer, nach zehn Jahren Polizeidienst ein Polizistengesicht zu haben. »Kann ich reinkommen?«, fragte er.

»Könnte ich Sie daran hindern?«, fragte der Hausherr zurück. »Also, kommen Sie herein«, fügte er hinzu und öffnete die Tür ins Dunkel.

Im Haus war die Hitze nicht zu spüren, obwohl alle Fenster geschlossen waren und kein kühlender Ventilator summte. Nachdem sich die Augen des Teniente an die Dunkelheit gewöhnt hatten, erkannte er den hohen Dachgiebel, und er erahnte Möbel, so dunkel wie die Umgebung, die ungeordnet in dem großen Salon herumstanden. Der hohe Raum war durch ein vermutlich dorisches Säulenpaar unterteilt, und nach etwa fünf Metern schloss sich ein ebenfalls dunkler Korridor an. Ohne die Haustür zu schließen, ging Alberto Marqués zu einer der Wände und öffnete eine hohe Lamellentür, sodass sich nun das grelle Augustlicht über den schachartig gefliesten Boden ergoss. Die plötzliche Helligkeit wirkte entschieden irreal, wie ein Scheinwerfer, der auf eine Bühne gerichtet wird. Und da begriff El Conde alles. Er war in das Bühnenbild von *Der Preis* geraten, Arthur Millers Theaterstück, das dreißig Jahre zuvor von Alberto Marqués mit unvergessenem Erfolg (auch das stand in seiner Akte) auf die Bühne gebracht worden war und das er, Mario, vor rund zehn Jahren in einer Inszenierung eines der treuesten Schüler des Dramaturgen gesehen hatte. Und nun stand er auf der Bühne, mitten in der Szene, in der die Personen auftreten, die ... Aber natürlich! War das denn die Möglichkeit?

»Setzen Sie sich, bitte, Herr Polizist«, forderte ihn der Theatermann auf und wies beinahe widerwillig auf einen von uraltem Schweiß geschwärzten Mahagonischaukelstuhl. Erst dann schloss er die Haustür.

El Conde nutzte die wenigen Sekunden, um sich den Regisseur besser anzuschauen. Zwischen dem Saum des Kimonos und dem Fliesenboden sah er zwei knochige, spitze Knöchel, so durchscheinend wie das Gesicht des Mannes, und zwei nackte Füße wie die eines Straußenvogels, mit seltsam dicken, weit auseinander stehenden Zehen und Nägeln wie schartige Krallen. Die Finger dagegen waren feingliedrig und gepflegt wie die eines Pianisten. Und der Geruch, der in der Luft lag? Mit seinem von zwanzig Jahren exzessivem Tabakgenuss zerstörten Geruchssinn versuchte der Teniente, die verschiedenen Gerüche zu sortieren: Feuchtigkeit, verbranntes Fett und ein ihm wohl bekannter, aber schwer identifizierbarer muffiger Geruch. Der Mann in dem chinesischen Seidengewand setzte sich in einen anderen Schaukelstuhl, stellte die Füße nebeneinander fest auf den Boden und legte seine Hände, die denen eines wandelnden Skeletts glichen, behutsam auf die Armlehnen; besser gesagt, er umklammerte sie, umschloss sie, indem er die zarten Finger um die Vorderkante des Holzes krümmte. »Nun, fangen Sie an.«

»Was wissen Sie über das, was mit Alexis Arayán passiert ist?«

»Dass er im Stadtwald ermordet wurde ... der Ärmste ...«

»Und woher wissen Sie das?«

»Ein Freund hat mich heute Morgen angerufen.«

»Wer ist dieser Freund?«

»Er wohnt dort ganz in der Nähe und hat den Aufmarsch der Polizisten beobachtet. Er hat herumgefragt, hat von dem Mord erfahren und mich dann angerufen.«

»Und wie heißt er?«

Alberto Marqués seufzte demonstrativ auf und zwinkerte noch ein wenig schneller, doch die Hände blieben auf den Armlehnen liegen. »Dionisio Carmona ist sein Name. Zufrieden?« Er versuchte keinen Zweifel daran zu lassen, dass er diese Angabe nur ungern machte.

Der Teniente überlegte, ob er ihn um Raucherlaubnis bitten sollte, verwarf den Gedanken aber gleich wieder. Wenn Alberto Marqués ironisch war, konnte er als ermittelnder Kripobeamte sich unverschämt benehmen. Wie konnte diese alte Schwuchtel sich erdreisten, ihn zu provozieren? El Conde zündete sich eine Zigarette an und blies den Rauch seinem Gegenüber ins Gesicht.

»Sie können die Asche auf den Boden streuen, Herr Polizist.«

»Teniente Conde.«

»Sie können die Asche auf den Boden streuen, Herr Polizist Teniente Conde.«

Mario kam seiner Aufforderung nach. Dich mach ich zur Sau, du alter Wichser, dachte er. »Was wissen Sie noch?«

Alberto Marqués hob die Schultern, schloss die Augen und stieß erneut einen tiefen Seufzer aus. »Nun ja … dass er stranguliert wurde. O Gott, der arme Junge.«

Möglicherweise ist er ja tatsächlich betroffen, dachte Mario. Und dann ging er zum Angriff über: »Nein, man hat ihn erstickt, technisch gesprochen. Man hat ihm den Hals zugedrückt, bis ihm der Sauerstoff ausging. Mit einer roten Seidenschärpe. Er war als Frau verkleidet, wussten Sie das? Ganz in Rot, mit Stola und allem Drum und Dran.«

Alberto Marqués hatte die Armlehnen losgelassen und strich sich mit der rechten Hand übers Gesicht. *Touché,* dachte der Teniente.

»Als Frau verkleidet? Mit einem roten Kleid? Einem langen, wie ein antikes Gewand?«

»Ja. Was können Sie mir darüber erzählen? Soweit ich nämlich weiß, war er gestern in diesem Haus und ist von hier fortgegangen.«

»Ja, das stimmt, so gegen sieben Uhr abends. Aber ich schwöre Ihnen, ich habe ihn kurz zuvor gesehen, und da war er nicht wie Electra Garrigó gekleidet.«

Paris geht einem nie aus dem Sinn. Die Erinnerung eines Menschen, der dort gelebt hat, unterscheidet sich von der Erinnerung eines jeden anderen. Das ist eine Tatsache, auch wenn Hemingway das gesagt hat, der egomanischste und narzisstischste Schriftsteller des Jahrhunderts. Meine Erinnerung an Paris ist wie eine blaue Blume der Nostalgie, von der ich mich in zwanzig Jahren nicht habe befreien können. Als ich nämlich im April 69 nach Paris kam, hatte ich bereits einen so wunderschönen Frühling erlebt, dass es wehtat und man Lust bekam, noch glücklicher zu werden – falls es so etwas wie Glück überhaupt gibt –, noch intelligenter zu werden und alles in sich aufzunehmen, alles zu wissen, noch freier zu sein, falls es auch so etwas wic Freiheit gibt, geben kann oder jemals gegeben hat. Und ich erinnere mich daran, dass ich die Magie einer zärtlichen Sonne spürte, wie Samt und Seide, in der die Champs-Élysées badeten, die Magie der großartigen napoleonischen Paläste, die Magie der Freizügigkeit und Eitelkeit in den Cafés, und ich begriff nun besser, was ein Jahr zuvor mit mir geschehen war. Noch heute spüre ich wie ein Streicheln auf der Haut das Nachmittagslicht, das auf das runde Fenster an der Fassade von Notre-Dame fiel, höre noch das ewige, dunkle Murmeln der Seine auf Höhe der Cité, und ich höre auch noch den schwarzen Drehorgelspieler vor dem Louvre, der sein kleines afrikanisches Äffchen im Dreivierteltakt eines Wiener Walzers tanzen ließ. Und ich erinnere mich auch an den Auftritt der Rolling Stones, die sich immer rebellischer gaben als die Beatles; ich konnte sie aus einer Entfernung von zweihundert Metern sehen, unter dem kühlen Frühlingshimmel von Paris, mitten im hysterischen Gekreische der befreiten kleinen blonden Französinnen, der missratenen Töchter und jungen Mütter einer Revolution, die hätte stattfinden können, aber nicht stattgefunden hat, auch wenn die Welt nach jenem Mai 68 nie mehr dieselbe sein sollte. Denn eine Revolution hatte sehr wohl stattgefunden, die Revolution der Moral und der Sitten, die permanente Revolution des 20. Jahrhunderts, die sich Lew Bronstein alias Leo Dawidowitsch Trotzki niemals erträumt hätte. Ich erinnere mich an alles, an jeden Tag, an jede Minute. An jedes Gespräch mit Jean-Paul Sartre und der unvermeidlichen Simone de Beauvoir, an die Essen mit George Plimton, der mich für die *Paris Review* interviewte, an die Suche im Leben von Antonin Artaud, in seinem klugen Wahnsinn und seinen Papieren für eine geplante spanische Ausgabe von *Das Theater und sein Double,* an die nostalgische Erinnerung an Albert Camus, die sein Tod ausgelöst hatte, Camus, den ich nicht kennen gelernt, aber schon seit jeher gut gekannt hatte, an das Entdecken – durch die Augen und die Schritte von Néstor Almendros geleitet – der realen Bühne für so viele französische Filme. Und an das Aufspüren – am Arm meines Freundes Cortázar – der Jazz-Archäologie aus der Zeit zwischen den Kriegen, die in grottenähnlichen Kellerkneipen kultiviert wurde … Ich erinnere mich an alles, denn dies sollte meine letzte Reise nach Paris sein, sozusagen mein letzter Tango, und mein Gedächtnis kam den Ereignissen zuvor – wie weise ist doch das Gedächtnis! –, es betrieb prophylaktische Selbstverteidigung, bewahrte jeden glücklichen Augenblick jener letzten Reise nach Paris, so als hätte es bereits gewusst, dass es meine letzte sein würde.

Und deswegen erinnere ich mich auch an einen Tag gegenläufiger Zufälle und verbindender Magnetismen, den Tag, als der Ernste, der Andere und ich den Weg nach Montparnasse einschlugen, über dem letzten Seufzer des Tages schwebend, auf der Suche nach einem griechischen Restaurant, das gar nicht anders heißen konnte als ›L'Odyssée‹ und dessen Spezialität Bergziege war. Arm in Arm schritten wir voran wie eine unbesiegbare Armee, genossen die Muße und die Freiheit, als der Ernste *ihn* oder, besser gesagt, *sie* sah. Eine hoch gewachsene Frau von faszinierender Eleganz, eine vollkommene Frau, wie geschaffen für die Stimme von Edith Piaf, wenn Edith Piaf nicht ein dem Alkohol verfallener Spatz gewesen wäre. Eine aufregende Frau, groß, schön, perfekt geschminkt, mit provozierend vorgereckten Brüsten und einem metallenen Blumenmund. Ihr Hochmut war mit Händen zu greifen. Sie war ganz in Rot gekleidet, auffällig, aber in sich ruhend, und ihr Gesicht drückte dieselbe tragische Würde aus, die ich immer an der unsterblichen Elektra wahrgenommen habe. Sie war eine Offenbarung, genauer gesagt, eine Vorahnung in Rot.

»Das ist ein Transvestit«, sagte der Ernste.

Und ich (genauso wie der Andere, an dessen Namen ich mich nicht erinnern soll und will, denn es wäre politisch wie ideologisch falsch, seine alte Freundschaft mit dem Ernsten und mir zu enthüllen, damals, in jenem fantasmagorischen Paris, wo alles möglich war, auch dass ich mit ihm Arm in Arm durch die Straßen schlenderte), ich blieb fassungslos stehen, zur Salzsäule erstarrt, wie vom Donner gerührt.

»Großer Gott, wie ist das möglich?«, sagte der Andere, der es sich im fernen, freizügigen Paris sogar gestattete, den Namen Gottes in den Mund zu nehmen, er, der bei seinen öffentlichen Auftritten in Havanna stets den dialektischen und historischen Materialismus vertrat und behauptete, Religion sei Opium, Marihuana, Marlboro fürs Volk …

»Sie ist vollkommen«, sagte ich, denn ich wusste bereits von den Pariser Transvestiten, die auf die Straße gingen, um sich unters Volk zu mischen und sich in aller Öffentlichkeit zu zeigen. An ein derartiges Schauspiel hatte ich jedoch nicht gedacht. Diese Frau hätte jeden Mann um den Verstand bringen können, denn sie war vollkommener als jede Frau, fast hätte ich gesagt, sie war die Frau schlechthin, und das sagte ich dann auch.

»Nein. Der Transvestit ist keine Kopie der Frau«, verkündete der

Ernste, so als hielte er einen Vortrag in jenem für ihn so typischen, sachlichen Tonfall, mit Worten, die auszudrücken schienen, er wüsste alles. Er pflegte immer lange, verschachtelte Reden zu halten, im barocken Stil Lezama Limas, wie eine Karikatur des guten alten Dicken. »Für den Transvestit existieren die Frauen überhaupt nicht, denn er weiß – und seine größte Tragödie besteht darin, dass er nicht aufhört, es zu wissen –, dass er, das heißt sie, eine Erscheinung ist und dass seine Souveränität und die Kraft seines Fetischs einen nicht zu korrigierenden Irrtum der sonst so weisen Natur kaschieren …«

Und er entwickelte seine Theorie, nach der die kosmetische Aufmachung des Transvestiten, das provozierend grelle Leuchten seiner wie Insektenflügel zitternden Augenlider, die verstellte Stimme, die jemand anderem zu gehören scheint, immer wie aus dem Off gesprochen, der begehrenswerte, über seinen eigenen, verborgenen Mund gemalte Mund, sein verborgenes Geschlecht – je kastrierter, desto präsenter –, dass all dies eine Erscheinung sei, ein Trugbild, so etwas Ähnliches wie eine perfekte Theatermaske, verkündete der Ernste, und dabei sah er mich an, so als müsste er mich ansehen, als könnte er nicht anders.

Bei dem Wort ›Erscheinung‹ wurde mir alles klar, meine Erkenntnis fügte sich zusammen wie Eisenspäne am Magnet. Aufgeschreckt drehte ich mich nach dem Transvestiten um, doch der war bereits im magischen Dämmerlicht von Paris verschwunden wie ein flüchtiger Blitzstrahl … Eine Erscheinung. Eine Maskerade. Darin bestand das Wesen der Schauspielkunst, seit die rituellen Tänze sich zum Theater weiterentwickelt hatten und das Bewusstsein von künstlerischem Schaffen entstanden war. Der Transvestit als Künstler, als Darsteller seiner selbst … Aber er war verschwunden, und vor mir stand der Andere, erstarrt, fassungslos, unfähig sich zu bewegen, wie vom Blitz getroffen von der Möglichkeit dessen, was er immer sein – oder tun – wollte und sich bisher nie getraut hatte …

Der rote Schein vom ›Moulin Rouge‹ fiel durch ein Fenster in das griechische Restaurant. Das Gesicht des Anderen, der vom Nationalrat für Kultur nach Paris geschickt worden war (er hatte soeben ein schlechtes Buch mit vorprogrammiertem Erfolg veröffentlicht, mitten hinein in den damaligen Lateinamerika- und Dritte-Welt-Boom, immer auf der Jagd nach »der Chance«), wurde in das blutrote Licht getaucht, was ihm ein noch erregteres Aussehen verlieh, während der Ernste, der sich an dem Thema festgebissen hatte, einige Abschnitte eines zukünftigen Essays skizzierte:

»König«, sagte er zu mir (manchmal beförderte er mich vom Marqués zum König), »der menschliche Transvestit ist ein Fantasiegebilde, die Zusammenfassung der drei Möglichkeiten der Mimikry.« Er machte eine Pause, um von dem herben griechischen Wein zu trinken, der in hübschen Imitationen antiker Amphoren serviert wurde. »Erstens: der Transvestismus im eigentlichen Sinne des Wortes, der dem unbegrenzten Drang zur Metamorphose innewohnt, jener Umwandlung, die sich nicht auf die bloße Imitation eines bestimmten, realen Modells beschränkt, sondern es auf eine unendliche (und als solche vom Beginn des ›Spiels‹ an akzeptierte) Realität abgesehen hat. Es handelt sich um eine immer flüchtigere und unerreichbarere Irrealität: immer mehr Frau sein, ja, über die Grenze hinaus, über die Frau hinaus … Zweitens: die Camouflage. Denn es deutet alles darauf hin, dass die kosmetische (oder sogar chirurgische) Umwandlung des Mannes in eine Frau eine Art Verschwinden zum heimlichen Ziel hat, ein Unsichtbarmachen, ein *effacement,* ein Auslöschen des betreffenden Mannes in dem aggressiven Verband der Männer, in der brutalen Männerhorde. Und drittens ist da noch das Moment der Einschüchterung, denn die häufig zu beobachtende Übertreibung, die Maßlosigkeit des Makeups, die offensichtliche Künstlichkeit, die schillernde Maske, all das soll erschrecken und lähmen, wie bei bestimmten Tieren, die ihre äußere Erscheinung dazu benutzen, zu jagen oder sich zu verteidigen, natürliche Mängel zu verbergen oder nicht vorhandene Eigenschaften wie zum Beispiel Mut oder Geschicklichkeit vorzutäuschen, nicht wahr?«

Der Andere – vulgär, »unsichtbar« hinter einer Kultiviertheit, die er nicht besitzt – lutschte geräuschvoll an den Knochen der Ziegenkoteletts, deren Fleisch er soeben verschlungen hatte (zahlen tat der Ernste), und sah dabei aus dem Fenster, so als hielte er nach etwas Ausschau. »Also, was denn nun, sind sie schwul oder nicht?«, fragte er.

Ehrlich gesagt, ich habe nie verstanden, warum der Ernste ihn unbedingt auf unsere nostalgischen und kulinarischen Streifzüge durch Paris mitnehmen wollte. Das Einzige nämlich, was den Anderen interessiert – und das wissen alle –, sind Schwule, je tuntiger und ordinärer, desto besser. Und wenn der Ernste jemanden brauchte, mit dem er »die Klingen kreuzen konnte«, dann gab es in Paris tausende davon, wie aus dem Katalog, wunderschön und sanft, so sanft …

»Kubanisch gesprochen würde ich sagen, ja, sie sind warme Brüder«, antwortete der Ernste, »genauso wie du«, er lächelte dem Anderen zu, »nur mutiger, weißt du? Und wo wir schon mal beim Thema sind, habt ihr nicht Lust, euch morgen Abend eine Transvestitenshow anzusehen?«

Vor Begeisterung über die Einladung trank ich ganz alleine eine Amphore Wein, etwas, was ich noch nie im Leben getan hatte und sicherlich nie mehr tun werde. Aber in Paris ist alles möglich, man kann sogar trinken, ohne sich zu besaufen … Wir gingen quer durch die Stadt nach Hause. In jener Nacht, im Appartement des Ernsten, fing ich an, Linien auf ein Stück Karton zu zeichnen, und bei Tagesanbruch war die Skizze für das rote Kleid fertig, das meine Electra Garrigó bei jener inspirierten, aber tragischerweise vereitelten Aufführung tragen sollte, die dem guten alten Virgilio Piñera die unglaubliche Genialität seines Stückes vor Augen führte.

Die alte Schwuchtel redet mich schwindlig, dachte der Teniente, und im selben Moment wurde er sich bewusst, dass er seinen Harndrang nicht länger unterdrücken konnte. Die Pariser Transvestitengeschichte, in der sich Alberto Marqués auf der Suche nach dem roten Kleid seines ermordeten Freundes verloren hatte, klang wie ein Märchen, ausgedacht und aufgetischt in der Absicht, einen unvorsichtigen Menschen wie ihn einzufangen, ihn mit einem Spinnennetz zu umgarnen und dann intellektuell oder vielleicht auch physisch fertig zu machen, wenn er zum Beispiel sagte, dass er pinkeln müsse. El Conde schlug die Beine übereinander und presste die Schenkel zusammen, was alles nur noch schlimmer machte. Der Druck auf die Blase wurde unerträglich, sie war zum Platzen voll mit all der Flüssigkeit, die er wegen der Hitze getrunken hatte. Ihm blieben nur zwei Möglichkeiten: sich schnellstens zu verabschieden oder den Theatermann zu bitten, die Toilette benutzen zu dürfen. Das eine kam so wenig infrage wie das andere. Weder wollte er mit diesem Menschen irgendwie privat in Beziehung treten noch konnte er sich davonschleichen, jetzt, da der Marqués sich als der ideale Führer zu den dunkelsten Geheimnissen im Leben von Alexis Arayán anbot. Dieser abgefuckte Dramaturg war im Moment sein wichtigster Zeuge, vielleicht sogar der Mörder des Transvestiten. Obwohl, fragte sich El Conde mit einem prüfenden Blick auf seinen Gastgeber, während er spürte, dass er sich gleich in die Hose machen würde, wäre dieser Mann mit den schwächlichen Ärmchen überhaupt fähig, jemanden zu erwürgen …? Zum anderen hatte Mario es schon immer als den ersten Schritt zur Verletzung der Privatsphäre empfunden, in einem fremden Haus die Toilette zu benutzen. Zu sehen, was dort herumliegt, ist wie ein Blick in die Seele eines Menschen, dachte er. Eine schmutzige Unterhose, eine Kloschüssel mit der nicht fortgespülten Notdurft oder ein Duschgel sind so entlarvend wie ein Geständnis im Beichtstuhl … oder im Gerichtssaal. »Ich müsste mal aufs Klo«, sagte er schließlich doch, ohne dass sein Hirn es ihm befohlen hätte.

Er hatte angenommen, dass der Marqués lächeln würde. Der Marqués lächelte, und lächelnd musterte er den Teniente von oben bis unten. Dieser fühlte sich gewogen, gemessen, abgetastet. »Dort entlang, dritte Tür links«, sagte Alberto Marqués. »Ach, und die Wasserspülung bitte so lange drücken, bis alle Ausscheidungen, die kleinen und die großen, runtergespült sind, ja?«

»Danke«, sagte El Conde nur und stand auf. Seine Blase hatte ihn schmählich im Stich gelassen. Er ging durch den dunklen Korridor, vorbei an zwei Zimmern, in die er jedoch kaum einen Blick zu werfen wagte, denn er wusste, dass Alberto Marqués ihm hinterhersah. Doch er bekam mit, dass eines ein Schlafzimmer, das andere ein Arbeitszimmer mit Büchern bis unter die hohe Decke war. Schlagartig wurde ihm klar, was das für ein Geruch war, den er zuvor nicht hatte identifizieren können. Der faszinierende, muffige Geruch nach feuchtem, verstaubtem altem Papier kam aus diesem Raum, der ebenfalls im Dunkeln lag und die Bibliothek des Dramaturgen sein musste. Bestimmt waren die Regale mit Werken verbotener Autoren in wunderbaren exotischen Ausgaben voll gestopft. Bücher, die für den Durchschnittsleser unerreichbar waren und die Mario Conde sich vorzustellen versuchte, obwohl seine Fantasie im Moment fast ausschließlich mit der Frage beschäftigt war: Schaff ichs noch rechtzeitig zum Klo oder nicht.

Er öffnete die Tür zum Badezimmer. Im Unterschied zu dem, was er bisher gesehen hatte, sah es hier sauber und ordentlich aus.

Doch er hielt sich nicht damit auf, den Ort näher zu inspizieren. Er stellte sich vor die Kloschüssel, befreite seinen verzweifelten Penis aus der engen Jeans und fing an zu pinkeln. Sogleich verspürte er eine unbeschreibliche Erleichterung. Es lief und lief, und der Teniente ließ es laufen. Als er zur Tür schaute, glaubte er einen Schatten hinter der Milchglasscheibe zu entdecken. Wurde er beobachtet? Er verdeckte seinen Penis mit der Hand und pinkelte zu Ende, den Blick immer auf die Tür gerichtet. Das hat mir gerade noch gefehlt, dachte er, während er die letzten Tropfen abschüttelte. Dann verbannte er das nun kleinere Glied schnell wieder an seinen Platz und betätigte vorschriftsmäßig die Klospülung. Leb wohl, Urin!

Vom Korridor aus sah er den Hausherrn im Schaukelstuhl sitzen. Alles war so wie vorher. El Conde ging in den Eingangsraum zurück und nahm wieder Platz.

»Was für ein Vergnügen, zu urinieren, wenn die Blase voll ist, nicht wahr?«, bemerkte der Theatermann. Mario war sich jetzt ganz sicher, dass der Marqués ihn beobachtet hatte. Du alter Wichser, dachte er wieder, dich mach ich fertig! Und er beschloss, zum Angriff überzugehen.

»Und was hat diese Pariser Anekdote mit Alexis Arayán zu tun?«, fragte er.

Alberto Marqués lachte und stieß die Luft keuchend aus. Hörte sich an wie ein Schluckauf.

»Entschuldigung«, sagte er. »Nun, sie hat insofern etwas mit ihm zu tun, weil er in jenem roten Kleid gefunden wurde und weil er kein Transvestit war. Genauer gesagt, er war nicht wirklich einer. Hat sich nur manchmal verkleidet und Rollen gespielt, sowohl männliche als auch weibliche. Allerdings hätte es bei ihm nie dazu gereicht, auf der Bühne zu stehen. Dafür war er zu schüchtern und zu … intellektuell, wenn Sie wissen, was ich meine. Außerdem steckte er voller Komplexe. Das rote Kleid aber hat ihm immer gefallen, das Kleid, das ich in jener Nacht in Paris entworfen hatte für meine Inszenierung der *Electra Garrigó,* die zuerst in Havanna und dann 1971 im Théâtre des Nations in Paris aufgeführt werden sollte. Und auch wenn Alexis homosexuell war, wie Sie ja sicher bereits wissen, so hätte er niemals den Mut aufgebracht, den ein Transvestit braucht. Soviel ich weiß, hat er sich nie in Frauenkleidern auf die Straße gewagt.«

»Und warum hat er es dann gestern getan?«

»Das weiß ich nicht. Das herauszufinden ist Ihre Aufgabe ... Dafür werden Sie doch bezahlt, oder?«

»Ich glaube, ja«, erwiderte der Teniente. »Übrigens, war Alexis katholisch?«

»Ja, natürlich. Und ein halber Mystiker.«

»Hat er Ihnen mal was von der Verklärung erzählt?«

»Von der Verklärung? Welcher Verklärung?«

»Von der Verklärung Christi, der Transfiguration ... Das ist ein katholisches Fest, und gestern, am 6. August, wurde es gefeiert.«

»Nein, davon hat er mir nichts erzählt ... Schauen Sie, gestern ist er aus dem Haus gegangen, ohne sich von mir zu verabschieden. Ich habe mir aber keine weiteren Gedanken darüber gemacht, denn so war er nun mal. Leicht neurotisch und manchmal sehr introvertiert. Ich habe ihn durch den Korridor hinausgehen hören, daher weiß ich, dass es so gegen sieben war ... Übrigens, zu Ihrer Information: Alexis und ich waren lediglich Freunde. Er hatte Probleme zu Hause, seine Eltern haben ihm jeden Tag damit gedroht, ihn rauszuschmeißen, und da hat er mich gefragt, ob er bei mir wohnen kann. Mehr war nicht, verstehen Sie? Jedem Schaf seinen Wolf, aber ich bin zu alt, um den Wolf zu spielen.«

Während der Teniente sich die nächste Zigarette anzündete, dachte er wieder: Wo bin ich da nur reingeraten? Zu dieser exotischen Welt hatte er keinen Zugang. Er fühlte sich hoffnungslos überfordert, ohne im Mindesten die Antwort auf eine der tausend Fragen zu wissen, die sich ihm stellten. Stand diese alte Schwuchtel zum Beispiel auf Tunten oder auf Männer? Und: Ist jemand, der mit einem Schwulen zusammen ist, ebenfalls schwul, richtig schwul? Können zwei Schwule befreundet sein und sogar zusammenwohnen, ohne was miteinander zu haben? Laut sagte er: »Verstehe, natürlich ... Wie haben Sie sich eigentlich kennen gelernt, Sie und Alexis? Und wann?«

Alberto Marqués strich sich den Kimono glatt. »Ach, wissen Sie das wirklich nicht?«, fragte er lächelnd. »Nun, vor achtzehn Jahren, also im Jahre des Herrn 1971, wurde ich kategorisiert, und natürlich passte ich in keine ihrer Kategorien. Können Sie sich das vorstellen? Einen Künstler kategorisieren, als wärs ein Hund mit Stammbaum ... Allein schon dieses hässliche Wort: Kategorisieren! Man könnte darüber lachen, wenn es nicht so traurig wäre ... Nun gut, damals wurden also alle Künstler kategorisiert, und ich flog aus der Kategorie ›Theater‹ und aus der Künstlervereinigung. Und dann musste ich mich in der Produktion beweisen, ich sollte durch den Kontakt mit der Arbeiterklasse geläutert werden; aber weder wurde ich gefragt, ob ich überhaupt lauter werden wollte, noch wurde die Arbeiterklasse gefragt, ob sie bereit sei, eine solche Entgiftung vorzunehmen. Und nachdem sich herausgestellt hatte, dass ich für die Fabrikarbeit nicht geeignet war, steckten sie mich in eine kleine Bibliothek im Marianao, zum Katalogisieren von Büchern. Und jetzt sage ich Ihnen etwas, Señor Teniente, wofür Sie mich hoffentlich nicht ins Gefängnis stecken werden: Das war ein Fehler! Einen Künstler, einen Dichter zumal, darf man nicht in die Nähe von Büchern kommen lassen, die er nicht besitzt, weil er sie dann nämlich klaut. Er klaut sie, auch wenn er im Grunde seines Herzens kein Dieb ist. Stellen Sie sich vor, in dieser Bibliothek gab es eine Ausgabe von *Das verlorene Paradies* von John Milton, mit Illustrationen von Gustave Doré! Wissen Sie, wovon ich rede? Wenn Sie wollen, zeige ich Ihnen das Buch ...«

»Nicht nötig«, wehrte der Teniente ab.

»Na schön ... Also, ich arbeitete in der Bibliothek, und Alexis kam dorthin, um zu lernen. Das Gymnasium, das er besuchte, lag ganz in der Nähe. Er wusste, wer ich war, und bewunderte mich natürlich. Der Ärmste wagte nicht mal, mich anzusprechen. Kein Wunder, von mir wurden die abenteuerlichsten Dinge erzählt. Aber das wissen Sie doch bestimmt, oder? ... Na ja, eines Tages sprach er mich dann schließlich doch an. Er gestand mir, dass er zwei meiner Werke gelesen und eine Probe von *Electra Garrigó* gesehen hatte. Das habe ihn so sehr aufgewühlt wie nichts zuvor in seinem Leben. Der Junge verehrte mich, und welcher Künstler ist nicht empfänglich für die Verehrung eines jungen Schülers? Kurz und gut, wir wurden Freunde.«

»Noch eine Frage, die letzte für heute«, sagte Mario Conde mit einem Blick auf seine Armbanduhr. Die soeben gehörte Geschichte erschien ihm aufregender als alles, was er bisher gehört oder gelesen hatte. Er versuchte nachzuempfinden, wie sich dieser von der Kritik gefeierte und verwöhnte Mann gefühlt haben mochte in der anonymen Stille einer städtischen Bibliothek, wo sich seine Ambitionen darauf beschränkten, irgendein interessantes Buch zu entwenden. Nein, es war alles andere als einfach. »Hatte Alexis mit irgendjemandem Probleme? Hatte er eine feste Beziehung?«

Alberto Marqués lächelte nicht und zwinkerte nicht. Er bewegte lediglich die schlanken, langen Finger, die die Armlehnen des Schaukelstuhls umklammert hielten.

»Von Problemen weiß ich nichts. Er war ein weicher Mensch, wenn man das so ausdrücken kann. Was er brauchte, waren innerer Frieden und Zuwendung. Seine Eltern aber behandelten ihn wie einen Aussätzigen, sie schämten sich seiner. Deshalb war er so in sich gekehrt und sah überall Gespenster. Überdies war er sich bewusst, dass er nie auf der Bühne stehen würde, wovon er sein Leben lang geträumt hatte. Doch schließlich akzeptierte er sein mangelndes Talent, und das gelingt ja längst nicht jedem, stimmts?«

Stimmt, dachte El Conde, und er fragte sich: Meint der mich damit? Nein, nein, unmöglich, beruhigte er sich. Er kennt mich ja überhaupt nicht. Und außerdem hab ich Talent. Ein Scheißtalent.

»Beim Kulturgüterfonds, für den er gearbeitet hat, war er sehr beliebt. Vor allem die Künstler mochten ihn, denn er hat sie stets gegen den Talentevernichter Bürokratie verteidigt, diesen schäbigen Blutsauger ... Und zur zweiten Frage: Ja, ich glaube, er hatte zurzeit eine ziemlich stabile Beziehung zu einem Maler namens Salvador K, den ich jedoch persönlich nicht kenne. Sind Sie zufrieden? Wünschen Sie noch einmal zur Toilette zu gehen?« Bei dieser Frage lächelte er wieder.

El Conde erhob sich. In dem hab ich einen schrecklichen, wortgewandten Gegner gefunden, dachte er und streckte die Hand aus, um die knochigen Finger des berühmten Dramaturgen Alberto Marqués zu drücken. Er drückte die Hand eines Frosches. »Nein, ich wünsche nicht zur Toilette zu gehen«, sagte er, »aber zufrieden bin ich nicht. Übrigens sind Sie mir das Ende der Transvestitengeschichte schuldig geblieben.«

»Ach, ja, natürlich, Fürst«, erwiderte der Marqués grinsend und fügte hinzu: »Entschuldigen Sie, aber ich schwärme für Adelstitel, wissen Sie ... Nun, wann immer Sie wollen, Herr Polizist Teniente Conde! Aber um sicher zu gehen, dass Sie mich wieder besuchen, werde ich Ihnen das Buch leihen, das der Ernste über die Transvestiten geschrieben hat. Er hat es mir gewidmet, wissen Sie ... Sie werden sehen, zu welch verrückten Tollheiten der Mensch fähig ist.«

Sein Lächeln wurde von unkontrollierbarem Zwinkern und einem nicht enden wollenden Schluckauf begleitet.

El Conde sah sich den Umschlag des Buches an, das Alberto Marqués ihm geliehen hatte. Aus einer Schmetterlingspuppe kroch ein Schmetterling mit menschlichem, grotesk zweigeteiltem Antlitz. Augen und Haare waren die einer Frau, Mund und Kinn die eines Mannes. Das Buch hatte den Titel *Das Gesicht und die Maske* und eine weniger kryptische Widmung: »Dem letzten aktiven Angehörigen des kubanischen Adels.« Er hatte Lust, nach Hause zu gehen und dieses Buch zu lesen, das ihm vielleicht einen Schlüssel zu dem, was im Stadtwald geschehen war, in die Hand geben oder zumindest etwas über die ihm unbekannte Welt der Homosexuellen erzählen würde. In seinem Vortrag hatte Alberto Marqués von drei möglichen Beweggründen der Verwandlungskünstler gesprochen: Die Metamorphose als ein Übertreffen des Modells, die Camouflage als eine Form des Verschwindens und die Verkleidung als ein Mittel zur Einschüchterung. Welches Motiv hatte Alexis Arayán dazu getrieben, sich ausgerechnet am Tag der Transfiguration in die Electra Garrigó zu verwandeln? So langsam begann ihn die Geschichte zu faszinieren, aber wenn er sie besser verstehen wollte, musste er schon etwas mehr darüber erfahren. Eins zumindest war gewiss: Alberto Marqués konnte nicht Alexis' Mörder sein. Mit diesen Ärmchen hätte er zwei Stunden gebraucht, um den Gelegenheitstransvestiten zu erwürgen, der sich dann auch noch eigenhändig die Nase hätte zuhalten müssen. Genauso gewiss war allerdings auch, dass Alberto Marqués mit dem Tod in Rot eine Menge zu tun hatte.

Als El Conde den Sargento im Schatten des ersten Flamboyants der Avenida Santa Catalina gegen den Wagen gelehnt sah, wurde er sich bewusst, wie sehr er schwitzte. Er war gerade mal vier Häuserblocks weit gegangen, und schon wies sein Hemd Schweißflecken auf. Doch sein Gehirn war viel zu sehr mit den verblüffenden Informationen beschäftigt gewesen, um das Gefühl der Hitze zu übermitteln, die sich nun feucht in Erinnerung brachte. Es war fast vier Uhr nachmittags, und das Thermometer schien noch um einige Grade gestiegen zu sein.

»Und?«, fragte Manolo, während Mario sich mit dem Taschentuch den Schweiß abwischte.

»Ein merkwürdiger Typ. Hat mich völlig durcheinander gebracht. Der ist schwuler als ein Sonntagnachmittag.« El Conde musste grinsen. Das Copyright für diese Metapher lag bei seinem Schulfreund Miki Cara de Jeva, dem Mädchengesicht. »Und du weißt ja, ich kann Schwule nicht ausstehen. Aber der ist irgendwie anders. Ich bin direkt ins Grübeln gekommen … Und du, was hast du rausgekriegt?«

Während der Wagen über die Santa Catalina in Richtung Kripozentrale fuhr, berichtete Manolo dem Teniente von der ersten Überraschung, die die Obduktion erbracht hatte. »Dein Freund, der Todesengel, hat herausgefunden, dass dem Toten nichts aus dem Hintern geholt wurde, Conde. Im Gegenteil, ihm wurde was reingesteckt. Zwei Pesos! Wie findest du das? Hast du so was schon mal gehört?« Mario schüttelte den Kopf. Der Sargento ließ ihm jedoch keine Zeit, diese erstaunliche Entdeckung zu verdauen. »Der Mann, der ihn umgebracht hat, ist weiß, zwischen vierzig und sechzig, Blutgruppe AB, wahrscheinlich Rechtshänder. Mit anderen Worten, der Kreis der Verdächtigen reduziert sich auf eineinhalb Millionen Personen …«

Mario konnte über den Scherz nicht lachen. Sargento Palacios fuhr mit seinem Bericht fort: Der Tod war tatsächlich durch Ersticken eingetreten, der Mörder hatte vor dem Opfer gestanden und ihm mit der Schärpe die Luft abgeschnürt. Dennoch war nur ein winziges Hautpartikelchen unter Alexis' Fingernägeln gefunden worden. Nach den Fußspuren des Mörders zu urteilen, musste er Schuhgröße 43 haben, neunzig bis hundert Kilo schwer sein und zur Tatzeit Jeans getragen haben, denn am Tatort war die Faser eines solchen Stoffs an einem Strauch gefunden worden. Die These einer möglichen Fellatio war so gut wie vom Tisch, jedenfalls gab es keinerlei Samenspuren im Mund des Toten. Auch Fingerabdrücke gab es keine, und die Seidenschärpe lieferte ebenfalls keinerlei verwertbare Hinweise. In der Nähe des Tatortes war nichts besonders Aufschlussreiches gefunden worden, nur der übliche Müll, eine leere Flasche, ein gebrauchtes Kondom, Zigarettenkippen, ein verrosteter Schlüssel, Zigarrenstummel ohne und mit Bauchbinde (Rey del Mundo, Montecristo, Coronas) sowie ein Plastikkamm mit Zahnlücken, ohne Weisheitszahn (insgesamt fehlten sechs Zinken).

»Damit ist klar, ein Kampf hat nicht stattgefunden«, stellte der Teniente fest. »Und das mit den Pesomünzen ...«

»Ja, 'ne schöne Scheiße, was? Aber am meisten wundere ich mich darüber, dass der Mörder die Leiche nicht in den Fluss geworfen hat. Stell dir bloß mal vor, wir fischen sie aus dem Meer, dann wüssten wir nicht mal, woher sie kommt ... oder die Fische hätten sie angeknabbert und wir könnten sie nicht identifizieren ... Fahren wir zur Zentrale?«

»Nein, nein«, sagte El Conde und legte eine Schweigeminute ein, um einen Blick voller Selbstmitleid auf das Haus zu werfen, in dem Tamara wohnte, die beständigste all seiner verlorenen Lieben. Jene Frau, deren Körper stets nach schwerem Parfüm duftete und von der er in den letzten zweitausend Jahren seines Lebens geträumt hatte. »Fahr weiter ins Vedado, ich will einen alten Freund besuchen, an den ich mich gerade erinnert habe.«

»Scheiße noch mal, was machst du denn hier, Condenado?« Auffällig unauffällig blickte er zu den anderen Tischen hinüber, um mögliche Reaktionen auf El Condes Eintreten aufzuschnappen. »Wenn die Leute hier mitkriegen, dass du 'n Bulle bist, und wenn du dann noch anfängst, leise mit mir zu tuscheln, Mensch, dann treten die mich in den Arsch …«

»Wer hier leise tuschelt, bist du«, konterte Mario laut und vernehmlich. Er nahm das Glas, das auf dem Tisch stand, und vernichtete den Rum mit einem einzigen Schluck.

Miki Cara de Jeva traute sich nicht, ihn zurückzuhalten oder sich noch einmal im Raum umzublicken. El Conde grinste. Er kannte ihn jetzt seit zwanzig Jahren, und in der ganzen Zeit hatte er sich nicht verändert. Immer noch derselbe Hosenscheißer. In der Schule hatte er als der große Verführer gegolten und behauptet, den absoluten Frauenrekord zu halten, einschließlich obligater Knutscherei. Zu verdanken hatte er den Erfolg seinem ebenmäßigen, pickellosen Gesicht, in dem die Jahre danach mit besonderer Boshaftigkeit ihre Spuren hinterlassen hatten. Mehr Falten, als mit achtunddreißig Jahren erlaubt, spätreife Pickel und ungünstig verteilte Fettpolster, die Miki, der jetzt nicht mehr »Mädchengesicht« genannt werden konnte, durch einen dichten Bart zu verbergen suchte. Im Gegensatz zu dem struppigen Haar am Kinn stand das schüttere Haar auf dem Kopf, die ebenfalls dem Tod geweihten Reste dessen, was früher einmal seine stolze blonde Mähne gewesen war. Der Übergang von der Jugend zum Erwachsenenalter war für das ehemalige Mädchengesicht eine verheerende Mutation gewesen. Allerdings war Miki trotz allem und gegen jede Erwartung der einzige offiziell anerkannte Schriftsteller, der aus dem Kreis der literaturbegeisterten Schüler der Oberstufe von La Víbora hervorgegangen war. Ein sauschlechter Roman und zwei Bände mit harmlosen Erzählungen, die keinem wehtaten, hatten ihn unverdientermaßen in die Kategorie eines Künstlers erhoben. Er wusste – und Mario wusste es ebenfalls –, dass seine Bücher dem todsicheren Vergessen anheim fallen würden, sobald seine von gewissen Kritikern und Verlegern geplante und mit Beifall bedachte Zeit vorbei war. Wie mutig, über Bauern und verdienstvolle Kooperativen zu schreiben, als in allen Zeitungen von Bauern und verdienstvollen Kooperativen die Rede gewesen war, oder über den Abschaum der Vaterlandsverräter, die *gusanos,* als dieses Wort auf sämtlichen Straßen des Landes skandiert wurde, damals, im Sommer 1980 … Aber immerhin wies ihn der Ausweis des Schriftstellerverbandes offiziell als Schriftsteller aus, und jeden Nachmittag zog sich Miki in das Verbandslokal zurück, um ein paar Rum zu kippen, die er, wie Mario meinte, eigentlich nicht verdient hatte. »Sollen wir uns woanders unterhalten?«, schlug der Teniente angesichts der Panik im Blick des so genannten Schriftstellers vor.

»Nein, lass nur, hier kennt dich ja keiner … Willst du einen Doppelten, bevor der Rum ausgeht?«

Mario Conde sah zur Theke hinüber, wo *Bocoy blanco* ausgeschenkt wurde. Er tat so, als schwanke er noch, vielleicht um sich selbst zu überreden, und sagte dann barsch: »Ja, ich glaub, der tät mir gut.«

»Dann leih mir vier Pesos«, bat Miki und streckte die Hand aus.

El Conde musste wieder grinsen. Klar, der Hosenscheißer, dachte er und gab ihm einen Zehner. »Einen Doppelten für dich und einen Dreifachen für mich.«

Während er auf Miki wartete, zündete er sich eine Zigarette an und versuchte mitzubekommen, was am Nebentisch geredet wurde. Sie waren dort zu dritt: ein junger Mulatte mit schon verdammt vielen grauen Haaren, der unaufhörlich redete, ein dicker, hellerer Mulatte mit Bart und schiefem Dromedarbuckel und ein hoch gewachsener Typ mit einem Tuntengesicht, an dem sogar Dr. Lombroso seine helle Freude gehabt hätte. Die Helden der Literatur! Sie redeten angeregt und schlecht über einen anderen Schriftsteller, der in verschiedenen Zeitungen viel gelesene Artikel schrieb und offenbar gerade einen erfolgreichen Roman herausgebracht hatte, und sie waren sich einig, dass er ein Scheißpopulist war. Ja, sagten sie und spuckten Gift und Galle, stellt euch vor, er schreibt Krimis, macht Interviews mit Baseballspielern und Salsamusikern, schreibt Reportagen über Zuhälter und über die Geschichte des Rums. Sag ich doch, ein Scheißpopulist, und damit räumt er jede Menge Preise ab. Sie wechselten das Thema und sprachen von sich selbst, den wirklichen Schriftstellern, die sich mit ästhetischen Werten auseinander setzten und die sozialen Widersprüche beleuchteten ... als Miki mit zwei vollen Gläsern zurückkam. »Hab ichs nicht gesagt, wir haben den Rest aus der letzten Flasche gekriegt. Das kann einen wirklich nervös machen, jeden Tag gibt es weniger Rum.«

»Du kommst gerne hierher, was, Miki?«

Der Schriftsteller trank einen Schluck und angelte sich eine Zigarette aus Marios Schachtel. »Ja, warum nicht? Es gibt Rum, man redet 'n bisschen dummes Zeug, und ab und zu schleppst du irgend so 'ne verrückte Alte ab, die es mit der Poesie hat. Ich warte gerade auf eine, die hat mehr Kohle an den Füßen als die Nationalbank im Safe. Keine Ahnung, woher sie das hat. Also, hörst du, wenn meine Dichterin auftaucht, tauchst du ab, klar?«

Mario nickte. Er wollte seinen Freund fragen, wer die Leute am Nachbartisch waren und wen sie da gerade durch die Scheiße zogen, aber er befürchtete, dass sie ihn hören konnten. Die Geschichte des Rums würde ich ja gerne lesen, dachte er, während er das zeitlose, gepanschte Zeug probierte, in dessen Molekülen mehr Wasser enthalten war, als er vertragen konnte. »Miki, was weißt du über einen Maler namens Salvador K?«, fragte er schließlich.

Miki grinste nur und trank noch einen Schluck. »Ein Arschloch«, sagte er dann.

»Scheiße, hier ist jeder ein Arschloch, Opportunist, Scheißpopulist oder schwul, stimmts?«

»Ganz genau. Was hast du denn gedacht? Dass das hier der Parnass ist? Dass man dir hier zuraunt: ›Sing, o du meine Muse, vom Ruhme des Achill?‹ oder so 'n Quatsch? Nein, mein Freund, vergiss es! Und damit dus weißt: Dieser Salvador K ist alles zusammen und gleichzeitig. Malt Bilder mit viel Farbe, die sich prima verkaufen, auch wenns der letzte Dreck ist. Übrigens wohnt er gleich hier um die Ecke, 17. Straße, Ecke N, glaub ich. Das Haus gehört der Frau. Und was willst du von ihm?«

»Nichts, der Name ist neulich mal gefallen ... Er ist verheiratet, sagst du?«

»Nein, das Haus gehört der Frau, hab ich gesagt.«

»Aha ... Hör mal, Miki, du weißt doch über alles und jeden Bescheid, was weißt du über Alberto Marqués?«

Wenn du dich jetzt, in diesem Moment, da an die Tür stellst und laut fragst: Wer ist Alberto Marqués?, dann kommen auf der Stelle zweihundert Leute an, fallen auf die Knie, verbeugen sich tief und rufen: Er ist ein Gott, ein Gott! Und wenn du noch ein Weilchen wartest, veranstalten sie einen Sängerwettstreit und schreiben mehrstimmige Elogen, das schwör ich dir bei meiner Mutter ... Wenn du das aber vor fünfzehn Jahren gefragt hättest, wären dieselben zweihundert Leute gekommen und hätten mit hochgereckten Fäusten und geschwollenen Halsadern geschrien: Er ist der Teufel, ein Klassenfeind, ein Verräter, der Apostat der Prostata! ... Hübsches Wortspiel, findest du nicht? ... So läuft das hier nämlich, Conde. Damals war es besser, seinen Namen nicht zu erwähnen, und heute ist er das lebende Denkmal des ethischen und ästhetischen Widerstands. So ein Schwachsinn! Ständig erzählt dir einer, er wär bei ihm zu Hause gewesen und hätt mit ihm gesprochen. Das musst du gehört haben! Als wären sie nach Mekka gepilgert. Alles Arschgeigen. Stell dir vor, jetzt heißt es plötzlich, er sei der Vater des kreolischen Postmodernismus. Er, Grotowski und Artaud seien die drei Großen des Theaters des 20. Jahrhunderts. Virgilio Piñera, Roberto Blanco und Vicente Revuelta verdanken ihm alles, und sogar, dass er schwul ist, wird zu einer Tugend, denn dadurch besitzt er angeblich eine gesteigerte Sensibilität. Genau so! Begreifst du das? Nein? Ich schon. Als es opportun war, ihn zu verraten, da haben sie ihn verraten, und jetzt, wo es nicht mehr gefährlich ist, ihn zu verehren, ja, wo es von gutem Geschmack zeugt, die Opfer der ideologischen Schlachten von früher zu beweinen, weißt du, da verehren sie ihn eben. Und was bleibt am Ende davon übrig? Ein abgefuckter alter Knacker mit mehr Hass im Bauch, als wär er von einem Nazi geschwängert worden. Er ist jetzt 'ne große Nummer, aber nicht etwa wegen dem, was er geschaffen hat, sondern wegen dem, was sie ihn nicht haben schaffen lassen, weil sie ihn gefeuert haben. Und als sie ihm eine neue Chance geben wollten, da hat der Typ gesagt, nein, er wolle weder Theater machen noch irgendetwas veröffentlichen, und ist in Pension gegangen. Ein armer alter Held, so sehen sie ihn heute ... Aber das Schlimmste daran war, dass er mit rund zehn Jahren Schweigen und Einsamkeit fertig werden musste. Von den zweihundert Leuten, die ihn heute anbeten, haben ihn gestern vielleicht vier oder fünf noch gekannt, der Rest hat ihn nicht mal mehr mit dem Arsch angeguckt, damals, nach seinem Rausschmiss, als das ganze Theater mit den Schwulen und den ideologischen Abweichlern und den Idealisten und den Auslandskontakten losging, der ganze Scheiß mit dem sozialen Realismus und der Kunst als ideologischer Waffe im politischen Kampf ... Damals hat man den Marqués aus dem Verkehr gezogen und ihn *schwupp!* in eine Bibliothek oder so was Ähnliches gesteckt, genau weiß ich das nicht mehr. Scheiße, zehn Jahre ohne eine Zeile von ihm, auch nicht in der kleinsten Zeitschrift. Den Kritikern wurde verboten, seinen Namen im Zusammenhang mit Theater auch nur zu erwähnen, er verschwand aus den Anthologien und sogar aus dem Autorenverzeichnis. Nichts! Er hörte einfach auf zu existieren. Löste sich in Luft auf, paff! Nicht weil er gestorben wär oder das Land verlassen hätte, was ja fast auf dasselbe rauskommt. Nein, sie haben ihn gezwungen, sein Leben und seine Gewohnheiten zu ändern. Den berühmten Mann konnte man jetzt beim Schlangestehen für Bananen und Brot bewundern, in der Poliklinik und vor dem Milchladen. Schrecklich, was? Heute spricht kein Mensch mehr davon. Aber es war eine Sauerei und wird immer eine Sauerei bleiben! ... Kennst du die Geschichte mit dem schwarzen Stricher? ... Also, das ist wirklich genial. Pass auf: Er fragte einen schwulen Schwarzen, ob er ihm einen blasen wolle. Er würd ihn auch dafür bezahlen, aber unter einer Bedingung: Er solle ihn überraschen, das würde ihn noch mehr erregen. Er sagte zu dem Schwarzen, steig in der nächsten Woche an irgendeinem Tag zwischen sechs und neun in mein Haus ein und vergewaltige mich. Marqués setzte sich also hin und las irgendwas, immer zwischen sechs und neun, und wartete auf den Schwarzen. Und wenn der dann tatsächlich kam, rannte er schreiend durchs ganze Haus und der andere hinter ihm her. Er schrie und versteckte sich, bis der Schwarze ihn schließlich packte, ihm die Kleider vom Leib riss und ihm *schwabbeldibabbel!* einen blies. Hast du schon mal so was Abgedrehtes gehört? Und erst die Geschichten mit den Strichern, die er auf der Straße angebaggert hat ... und noch tausend andere Geschichten. Stockschwul, der Alte! Aber soll ich dir mal was sagen? Willst du wissen, was der eigentliche Hammer ist, härter als sein Rausschmiss und der Verrat seiner alten Freunde, die auch alle schwul sind, härter als der Kult, der jetzt mit ihm getrieben wird? Willst du das wissen? Also, der eigentliche Hammer ist, dass dieser schwule Alte, der sich in die Hose scheißt, wenn er mal laut angepfiffen wird, dass der den Arsch zusammenkneifen kann, bis ihm die Augen rausfallen! Er hat sich verhalten wie ein richtiger Mann, hat durchgehalten, ist hier geblieben. Denn wer abhaut, sagt er, stirbt tatsächlich, und deshalb hat er das Spiel nicht mitgespielt, weder das von denen hier noch das von denen da draußen. Hat einfach den Arsch zusammengekniffen und die Schnauze gehalten und sich in seinem Haus verkrochen … Ich wär froh, wenn ich nur halb so mutig wär wie dieser schwule Sack von … Scheiße, Condenado, zieh Leine, da kommt meine Dichterin. Weißt du, wie mich die durchgeknallte Lady nennt? Mickey Rourke, stell dir mal so 'n Schwachsinn vor … Verdammt, jetzt hab ich keinen Rum mehr. So 'n Pech aber auch, was?

El Conde begab sich in die 17. Straße, im Mund einen schlechten Nachgeschmack – und das nicht vom Rum –, die Nase aufs Meer gerichtet und im Kopf drauf vorbereitet, sich nicht wieder erdrücken zu lassen von der trotz Hitze und anderer störender Elemente prachtvollen Kulisse jener Paläste, die früher einmal der Stolz einer zu ihrer Zeit äußerst kreativen Klasse gewesen waren und der Straße den seit langem vergessenen Beinamen »Avenida der Millionäre« gegeben hatte. Der Erfolg der steinreichen Männer – die selbst gar nicht aus dem Staunen darüber rauskamen, dass nur ein paar politisch und finanztaktisch kühne und gelegentlich illegale Tricks ausgereicht hatten, es zu werden – verlangte nach einer entsprechend würdigen Fassade, und alle waren fleißig bemüht, ihrem Reichtum eine äußere Form zu verleihen. Sie kauften alle Talente ein, die nötig waren, um ihren Erfolg in Stein, Eisen und Glas zu verewigen, und so entstanden die prunkvollsten Villen der Stadt. Der Teniente war so sehr damit beschäftigt, auf seinem Weg zum nächsten Ziel nicht vom Kurs abzukommen, dass er sich nicht einmal fragte, wie man in so einem Kasten mit vierzig Zimmern überhaupt leben konnte oder wie man sich fühlte, wenn man die Morgendämmerung durch die Scheiben eines riesigen Fensters, das Sankt Georg auf dem Drachen darstellte, betrachten durfte. Oder durch den tropischen Garten eines anderen, nicht minder riesigen Fensters mit allen möglichen Früchten, die Natur und Fantasie hervorbrachten. Woran Mario Conde dachte, als er an den vor drei Jahrzehnten umfunktionierten und seither als Büros und Mietshäuser genutzten Gebäuden entlangging, war der Umstand, dass er sechzehn Jahre alt gewesen war und seine erste Erzählung geschrieben hatte, als Alberto Marqués dazu verdonnert worden war, sich von Ruhm und Applaus zu verabschieden. Seine jämmerliche erste Erzählung mit dem Titel *Sonntage* war dazu auserwählt worden, in der Nullnummer von *La Vibore*ñ*a* zu erscheinen, der Zeitschrift der Literaturwerkstatt des Gymnasiums La Víbora. Die Geschichte war simpel, El Conde kannte sie nur zu gut. Sie handelte von seiner unvergesslichen Erfahrung, dass seine Mutter ihn jeden Sonntag, gleich nach dem Aufstehen, dazu gezwungen hatte, an der Messe in der Kirche des Viertels teilzunehmen, während seine Freunde den einzig freien Vormittag genießen und an der Straßenecke Baseball spielen konnten. Mario hatte von der Repression schreiben wollen, die er selbst auf seinem Weg ins Leben hatte erleiden müssen. Allerdings war es ihm nur unvollkommen gelungen, den richtigen Ausdruck für jene Erfahrung zu finden. Das Niederschmetterndste jedoch war die Repression, die durch das Erscheinen der Zeitschrift ausgelöst wurde, obwohl sie nie über die Nullnummer hinausgekommen war. Jedes Mal, wenn El Conde sich daran erinnerte, überkam ihn ein Schamgefühl, das unauslöschlich seinem Innern eingraviert war und beinahe physische Reaktionen bei ihm hervorrief. Er verspürte ein krankhaftes Bedürfnis, ein erstickendes Verlangen, das herauszuschreien, was herauszuschreien er sich damals nicht getraut hatte, an jenem Tag, als sie zum Direktor zitiert wurden und man die Zeitschrift verbot und die Literaturwerkstatt dichtmachte. Sie wurden beschuldigt, idealistische Erzählungen zu schreiben, Erbauungsgedichte, kontraproduktive Theaterkritiken. Geschichten, die den aktuellen Bedürfnissen des Landes nicht gerecht würden, das es sich zur Aufgabe gemacht habe, den neuen Menschen zu schaffen und eine neue Gesellschaft aufzubauen, hatte der Direktor gesagt (derselbe Direktor, der ein Jahr später wegen zahlloser Betrügereien entlassen werden sollte; sein Ehrgeiz war es gewesen, als Direktor der besten Oberstufe der Stadt, des Landes, der ganzen Welt anerkannt zu werden, auch wenn das Ganze auf Lügen aufgebaut war. Ihn interessierte nur, dass alle ihn für den besten Direktor hielten und als solchen anerkannten, mit all den Privilegien, die dieser Status mit sich brachte) … Was hatte meine Erzählung mit dem zu tun, was uns vorgeworfen wurde, fragte sich Mario Conde einmal mehr, als er die Straße hinunterging, den Wind im Rücken, das Meer vor Augen. Ja, damals, als das passierte, war er sechzehn Jahre alt und Alberto Marqués fast fünfzig. *Sonntage* war seine erste Erzählung gewesen, und er hatte gedacht, er müsse sterben. Alberto Marqués dagegen war daran gewöhnt, mit Applaus, Lob und Belobigungen zu leben, und das alles wurde ihm eines schlechten Tages entzogen, weil seine Werke nicht den Normen entsprachen, die zu der Zeit als unantastbar galten. Wie mochte sich dieser Mann mit dem diabolischen Grinsen und der spitzen Zunge gefühlt haben, als er von dem getrennt wurde, was er liebte, kannte und konnte, als ihm bewusst wurde, dass er zu einem Schweigen verurteilt worden war, das möglicherweise ewig dauern würde? El Conde versuchte es sich vorzustellen, so wie er sich manchmal eine Morgendämmerung in den palastartigen Villen vorzustellen versuchte, doch es gelang ihm nicht. Es fehlte ihm die Erfahrung. Aber sein altes Schamgefühl, seinen ersten Zorn mit sechzehn Jahren, das konnte er sich vorstellen, daran erinnerte er sich nur zu gut. Dieses Gefühl müsste man wohl mit hundert multiplizieren, dachte er, um das Ausmaß der enormen, in dem winzigen Raum einer städtischen Bibliothek eingesperrten Enttäuschung zu erfassen. War der Dramaturg denn ein so schädliches Element gewesen, das eine solch brutale Bestrafung und die seelische Verstümmelung durch eine Umerziehung rechtfertigte? Nur damit ihm zehn Jahre später gesagt werden sollte, das seien strategische Fehler gewesen, Missverständnisse inzwischen namen- und büroloser Fanatiker? Konnten die neue Ideologie, die Erziehung der neuen Massen, das neue Hirn des neuen Menschen durch den Einfluss und das Beispiel eines Alberto Marqués vergiftet oder sogar zerstört werden? War es nicht weitaus schädlicher, opportunistische Erzählungen zu schreiben wie sein ehemaliger Schulfreund Miki Cara de Jeva, der allzeit bereit war, sein Schreiben zu pervertieren und obendrein seine Frustration über all die auszukotzen, die mit wirklichem Talent schrieben, malten oder tanzten? Nein, das ist nicht miteinander zu vergleichen, dachte Mario, die Welt strahlt nicht in den Farben, in denen Miki sie schildert. Dem Teniente wurde bewusst, dass ihn diese Geschichte langsam weich kochte, ihn, der sowieso schon mit jedem Tag weicher wurde. Und er begriff auch, dass die Homosexualität von Alberto Marqués ihn immer weniger interessierte und eine Art revolutionärer Solidarität mit dem schwulen Dramaturgen in ihm erwachte. Ja, er fing sogar an, etwaige neue Erkenntnisse zu fürchten, die den Marqués des Mordes überführen und ihn mit seiner ganzen Tuntenhaftigkeit und seiner Enttäuschung und seiner Würde und seinem potthässlichen Gesicht ins Gefängnis bringen konnten, wo sein Hintern ein blaues Wunder erleben würde und wo die Dienste von schwulen Jünglingen zwar nicht überraschend, dafür aber garantiert gratis waren … Und dann lag das Meer vor ihm.

Setz ihn unter Druck, treib ihn in die Enge, drück ihm die Daumen in die Augen. So lauteten die Anweisungen, die El Conde seinem Untergebenen Manuel Palacios gab, nachdem er ihm erklärt hatte, wer Salvador K war. Und als er den Maler nun vor sich sah, gab er sich einer voreiligen Hoffnung hin. Der Mann war etwas über vierzig und musste so um die einhundert Kilo wiegen; er lebte auf großem Fuß – vielleicht Schuhgröße 43 – und hatte Arme wie ein Bodybuilder, die gut geeignet schienen, ohne weiteres eine Seidenschärpe so stramm zu ziehen, dass ein anderer Mann erstickte, ohne sich wehren zu können.

Die beiden Polizisten lehnten unhöflich und bestimmt die Einladungen zu Wasser, Tee und sogar Kaffee ab. Das gehörte zu der Strategie, die sie sich zurechtgelegt hatten. Nein, nicht mal Wasser.

Salvador K machte einen nervösen Eindruck. Er versuchte sich bei seinen Gästen einzuschmeicheln. »Es geht um eine Auskunft, nicht wahr?«

»Mitnichten«, antwortete Manolo und rutschte auf die Sesselkante vor. Dem Teniente gefiel der aggressive Stil seines schmächtigen Kollegen. »Es geht um etwas sehr viel Ernsteres, und das wissen Sie auch. Möchten Sie hier darüber sprechen, oder sollen wir woandershin gehen?«

Der Maler lächelte gezwungen. Der hat Schiss, sagte sich Mario Conde mit dem Blick des erfahrenen Polizisten.

»Aber … worüber …«, stammelte Salvador K.

»Gut, dann bleiben wir also hier. In welcher Beziehung standen Sie zu Alexis Arayán?«

Da Mario den Maler von Anfang an nicht leiden konnte, freute er sich zu sehen, wie Salvador K sich mit einem letzten verzweifelten Lächeln an seine schiffbrüchige Hoffnung klammerte. »Ich kenne ihn«, erwiderte er und versuchte, so etwas wie erstaunte Würde auszustrahlen. »Vom Kulturgüterfonds. Warum fragen Sie?«

»Aus zwei Gründen. Erstens, weil Alexis Arayán gestern ermordet wurde, und zweitens, weil wir erfahren haben, dass Sie … äh … sehr gute Freunde waren.«

Der Maler machte Anstalten, sich zu erheben, tat es dann aber nicht. Entweder hat er sich noch keine Strategie zurechtgelegt, dachte El Conde, oder aber er ist wirklich überrascht.

»Ermordet?«

»Gestern Nacht, im Stadtwald von Havanna. Erwürgt.«

Salvador K sah ins Innere der Wohnung, so als fürchte er eine Erscheinung. El Conde fing seinen Blick auf. Ihm kam eine Frage in den Sinn, doch er wollte damit noch ein wenig warten.

»Wollen Sie wirklich hier darüber sprechen?«, fragte Manolo noch einmal.

»Ja, ja, warum denn nicht? ... Er ist also ermordet worden ... Aber was habe ich damit zu tun?«

Der Sargento gestattete sich ein Lächeln. »Schauen Sie, Salvador, die Sache ist äußerst delikat. Es gibt Leute, die behaupten, dass Ihre Freundschaft mehr als nur Freundschaft war.«

Jetzt stand der Maler auf. Er war sichtlich gekränkt, seine Armmuskeln spannten sich. »Was erzählen Sie da?«

»Nur das, was ich gehört habe. Muss ich deutlicher werden? Also, es heißt, dass Sie und Alexis Arayán homosexuelle Beziehungen unterhalten haben.«

Der Maler unternahm einen letzten Versuch, seine Ehre zu retten. »Ich erlaube nicht ...«

»Ist ja gut, Salvador! Sie erlauben es nicht ... Dann gehen Sie doch nach draußen auf die Straße und sagen Sie es den Leuten ins Gesicht! Mal sehen, was die Ihnen antworten.«

Salvador K schien über den Vorschlag nachzudenken, doch er gefiel ihm nicht. Seine Armmuskeln erschlafften, und er ließ sich wieder in den Sessel fallen. »Die sind nur neidisch, frustriert. Böse Zungen, nichts als Gerüchte ...«

»So wirds wohl sein, klar. Nur ... Alexis trug Frauenkleider, als er gefunden wurde«, fügte der Sargento hinzu, und ohne dem Maler

Zeit zum Reagieren zu lassen, lenkte er das Gespräch in eine andere Richtung: »Wann haben Sie ihn zum letzten Mal gesehen?«

»Gestern Morgen, im Fonds. Ich hab ein paar Bilder hingebracht, um sie zu verkaufen ... Er trug Frauenkleider?«

»Und worüber haben Sie gesprochen? Versuchen Sie sich zu erinnern.«

»Über meine Bilder. Sie haben ihm nicht besonders gefallen. So war er, hat sich in Dinge eingemischt, die ihn nichts angingen. Vielleicht ist er ja deshalb ermordet worden.«

»Und Ihre ... intimen Beziehungen, was haben Sie dazu zu sagen?«

»Das sind Verleumdungen. Soll doch einer kommen und mir offen ins Gesicht sagen, dass er mich gesehen hat ...«

»Das ist allerdings schon schwieriger, da haben Sie Recht ... Sie streiten es also ab?«

»Natürlich streite ich es ab.« Der Maler wirkte jetzt selbstsicherer.

»Welche Blutgruppe haben Sie, Salvador?«

Und schon war seine Selbstsicherheit wieder zum Teufel. El Conde gab Manolo einen Punkt. Er selbst hätte in dem Moment nicht diese Frage gestellt, sondern die andere, die ihm die ganze Zeit durch den Kopf ging. Ja, Sargento Palacios war eindeutig der bessere Bulle.

»Das weiß ich nicht, ehrlich nicht«, antwortete Salvador K verwirrt.

»Keine Angst, das wird sich feststellen lassen. Welche Poliklinik ist für Sie zuständig?«

»Ecke 17. Straße und J.«

»Und gestern Abend haben Sie ihn nicht gesehen?«

»Nein, das habe ich Ihnen doch schon gesagt. Aber was hat meine Blutgruppe denn damit zu tun?«

»Wo waren Sie gestern Abend, so zwischen acht und zwölf?«

»In meinem Studio, Ecke 18. und 21. Straße. Ich habe gemalt … Hören Sie, ich habe wirklich keine Ahnung …«

»Aha … Hat Sie jemand dort gesehen?«

Der Maler blickte zu Boden, so als suche er einen Punkt, an dem er sich hätte festhalten können, der ihm aber immer wieder entglitt. Angst und Verwirrung waren bei ihm so sichtbar wie seine Muskeln. »Keine Ahnung, wer kann mich schon gesehen haben? Ich arbeite alleine. Gegen sechs bin ich gekommen und habe bis Mitternacht gearbeitet, so ungefähr.«

»Und es hat Sie niemand gesehen. So ein Pech aber auch!«

»Das ist eigentlich eine Garage«, versuchte der Maler zu erklären, »außerhalb des Gebäudes, und wenn gerade keiner davor parkt …«

»18. und 21. Straße, das ist doch ganz in der Nähe des Stadtwalds, stimmts?«

Der Maler gab keine Antwort.

»Hören Sie, Salvador«, mischte sich jetzt der Teniente ein. Er hielt den Moment für einen Themenwechsel gekommen. »Was bedeutet eigentlich das K?«

»Mein Familienname ist Kindelán, deswegen signiere ich meine Bilder mit SK.«

»Leuchtet ein … Aber was ich Sie schon die ganze Zeit fragen wollte … Ich seh hier viele Reproduktionen berühmter Bilder, nur keine von Ihnen. Ist das nicht seltsam?«

Nun lächelte der Maler wieder. Endlich. Geräuschvoll atmete er auf. Er bewegte sich auf sicherem Terrain. »Haben Sie nie die Geschichte von Picassos Freunden gehört, die bei ihm zum Essen eingeladen sind und nirgendwo ein Bild von Picasso sehen? Einer fragt ihn irritiert: Sagen Sie, Meister, warum haben Sie kein Bild von sich hier hängen? Darauf Picasso: Den Luxus kann ich mir nicht leisten. Die Picassos sind zu teuer für mich …«

El Conde zwang sich zu einem Lächeln, um das des Hausherrn

zu erwidern. »Verstehe, verstehe … Noch eine Frage. Mir wurde erzählt, dass Alexis katholisch war. Wissen Sie, ob er in die Kirche ging?«

»Ja, ich glaube, ja.«

»Gestern Morgen, als Sie mit ihm gesprochen haben, oder bei irgendeiner anderen Gelegenheit, hat er Ihnen da mal was vom Fest der Transfiguration erzählt?«

Der Maler senkte den Blick, um zu demonstrieren, wie angestrengt er nachdachte. El Conde wusste, er dachte tatsächlich angestrengt nach, und zwar darüber, welche Antwort wohl die beste war.

»Das sagt mir nichts. Ich erinnere mich nur noch daran, dass auf seinem Schreibtisch eine Bibel lag … Aber was hat das mit seiner Ermordung zu tun?«

»Nichts, reine Polizistenneugier … Noch was, Salvador. Was glauben Sie, warum hat sich Alexis gestern Abend Frauenkleider angezogen?«

»Was weiß ich … Woher soll ich das wissen? Ich habe Ihnen doch schon gesagt, das sind nichts als Gerüchte …«

»Natürlich, woher sollten Sie das auch wissen … Na gut, das wär alles für heute«, fügte der Teniente hinzu, so als hätte ihn das Gespräch erschöpft. Derjenige, den das abrupte Ende der Befragung am meisten überraschte, war Sargento Palacios. El Conde stieß einen müden Seufzer aus, erhob sich und sah den Maler an. »Aber wir kommen wieder, Salvador! Und merken Sie sich eins: Immer hübsch die Wahrheit sagen! In der Schlange der möglichen Täter stehen Sie nämlich ganz vorn. Guten Tag.«

Unter dem lahmen Protest des Malers verließen sie die Wohnung.

Sie stiegen in den Dienstwagen. Manolo startete den Motor, gab Vollgas und bog um die nächste Ecke. »Also, das mit der Transfiguration … Warum haben wir eigentlich Schluss gemacht, Conde? Hast du nicht gesehen, wie durcheinander er war?«

El Conde zündete sich eine Zigarette an und kurbelte das Seitenfenster runter. »Fahr nicht so schnell, Manolo«, bat er seinen Kollegen. »Was hast du gedacht? Dass er dir sagt, ja, ich bin schwul und habe Alexis Arayán dazu benutzt, meine Bilder zu verkaufen, und gestern Abend hab ich ihn erwürgt, weil er gesagt hat, meine Bilder sind Scheiße? Vergiss es, Manolo! Du hast aus ihm rausgeholt, was rauszuholen war, mehr war nicht drin … Jetzt sollen die in der Poliklinik erst mal seine Blutgruppe feststellen, dann fragen wir in diesem Kulturgüterfonds rum und versuchen rauszukriegen, ob ihn gestern Abend jemand in seinem Studio gesehen hat. Fahr zur Zentrale und lass dir ein paar Leute geben, am besten Crespo und El Greco. Mich kannst du zu Hause absetzen, ich muss ein Buch lesen. Und du, geh früh schlafen, morgen besuchen wir Faustino Arayán und noch rund zehn weitere Personen … Und soll ich dir noch was sagen? Du bist besser als ich. Schade, dass du so 'ne halbe Portion bist und manchmal schielst.«

Während Mario Conde in dem geliehenen Buch las, tauchte vor seinem geistigen Auge immer wieder die Maske auf, hinter der sich Alexis Arayán verborgen hatte, der einzige Transvestit, der ihm je begegnet war, wenn auch nur tot. Er wurde sich bewusst, dass er nicht nur einem Geheimnis auf die Spur kommen wollte, sondern auch den Gründen für seinen Wunsch, wieder mit Alberto Marqués zusammenzutreffen und mit ihm zu sprechen. So wurde jeder Satz zu einem Argument in einem möglichen Gespräch, zu einem Gedanken, der ihn dem intellektuellen Niveau des Regisseurs näher bringen und das Wortduell durch mehr Sachkenntnis seinerseits ausgeglichen gestalten würde. Um die Mordgeschichte, die ihn mehr und mehr in ihren Bann zog, besser verstehen zu können, musste er sich über dieses Thema informieren. Nur so würde er seine Gleichgültigkeit und seine Vorurteile Homosexuellen gegenüber überwinden können. Wie jeder Polizist hatte Mario die schlechte Angewohnheit, auf der Suche nach dem Täter starren Vorstellungen und fixen Ideen hinterherzujagen. Die Geschichte um den toten (und möglicherweise an einem symbolträchtigen Feiertag verkleideten) Transvestiten besaß alle Zutaten, um ihn zu faszinieren und bis zum bitteren Ende mitzureißen. Das falsche Frauengesicht von Alexis Arayán illustrierte das Buch des Ernsten über die »Transformation und die physische Selbsterschaffung«, durch das dem Teniente viele Dinge klarer wurden. Der Transvestismus war demnach mehr als der bloße Akt eines Schwulen und Exhibitionisten, der in Frauenkleidern auf die Straße geht, so wie er, der Macho aus der Vorstadt, immer geglaubt hatte. Allerdings hatte er nie verstanden, warum der Transvestit sein Äußeres verändert, um sich besser an jemanden ranmachen zu können. Ranmachen an wen? Männer, heterosexuelle Männer, mit Haaren auf der Brust und Schweißgeruch unter den Achseln, würden sich freiwillig niemals mit einem Transvestiten einlassen. Sie wollen eine richtige Frau mit von der launischen Natur festgelegten verführerischen Attributen, und nicht so eine jämmerliche Version mit ihren eingeschränkten Möglichkeiten. Ein passiver Homosexueller dagegen würde einen Mann vorziehen, denn dafür ist er ja schließlich homosexuell und passiv. Und ein aktiver Homosexueller – ein entschieden männlich wirkender Schwuler, früher Päderast genannt – hat eine solche bisweilen ordinäre Karikatur nicht nötig, damit seine Instinkte erwachen und er animiert wird, *per anum* zu penetrieren.

Das Buch versuchte, philosophische Antworten auf diese Frage zu geben.

Das Problem, so glaubte Mario zu verstehen, war nicht *sein,* sondern *scheinen;* nicht der Akt selbst, sondern die Darstellung; nicht das Ziel, sondern der Weg als Ziel; nicht die Verwandlung selbst, sondern der Spaß an der Verwandlung. Die Verschleierung als letzte Wahrheit. Deswegen schien es ihm nur logisch, den menschlichen Transvestismus mit der Camouflage in der Tierwelt zu vergleichen. Doch ging es hier nicht um Jagd oder Verteidigung, sondern darum, einen uralten Traum des Menschen zu verwirklichen: den Traum, zu verschwinden. Denn es war höchst unwahrscheinlich, dass die morphologische Transformation einzig und allein dazu dienen sollte, das männliche Opfer zu täuschen, so wie bestimmte Insekten ihr Äußeres verändern, um einem anderen Insekt eine verlockende Blüte vorzugaukeln, es zu verwirren und in die tödliche Falle tappen zu lassen. Genauso wenig soll die »Maske« erschrecken wie bei bestimmten Insekten, deren aggressives Aussehen eventuellen Feinden Furcht einflößt. Nein, möglicherweise war es der Wunsch, sich zu maskieren und zu verschwinden, die Negation zu negieren und sich unter die Gruppe der Frauen zu mischen, von dem sich ein Transvestismus leiten ließ, der nur zu oft groteske Züge annehmen konnte.

Wenn aber das Verschwinden der eigentliche Grund des Transvestismus war, so ließen sich die praktischen Resultate der Camouflage in der Tierwelt mit dem traurigen Schicksal jener Transvestiten vergleichen (noch ein Vergleich!), deren Verkleidung trotz aller Bemühungen stets durchschaut wurde. Ein unübersehbarer Adamsapfel, eine durch die Absicht der Natur groß geratene Männerhand, ein schmales, für die Mutterschaft ungeeignetes Becken ... In dem Buch wurde eine Studie angeführt, die durch Untersuchungen über einen Zeitraum von siebenundvierzig Jahren nachwies, dass sich im Magen von Vögeln sowohl Opfer befanden, die sich getarnt hatten, als auch solche, die sich nicht getarnt hatten. Demnach war die Camouflage unnütz, vergeblich, garantierte also keine Sicherheit? Indem der Ernste jemanden zitierte, der anscheinend mehr wusste als er selbst, zog er die Schlussfolgerung, dass der Transvestit lediglich bestätige, »dass ein Gesetz bloßer Verstellung existiert, eine Praxis, die darauf abzielt, sich für jemand anderen auszugeben, was einwandfrei bewiesen und unstrittig ist und sich nicht auf eine biologische Notwendigkeit beschränken lässt, die auf Konkurrenzverhalten zwischen den Arten oder auf natürliche Auslese zurückzuführen ist«. Worauf war es denn dann zurückzuführen, verdammt noch mal, dachte Mario. Sollte mit all dem nur gesagt werden, dass es sich ganz einfach um ein Spiel mit dem Schein handelte? Nein, natürlich nicht. War es denn mehr als ein Zufall, dass ein katholischer Transvestit, der außerdem kein richtiger Transvestit war, sich ausgerechnet an dem Tag verkleidet hatte, an dem der liturgische Kalender das Datum für das Fest der Verklärung, der Transfiguration, festlegte? Nein, dachte Mario, unmöglich, das muss ein Zufall gewesen sein, es ist einfach zu weit hergeholt. Er klappte das Buch zu und sah durchs Fenster auf das alte englische Schloss mit seinen weißen Mauern und roten Ziegeln aus Chicago, das sich gegenüber dem Steinbruch auf dem höchsten Hügel des Viertels erhob. Plötzlich musste er an den armen Luis denken, Luisito El Indio, den einzigen überzeugten und bekennenden Schwulen seiner Generation hier im Viertel. Er erinnerte sich daran, dass Luisito eine Art Aussätziger gewesen war für die Nachbarsjungen wie ihn, die auf der Straße Stöckchenschlagen, Bockspringen und Baseball gespielt hatten. Niemand mochte Luisito, niemand akzeptierte ihn, und so manches Mal waren sie hinter ihm hergerannt und hatten ihn mit Steinen beworfen, bis seine Mutter, die Mulattin Domitila, Besen schwingend aus dem Haus gestürzt kam und die verdammte Brut samt ihren Müttern und Vätern und sämtlichen Vorfahren verwünscht und auf sie geschissen hatte. Bösartige Streiche, begleitet von bösartigen Spitznamen: Kleine Luisita (der erste Spitzname, der sich am längsten gehalten hatte), Luisito die Ente (wegen seines Watschelgangs), Gummiarsch (wegen seines breiten, ausladenden, für gewissen Ge-

und Missbrauch prädestinierten Hinterns) oder Zimtblüte (wegen seiner bronzefarbenen Indianerhaut). Ständige Beschimpfungen und historisch wie kulturell bedingte Ablehnung. Warum muss er auch so schwul sein, sagten die Jungen, und das sagten auch die Mütter, die ihren Kindern einschärften, sich von diesem Jungen fern zu halten, der so anders sei, andersherum und pervers, krank, ja, an einer Krankheit leidend, wie man sie sich abscheulicher nicht vorstellen könne. Aber Mario wusste, dass einige von denen, die Luis tagsüber mit Steinen bewarfen und beschimpften, im Schutze der Nacht die zweite Phase ihrer sexuellen Aufklärung erlebten und sich, nachdem sie mit Ziegen und Sauen herumexperimentiert hatten, in den dunkelsten Höhlen des Steinbruchs an Luisitos so sehr geschmähtem Hintern versuchten. Und weil keiner jemals zugegeben hätte, dass auch Streicheln und Küssen dazu beitrugen, die Leidenschaft anzuheizen (weißt du, das machen nämlich nur die Schwulen, sagten sie allen Ernstes), wurden die sexuellen Spielchen mit Luisito von allen, die sich daran beteiligten, als Beweis ihrer Männlichkeit angesehen, erbracht mit ihrer Manneskraft. El Indio war schwul, sie nicht. So als definierte sich Homosexualität ausschließlich durch das »weibliche Empfinden beim Genuss fremden Fleisches«! Später dann, als sie sich Freundinnen zulegten und nicht mehr jede freie Minute an der Straßenecke Bockspringen und Baseball spielten, vergaßen sie Luisito und Luisito vergaß sie. Der Junge fing an, sich auf den Avenidas La Rampa und El Prado herumzutreiben, zusammen mit anderen, die genauso jung und genauso »andersherum« waren wie er, immer in kleinen Grüppchen, provozierend langsam durch die Menge schlendernd, wie die Enten in Florida auf der Suche nach einem Tümpel, auf dem sie sich austoben können. Bis man ihm 1980 auf Grund seiner unbestreitbaren Homosexualität und demzufolge seiner Zugehörigkeit zum verworfenen, asozialen Abschaum der Gesellschaft erlaubte, im Hafen von Mariel eine

Fähre zu besteigen und in die Vereinigten Staaten auszureisen. Das Letzte, was Mario von Luisito El Indio gesehen hatte, waren zwei Fotos, die im Viertel zirkulierten. Sie zeigten ein »Vorher« und »Nachher«, wie bei Charles Atlas vor und nach dem Muskeltraining. Auf dem ersten sah man ihn auf einem perlrosa glänzenden Sofa sitzen, beide – er und das Sofa – schwul wie nur was, Luisito mit rasierten, nachgezeichneten Augenbrauen und hochtoupierten Haaren; auf dem anderen Foto saß eine Mulattin auf demselben Sofa, etwas dick und ziemlich hässlich: Louise Indira, die Frau, in die sich der einstmals einzige offiziell anerkannte Schwule des Viertels mit chirurgischer Hilfe verwandelt hatte. Und Mario fragte sich, ob Luisito jemals eine philosophische oder psychologische Basis besessen hatte, um sich zunächst zu seiner Homosexualität zu bekennen und dann seine irreversible Umwandlung durchzuführen. Oder war es nicht ganz einfach so, dass er von klein auf einen nicht zu unterdrückenden Wunsch verspürt hatte, sich Kleidchen mit Schleifchen anzuziehen und mit Puppen zu spielen, was sich später dann zu dem Drang entwickelt hatte, sich irgendetwas in den Hintern zu schieben oder schieben zu lassen?

Langsam entfernte sich Mario vom Fenster und von seinen Erinnerungen. Er hörte den Schlachtruf seiner Gedärme, die sich lauthals über mangelnde Arbeit beklagten. Der Tag ging zu Ende. Außer zwei anrüchigen und verdächtig schillernden Fischen, die einsam in den Tiefen des Tiefkühlfachs seines Kühlschranks lagen, war nichts Essbares im Haus. Er sah auf die Uhr. Schon Viertel vor acht. Er schnappte sich das Telefon und wählte eine Nummer.

»Jose, ich bins.«

»Klar bist dus, Condesito.«

»Ich hab Hunger, liebste Jose.«

»Und da rufst du mich jetzt an? Um diese Zeit? Immer dasselbe mit dir … Aber du hast Glück, heute war es gar nicht so einfach, was aufzutreiben, und deswegen fang ich gerade erst mit dem Kochen an. Mal sehen, was dabei rauskommt ...«

»Mach irgendwas.«

»Sei still, ich muss nachdenken. Ich hab rote Bohnen auf dem Herd stehen und war gerade dabei, den Reis zu verlesen ... Mach dich auf den Weg, ich glaub, ich hab da 'ne Idee ...«

»Bauernpfanne«, verkündete Josefina stolz, und ihre Augen leuchteten voller Zufriedenheit, so wie die von Archimedes wohl geleuchtet haben müssen, als er dem Bade entstieg.

Wie zwei Erstklässler lauschten der dünne Carlos und Mario Conde den Worten der alten Frau. Sich überraschen zu lassen war Teil des Rituals. Unmögliches wurde möglich, Träume wurden wahr, und plötzlich überschritt die kubanische Vorliebe für gutes Essen durch den magischen Akt, zu dem nur Josefina im Stande war, alle durch Quotenzuteilung, Lebensmittelheftchen und unabänderlichen Mangel gezogenen Grenzen der Realität.

»Mein Onkel Marcelo«, fuhr sie fort, »er war Seemann, wie ihr ja wisst, hat sich einmal in Kolumbien verliebt und mehrere Jahre in Cartagena de Indias gelebt. Die Frau stammte aus Medellín, und bei ihr schaute er sich ab, wie man eine Bauernpfanne zubereitet. Das ist das typische Gericht der Leute aus Medellín, wie Marcelo sagt ... oder gesagt hat, der Ärmste, er ruhe in Frieden. Als du angerufen hast, Condesito, standen die roten Bohnen ja schon auf dem Herd, ich hab nachgedacht und sofort gewusst: eine Bauernpfanne, na klar! Ich hab ein halbes Pfund Gehacktes zu den eingedickten Bohnen gegeben, schon vorgebraten, versteht ihr? Dann hab ich dicke fette Schweinegrieben angebraten, dazu reife Bananen, ein Ei für jeden von euch – ich selbst vertrage so spät keine Eier mehr, wegen meiner Gallenblase –, eine Pfefferwurst und ein Rindersteak, mit viel Knoblauch und Zwiebeln. Den Reis hab ich mit

Schweineschmalz gekocht, damit er schön locker wird. Die Bohnen kann man getrennt essen oder zusammen mit dem Reis, wie mögt ihr es lieber?«

»Getrennt und zusammen«, riefen sie wie aus einem Mund.

Mario stellte sich hinter den Rollstuhl seines Freundes und schob ihn ins Esszimmer. Sie folgten der Mutter mit feierlichem Gesichtsausdruck, wie man eine sehr, sehr heilige Stätte betritt.

»Du hast mir das Leben gerettet, Jose«, sagte Mario, während er sich löffelweise Bohnen und Fleisch in den Mund schaufelte.

»Du hast dich mal wieder selbst übertroffen, Mama«, ergänzte Carlos und tätschelte seiner Mutter die Hand. »Schmeckt saugut ... Ich zieh nach Medellín, ehrlich!«

»Leider hab ich nur sechs Fläschchen Bier da ...«

Während des Essens musste Mario über die vorübergehende Aufhebung seiner Strafe und den neuen Fall berichten, an dem er arbeitete. Und auch das gehörte zum Ritual: Er servierte die Geschichte in kleinen Häppchen, sozusagen kapitelweise, bis zum vorläufigen Höhepunkt.

»Aber das ist ja schrecklich, Condesito«, entsetzte sich Josefina.

»Und der Typ, ich meine, die Type hat nicht gestrampelt, nicht um sich geschlagen, nichts? Hör mal, du, das glaub ich nicht.«

»Und dann dieser Maler, mit Frau und allem, furchtbar! Zu meiner Zeit hat es so was nicht gegeben ... Was ich nicht verstehe, Condesito, was hat die Verklärung Christi mit so einer schmutzigen Geschichte zu tun?«

El Conde leckte sich das Griebenfett von den Fingern. Dann wischte er sich die Hände mit dem Taschentuch ab, trank einen gierigen Schluck von seinem zweiten Bier und zündete sich eine Zigarette an.

»Hör mal, Dünner«, sagte er, »hast du eigentlich noch die Nullnummer von *La Viboreña?*«

»Ja klar hab ich die.«

»Kann ich da mal reinschauen?«

»Natürlich, aber sie bleibt hier.«

»Red keinen Scheiß, Dünner, ich nehm sie mit.«

»Bist du verrückt? Schließlich hast du sie weggeschmissen, und ich hab sie wieder aus dem Müll gefischt.«

»Ich schwör dir bei meiner Mutter, ich pass gut auf sie auf«, versprach El Conde mit seinem unschuldigsten Lächeln und kreuzte die Zeigefinger.

Auch Josefina lächelte. Den beiden zuzusehen, der Spaß, den sie hatten – ihr seit zehn Jahren gelähmter Sohn und der andere, der wie ein Sohn für sie war, chaotisch und immer hungrig –, das waren die einzigen Glücksmomente, die ihr noch geblieben waren in einer Welt, in der Gallenblasen nicht mehr richtig funktionierten und viele schreckliche Dinge passierten. Glück schien ein Relikt aus längst vergangener Zeit zu sein, als Carlos und Mario sich nachmittags im Zimmer eingeschlossen hatten, um zu lernen oder Musik zu hören, und sie sich ausgemalt hatte, wie sich das Haus eines Tages mit Enkeln füllen, wie Carlos sein Ingenieursdiplom an die Wohnzimmerwand hängen und Mario ihr sein erstes Buch schenken, kurz, wie alles seinen vorgeschriebenen, friedlichen Gang gehen würde, so wie es im Leben zu sein hat! Aber nicht einmal dadurch, dass sich ihre Hoffnungen nicht erfüllt hatten, war ihr das Lachen vergangen. »Ich werd mal Kaffee kochen gehen«, sagte sie und ging hinaus.

»Du, Conde, heute Nachmittag hat Andrés angerufen. Er hat nach dir gefragt.«

»Und? Was macht der so?«

»Hat viel Arbeit in seinem Krankenhaus, aber morgen Nachmittag will er vorbeikommen.«

»Dann bestell ihm einen schönen Gruß von mir, er soll demnächst mal abends hier reinschauen und 'ne Flasche Rum mitbringen, was hältst du davon?«

Der Teniente leerte sein Bier und schaute in die Dunkelheit hinaus. Magen, Körper und Geist atmeten frei, er hatte das Gefühl, dass sich Muskeln und Hirn entspannten, an Elektrizität verloren. Es war einer jener melancholischen Momente voller Geborgenheit, die er hier bei Carlos und Josefina genießen durfte. Alle Schutzschilde, Panzer, Helme und Masken, mit denen herumzulaufen er täglich gezwungen war – wie die verfolgten oder jagenden Insekten –, fielen von ihm ab. Eine geistige Leichtigkeit, die er so sehr brauchte und nach der er sich so sehnte, trat an die Stelle von Wachsamkeit, Ängsten und Lügen, so abgenutzt wie seine Jeans, die nach einer gründlichen Reinigung schrie. »Diese Geschichte mit der Transfiguration geht mir nicht aus dem Kopf«, sagte er ohne Übergang. »Weißt du, dass ich mich noch genau daran erinnere, wie ich zum ersten Mal von der Verklärung Christi gehört habe? Außerdem, ich weiß nicht, Dünner, aber ich glaub, ich hab wieder Lust zu schreiben.«

»Scheiße!«, rief Carlos und schlug mit seiner Superschwergewichtshand auf den Tisch. »Was ist los? Bist du mal wieder verliebt?«

»Schön wärs!«

»Schön wärs!«, wiederholte der Dünne und schaute ungläubig auf seine Bierflasche. Warum zum Teufel war sie schon leer? Und El Conde wartete geduldig auf den Satz, den er hören wollte und der auch prompt kam: »Geh 'ne Flasche Rum kaufen, Kleiner, das muss gefeiert werden!«

3

»Achtundzwanzig Jahre«, rechnete El Conde.

Er sagte es laut, um es selbst zu glauben, nahm die Finger zu Hilfe und machte noch einmal die gnadenlose Rechnung auf, bei der so viele, viele Jahre herauskamen. Schließlich akzeptierte er das Resultat, und Panik ergriff ihn angesichts des unwiederbringlich Verlorenen. Die Zeit wurde zu einem rauen, konkreten Gefühl, einem Schmerz, der vom Magen ausging und auf der Brust zu lasten begann.

Er wird von seiner Mutter begleitet. Ein kleines weißes Taschentuch bedeckt ihr pechschwarzes Haar, sie trägt das Leinenkleid – war es aus Leinen? –, das vom Wasser der ausgepressten Yuca knistert. Bevor sie es mit dem Bügeleisen bearbeitet, weicht sie es nämlich in dem Yuca-Wasser ein. Ihre Hände fühlen sich einerseits glatt und rutschig an von der bläulichen Wäschestärke, andererseits jedoch trocken und hart von dem gebügelten Leinenstoff. So hat er es einige Minuten zuvor empfunden, kurz bevor sie in die Kirche getreten sind und seine Mutter ihn umarmt hat. Eine Umarmung, die der Sohn nie vergessen wird. Du wirst ein Heiliger, hat sie ihm zugeflüstert, mein Liebling, hat sie gesagt, und die weiße Reinheit des Leinenstoffs, der ihn umhüllt an diesem Sonntagmorgen, dringt ihm durch jede Pore, mitten ins Herz. Ich bin rein, denkt er, während er nach vorne geht und sich in die erste Bankreihe setzt, um die Messe zu hören, die von Pater Mendoza gelesen wird, und endlich diese große, nach zweitausend Jahren schmeckende flache Pille zu empfangen, die sein Leben verändern soll. Sobald die Hostie auf seiner Zunge liegen wird, gehört er auf ewig einer privilegierten Gruppe an, ist er einer von denen, die der Erlösung teilhaftig werden, denkt er, und er dreht sich zu ihr um, und sie lächelt ihm zu, so wunderschön mit ihrem weißen Taschentuch auf dem pechschwarzen Haar und ihrem weißen Leinenkleid. Vor achtundzwanzig Jahren.

Pater Mendoza eilte vom Altar der Erinnerung zur Tür der Realität, an die El Conde zweimal geklopft hatte. Auch wenn der Kontakt zur Kirche nach jenem Weißen Sonntag abgerissen war, hatten der Pater und der Abtrünnige stets einen freundlichen Umgang miteinander gepflegt. Der Geistliche bezeichnete den Teniente gerne als ungläubigen Mystiker, und dieser sagte, Pater Mendoza sei ein gerissener Fuchs, der mit allen Tricks versuche, eine Seele – in diesem Fall eine verlorene – der Kirche zuzuführen oder zurückzugewinnen. Allerdings hatten die Wortgefechte der beiden in all den Jahren immer auf offener Straße und rein zufällig stattgefunden, denn El Conde hatte nie wieder einen Fuß in die Kirche oder in das Pfarrhaus gesetzt, wo der Pater wohnte und Mario den Unterricht erhalten hatte, der ihn berechtigte, das Brot der Lauterkeit und Wahrheit zu empfangen.

»Gottvater im Himmel, ein Wunder!«, rief Pater Mendoza aus, als seine vom Schlaf noch geröteten und von den Jahren geschwächten Augen den frühmorgendlichen Besucher erkannten.

»Es geschehen keine Wunder mehr, Pater. Wie geht es Ihnen?«

Der Geistliche lächelte und bat Mario ins Haus. »Wunder geschehen immer wieder, Condesito. Und was mich betrifft, ich bin ein altes Wrack, wie du siehst. Oder siehst du auch nicht mehr gut?«

»Ich sehe ausgezeichnet, aber so schlimm steht es nun auch wieder nicht mit Ihnen. Wir werden beide alt, und das im selben Tempo.«

»Aber ich hab rund vierzig Jahre Vorsprung … Und, was führt dich zu mir? Bist du endlich gekommen, um deine zahlreichen Sünden zu beichten?«

El Conde setzte sich auf das Holzsofa mit dem Rohrgeflecht. Er hatte nämlich nicht vergessen, dass der Schaukelstuhl mit der hohen Rückenlehne der einzige irdische Besitz war, an dem Pater Mendoza hing. Der Alte setzte sich wie gewohnt in seinen über alles geliebten Stuhl und fing sogleich an, wie wild zu schaukeln.

»Machen Sie sich keine Hoffnungen, Pater, mein Entschluss von damals ist unumstößlich.«

»Das ist deine größte Sünde, Condesito: der Hochmut. Und die andere ist deine Angst vor dir selbst. Ich kenne dich. Eines Tages, und das weißt du ganz genau, wirst du in den Schoß der Kirche zurückkehren ...«

»Seien Sie sich da nicht so sicher, Pater. Wissen Sie, wie viele Jahre ich nicht mehr hier war?«

»Achtundzwanzig«, antwortete der Alte wie aus der Pistole geschossen. Mario vermutete, dass er irgendeine Zahl genannt und zufällig ins Schwarze getroffen hatte.

»Exakt achtundzwanzig Jahre, ja. Aber das war ein billiges Wunder, Pater.«

Der Geistliche lächelte wieder. »Du brauchst keinen Schrecken zu kriegen«, erwiderte er, »ich erinnere mich nicht wegen dir ... Am Tag deiner Erstkommunion ist mein Vater gestorben. Ich hatte es zehn Minuten vorher erfahren. Es war die schlechteste Messe, die ich je in meinem Leben gelesen habe ... oder die beste, darüber bin ich mir heute noch nicht im Klaren. Es war das letzte Mal, dass ich an der Güte Gottes gezweifelt habe.«

»Und warum haben Sie damals über die Transfiguration gepredigt?«

Pater Mendoza schloss die Augen, so als richte er den Blick nach innen. »Dann bin ich also nicht der Einzige, der sich an diesen Tag erinnert, nicht wahr?«, stellte er fest.

»Nein«, gestand der Teniente.

»Warte, ich geh Kaffee kochen. Ich muss dazu sagen, dass ich nicht jedem Besucher Kaffee anbiete. Zu mir kommen etwa zwanzig Leute pro Tag, aber bis jetzt ist mir die wunderbare Vermehrung meiner Kaffeeration noch nicht gelungen ...«

Pater Mendoza nutzte den Schwung des Schaukelstuhls aus und sprang auf die Füße. Wehmütig beobachtete El Conde den alten Seelsorger, der sich bemühte, Vitalität auszustrahlen. Dann blickte er sich im Wohnraum um. An den Holzwänden hingen die Stationen des Kreuzwegs – mit dem dreimaligen Niedersinken Jesu unter dem Kreuze –, davor stand der Erzengel Raphael, eine genaue Nachbildung der Statue, die in der Kirche stand. Unter ihr hatten – vor achtundzwanzig Jahren – die angehenden Erstkommunikanten gesessen und den Worten von Señorita Mercedes und Pater Mendoza gelauscht. Scheiß was drauf, dachte Mario, als der Geistliche mit einer Tasse Kaffee zurückkam. Andächtig empfing sein von Alkohol und Schlafmangel mitgenommener Magen die himmlische Flüssigkeit.

»Rauchst du immer noch?«, fragte der Alte. El Conde nickte. »Dann gib mir auch eine, heute werd ich mir die Freude gönnen.«

Der Teniente nahm zwei Zigaretten aus seiner Schachtel, teilte brüderlich und gab erst dem Pater und dann sich selbst Feuer. Der gleichzeitig ausgestoßene Rauch hüllte sie in eine gemeinsame Wolke. »Ich möchte mit Ihnen über die Transfiguration sprechen. Ich hab was erlebt, das mich an die betreffende Passage der Bibel erinnert, aber in biblischer Geschichte war ich immer schon schlecht.«

Der Pater, der inzwischen seinen Schaukelrhythmus wieder gefunden hatte, betrachtete die Glut seiner Zigarette, bevor er zu sprechen begann: »Ich wusste doch, dass du irgendetwas von mir wolltest ... Weißt du, warum ich an jenem Tag über die Verklärung Christi gepredigt habe?«

El Conde war es müde, der Pendelbewegung des Gesichts seines Gegenübers mit den Augen zu folgen, und blickte stattdessen auf das Bild, das Jesus bei der Ankunft auf Golgatha darstellte. »Soll ich wirklich raten, Pater?«

»Entschuldige, ich bin langsam ein schwachsinniger Greis, der schwachsinnige Fragen stellt … Ich habe darüber gesprochen, weil es mir an dem Tag sehr schlecht ging, und an der betreffenden Stelle, wo Gott den Aposteln erscheint, versteht Jesus wie selten zuvor die menschliche Seele und sagt zu seinen Jüngern: ›Stehet auf und fürchtet euch nicht.‹ … Nicht alle sind fähig, das Ausmaß der Angst zu erkennen. An jenem Tag hatte ich große Angst vor dem Tod, wie du verstehen wirst.

Und nach sechs Tagen nimmt Jesus den Petrus und Jakobus und Johannes, seinen Bruder, und führt sie beiseite auf einen hohen Berg. Und er wurde vor ihnen verwandelt. Und sein Angesicht leuchtete wie die Sonne, seine Kleider aber wurden weiß wie das Licht. Und siehe, es erschienen ihnen Mose und Elija, die redeten mit ihm. Petrus aber antwortete und sprach zu Jesus: Herr, es ist schön, dass wir hier sind. Wenn du willst, werde ich hier drei Hütten machen, für dich eine, für Mose eine und für Elija eine. Als er noch redete, siehe, da überschattete sie eine lichte Wolke. Und siehe, eine Stimme aus der Wolke sprach: Dieser ist mein geliebter Sohn, an dem ich Wohlgefallen habe, höret auf ihn! Und als das die Jünger hörten, fielen sie auf ihr Angesicht und fürchteten sich sehr. Und Jesus trat heran, berührte sie und sprach: Stehet auf und fürchtet euch nicht! Als sie aber ihre Augen erhoben, sahen sie niemanden außer Jesus allein.

Und als sie vom Berg herabstiegen, gebot ihnen Jesus und sprach: Sagt niemandem von dem Gesicht, bis der Menschensohn von den Toten auferweckt worden ist.

So lautet also das 17. Kapitel bei Matthäus«, schloss Pater Mendoza. »Auch Markus und Lukas berichten von der Verklärung, und Markus, hör gut zu, das ist interessant, sah es so*: Und seine Kleider* *wurden glänzend, sehr weiß, wie ein Walker auf Erden sie so nicht weißen kann.*

Nun, Mario, die Gelehrten sagen, dass dieses Ereignis auf dem Berg Tabor stattfand, ungefähr siebzig Kilometer von Kaisareia Philippi entfernt. Es ist ein merkwürdiger Berg, der sich mehr als dreihundert Meter über der Ebene von Esdraelon erhebt, so als wäre er aus der Erde hervorgebrochen oder vom Himmel gefallen. Auf seiner Hochebene haben die Byzantiner eine Basilika mit zwei getrennten Kapellen errichtet, die mehrere Jahrhunderte später von den Kreuzfahrern wieder aufgebaut und den Benediktinern übergeben wurde. 1212, nach den Kreuzrittern, verwandelten die Muselmanen sie in eine Festung. 1924 wurde die Basilika in ihrer heutigen Form eingeweiht, mit einem zentralen Giebel und zwei Türmen. Das ist alles, was ich darüber weiß. Aber das Wichtigste daran ist, dass dort auf dem Berg Tabor die erste öffentliche Offenbarung der Göttlichkeit Jesu stattfand und sein Vater ihn als seinen Sohn und als Messias anerkannte. Vor den Augen der Jünger verwandelte sich das Aussehen Jesu, der von der langen Reise übers Wasser und durch die Wüste müde und schmutzig gewesen sein muss. Seine Haut, sein Haar und sogar seine Kleidung leuchteten; doch in Wirklichkeit war das die Folge der inneren Verklärung, die für die Offenbarung durch den Vater nötig war. Und da zeigt sich die Erhabenheit Jesu: Trotz seiner Göttlichkeit verliert er nichts von seinem menschlichen Wesen, und er versteht die Angst seiner Jünger wegen dem, was sie gesehen haben und was ihr Fassungsvermögen unendlich übersteigt. Und weißt du, warum Jesus ihre Angst versteht? Weil er, so glaube ich, seine eigene Angst vorausahnt, als er zu ihnen von seinem Werk spricht. Es wird seine Vollendung in der Auferstehung finden, aber zuvor muss er durch das Leiden gehen und sich am Kreuze opfern, die notwendige Prüfung für das große Wunder. Erhebend schön und zu Herzen gehend, findest du nicht?

Und wenn Er Angst hatte und demnach wusste, was Angst bedeutet, warum sollen wir uns dann einem so menschlichen Gefühl verschließen? Vielleicht ist Angst das menschlichste Gefühl von allen, Mario.

Was für ein Gegensatz, dachte El Conde, der bereits dabei war, die biblische Transfiguration zu vergessen, die nicht das Geringste mit einer ordinären irdischen Verwandlung zu tun hatte. Er stand vor dem Haus von Faustino Arayán und verglich es mit der feuchten, dunklen Höhle, in der Alberto Marqués wohnte und die der als Frau verkleidete Alexis verlassen hatte, um seinen letzten nächtlichen Streifzug zu unternehmen. Zwischen den beiden Häusern klaffte ein unüberbrückbarer Abgrund aus Klassengegensätzen, Interessen, anerkannten oder vergessenen Verdiensten, erbetenen oder gewährten Gefälligkeiten und Begünstigungen, genutzten oder ungenutzten Gelegenheiten. Sie waren meilenweit voneinander entfernt, unterschieden sich wie Tag und Nacht, Reichtum und Armut, Freude und Schmerz. Mit seinem Leben und seinem Tod jedoch hatte Alexis Arayán die beiden Extreme seiner Herkunft und seines Schicksals durch ein unheimliches Band miteinander verbunden und verschmolzen.

Seit der Dienstwagen unter einer noch gnädigen Morgensonne in die 7. Avenida eingebogen und durch Miramar gerollt war, hatte El Conde das Gefühl, in einer anderen Welt zu sein. Ihr Gesicht war freundlicher und viel gründlicher gewaschen als das der anderen – derselben – Stadt, die sie eben noch durchquert hatten. Und nun, vor Faustino Arayáns Haus, dachte er: Was für ein Gegensatz! Die ursprünglichen Besitzer dieser prunkvollen Villa mit den noch heilen Fensterscheiben waren ebenfalls bestrebt gewesen, den krassen Gegensatz zwischen zwei Welten herauszustreichen, indem sie die – für sie zweifellos – bessere durch ihr Bauwerk verherrlichten. Das immer währende bürgerliche Streben nach Beständigkeit … Bestimmt trauerten sie in Miami, Union City oder wo sie auch waren – wenn sie nach dreißig Jahren überhaupt noch irgendwo waren – der Schönheit dieser Villa nach, in die sie mit vollen Händen und Herzen ihre Träume und ihr Geld investiert hatten, in dem Glauben, es sei für die Ewigkeit. Der Mensch irrt sich ständig, dachte der Teniente, während er sich durch das Labyrinth seiner Gedanken arbeitete. Wenn er in so einem Haus wohnen würde, hätte er gerne drei Hunde im Garten herumlaufen. Und wer würde die Scheiße aufsammeln?, fragte er sich und stieg in Gedanken über einen riesigen Hundehaufen. Er beschloss, auf die Hunde zu verzichten und seine Zeit der Bibliothek zu widmen, die nun wirklich unverzichtbar war und sich im oberen Stockwerk befinden würde, mit Ausblick auf den Garten.

Während der Fahrt hatte El Conde aus dem Munde von Sargento Palacios ein paar interessante Neuigkeiten erfahren. Salvador K hatte Blutgruppe AB, wie der Mörder, und niemand hatte ihn zur Tatzeit in seinem Garagenatelier gesehen. Dabei hatten sie ihn sonst häufig mit Alexis dort hineingehen oder herauskommen sehen. Der Maler hatte immer bessere Karten im Spiel um den Hauptgewinn, fand der Teniente.

Manolo klingelte, und die schwarze Haushälterin öffnete die Tür. »Kommen Sie rein«, sagte sie statt einer Begrüßung und wies auf die Sessel in der Eingangshalle, »ich sage Faustino sofort Bescheid.« Und schon verschwand sie auf Geistersohlen.

Die beiden Polizisten sahen sich an, grinsten und warteten. Zehn Minuten später erschien Faustino Arayán.

Seine ärmellose Leinenjacke war so weiß und so elegant, dass Mario Conde sich nicht getraut hätte, sie auch nur eine Minute anzuziehen. Sie leuchtete weißer als weiß, die Nähte waren mit glänzenden Paspeln verziert, und der Herstellername stand gut sichtbar auf der rechten Brusttasche. Die messerscharfen Bügelfalten der perlgrauen, silbrig schimmernden Hose verrieten den Profi. Die schwarzen, blank polierten Mokassins sahen leicht und bequem aus. »Guten Morgen«, sagte Faustino Arayán und streckt die Hand aus. Es war eine rosige, kräftige Hand, rosig und kräftig wie die gesamte Erscheinung, der man die sechzig Jahre nicht ansah. Nur die fast vollständige Glatze deutete auf das erreichte Alter hin. Sie betonte die Kugelform des riesigen Kopfes und leuchtete ebenfalls, wie Mario bemerkte. »Es tut uns Leid, Sie heute Morgen stören zu müssen, Genosse Arayán«, begann El Conde. »Wir wissen, wie schwer der gestrige Tag für Sie war, aber …«

»Machen Sie sich wegen mir keine Sorgen, Señor …«, unterbrach ihn der Hausherr.

»Conde, Teniente Conde«, stellte Mario sich vor, und mit einer Handbewegung zu seinem Kollegen: »Sargento Palacios.«

»Wie gesagt, Teniente, wegen mir brauchen Sie sich keine Sorgen zu machen. Sie machen Ihre Arbeit, und auch ich muss mich heute wieder um meine Angelegenheiten kümmern. Das Leben geht weiter …«

»Danke«, erwiderte El Conde. Er schielte auf den Aschenbecher aus Granada, der wieder so sauber war, als wäre er nie benutzt worden.

»Einen Augenblick, ich werde Kaffee bringen lassen, ja?« Ohne eine Antwort abzuwarten, rief Faustino Arayán leise: »María Antonia!«

Die Schwarze ward sichtbar wie das Licht, erschien wie Gott den Jüngern, in Händen ein Tablett mit drei Tassen Kaffee, so als hätte sie hinter einer Linie auf den Startschuss gewartet. Die geht nicht, die schwebt, dachte Mario, dem als Ersten serviert wurde. Nachdem alle Tassen verteilt waren, stellte der dienstbare Geist das Tablett auf dem Tisch ab und begab sich im schwebenden Tiefflug ins Innere des Hauses.

»Darf ich rauchen?«, fragte der Teniente.

»Aber natürlich. Wie wärs mit einer Zigarre? Ich hab eine erstklassige Montecristo da …«

Nein, dachte Mario, eigentlich sollte ich nicht, aber … egal, was solls! »Da sag ich nicht Nein, aber ich würde sie gerne später rauchen.«

»Aber natürlich«, sagte der Hausherr wieder. Er nahm ein Zedernkistchen von der unteren Tischplatte und hielt sie dem Teniente hin. Ein Dutzend viel versprechend duftender Montecristos mit blassbraunem Deckblatt ruhte vorschriftsmäßig ausgerichtet in dem Kistchen.

»Danke.« Mario schob die Zigarre in seine Brusttasche.

»Also, Teniente, schießen Sie los.«

In diesem Moment wusste Mario nicht, womit er losschießen sollte. Das, was er hatte sagen wollen, hatte er jedenfalls vergessen. Von so viel Glanz geblendet, sah er den Weg nicht, den er einschlagen sollte. Er war hierher zurückgekommen, um Routinefragen zu stellen. Doch diese Villa mit ihrer perfekten Ordnung, mit leuchtenden Sommerjacken und glänzenden Glatzen, mit schwarzen Hausangestellten, denen Flügel an den Füßen wuchsen, und mit Aschenbechern aus Granada ohne auch nur das geringste Staubkörnchen, schien in keinerlei Beziehung zu stehen mit der skatologischen Geschichte eines erwürgten Homosexuellen mit zwei Pesostücken im Hintern, der zuvor in einem Theatergewand herumspaziert war, das hinterher mit kleineren und größeren Ausscheidungen, wie Alberto Marqués gesagt hätte, beschmutzt werden sollte. »Wie geht es Ihrer Gattin?«, fragte er auf der Suche nach dem Weg, der ihn zum Thema hinführen könnte.

Faustino Arayán schüttelte mit Nachdruck den kahlen Kopf. »Sehr schlecht. Gestern, als wir von der Beerdigung zurück waren, hat Jorge, ich meine Dr. Pérez Flores, ihr ein Beruhigungsmittel und ein Medikament gegen zu hohen Blutdruck verordnet. Im

Moment schläft sie. Sie hält sich tapfer, die Ärmste. Aber ich wusste, dass der Junge uns eines Tages Kummer machen würde. Und Sie sehen ja, wie es geendet hat …« Er schwieg eine Weile, und El Conde ließ ihn schweigen. »Wer weiß, in was er diesmal verwickelt war. Von klein auf hat Alexis uns Kopfschmerzen bereitet. Nicht nur wegen seines … Problems, sondern vor allem wegen seines Charakters. Manchmal habe ich sogar geglaubt, dass er uns hasste, mich und seine Mutter. Er hat uns tyrannisiert, vor allem sie. Immer hat er ihr vorgeworfen, dass wir uns so lange außerhalb Kubas aufhielten und ihn mit María Antonia und meiner Schwiegermutter alleine ließen. Er wollte einfach nicht begreifen, dass meine Arbeit uns dazu zwang. Wir konnten ihn doch nicht mitnehmen, wie hätte er denn zum Beispiel zur Schule gehen sollen? Sechs Monate in London, drei in Brüssel, ein Jahr in New York und dann wieder zurück nach Kuba … Können Sie sich das vorstellen? Wir hätten ihm gerne mehr Halt gegeben, ihn gerne selbst erzogen, und ich versichere Ihnen, ich hätte ihn kurz gehalten, nicht an der langen Leine. Aber man hat mir wichtige Aufgaben übertragen, und so konnten meine Frau und ich nur dafür sorgen, dass es ihm an nichts fehlte. Das Haus, seine Großmutter, María Antonia, die ihn wie eine Mutter liebte, die Schule, die Annehmlichkeiten … alles! Das Ganze kommt mir wie eine Strafe vor … Ich will Ihnen etwas gestehen, damit Sie mich besser begreifen: Wir haben uns nie verstanden, mein Sohn und ich. Ich glaube, das war vor allem meine Schuld, ich habe nie nachgegeben, obwohl ich anfangs viel mit ihm geredet habe, versucht habe, ihm zu helfen. Heute glaube ich, dass dadurch alles nur noch schlimmer geworden ist. Sie sehen ja, was passiert ist, wie es geendet hat. Ich fühle mich schuldig, das will ich gar nicht abstreiten; aber er hat sich seiner Mutter und mir gegenüber auch wirklich sehr schlecht benommen, schon als kleiner Junge. Und später dann, als er sich mit diesem seltsamen Vogel angefreundet hat, mit diesem Alberto Marqués, da war überhaupt nicht mehr mit ihm zu reden. Dieser Mensch hat ihn einer Gehirnwäsche unterzogen, hat ihm all sein Gift ins Gehirn gespritzt und ihn vollkommen verändert, für alle Zeiten, in jeder Hinsicht. Nicht weil er plötzlich Theaterstücke schreiben wollte oder sich zum Maler berufen fühlte. Nein, schlimmer. Es waren seine moralischen und auch politischen Einstellungen. Und das konnte ich ihm nun wirklich nicht durchgehen lassen, verstehen Sie mich? Mein Ansehen, das ich nach so vielen Jahren des Kampfes, der Arbeit und der Aufopferung erworben hatte, sollte weder Alexis noch sonst jemand beschmutzen. Ich habe ihm klipp und klar meine Spielregeln diktiert: Wenn er unter meinem Dach leben wollte, mit all den Annehmlichkeiten, die unsereiner sich nach und nach verdient hat, ging es nicht an, dass er so über unser Land sprach, dass er alles kritisierte und sich in der Kirche herumtrieb und mit einem notorischen Querulanten wie diesem Alberto Marqués zusammen war … Hier hatte er sich unterzuordnen, oder er flog raus. Und so habe ich es ihm auch gesagt, schließlich war er kein kleines Kind mehr. Er wurde wütend, das hätten Sie sehen sollen! Was er mir alles an den Kopf geworfen hat, ich sei ein intoleranter Dogmatiker, ein Fundamentalist, ein Steinzeitmensch und was weiß ich noch … Und da hab ich ihm gesagt, er soll das Haus verlassen. Ich weiß, dass er nach dem Tod seiner Großmutter häufig seine Mutter und María Antonia besucht hat, und wenn ich kam, ging er. Das war mir nur recht, denn ich wollte weitere Auseinandersetzungen mit ihm vermeiden. Diese Diskussionen haben mich immer sehr mitgenommen, verstehen Sie? Jetzt tut es mir natürlich Leid, vielleicht hätte ich mich mehr um ihn kümmern müssen, ihn zwingen sollen, weiter zum Arzt zu gehen, ich hätte strenger mit ihm sein müssen, was weiß ich. Aber er hat mir ja keine Gelegenheit dazu gegeben.«

Faustino Arayán beugte sich zu dem Zedernkistchen hinunter. Er nahm eine Zigarre heraus, legte sie aber gleich wieder zurück, so als käme es ihm plötzlich unmöglich vor, unangebracht, jetzt eine so schöne Montecristo in Brand zu stecken.

»Sagen Sie, Faustino, haben Sie oder Ihre Frau irgendeinen Verdacht, was in jener Nacht passiert sein könnte?«

Señor Arayán sah auf seine Hände, als könnte er dort die Wahrheit ablesen, und blickte dann wieder den Teniente an. »Was soll ich dazu sagen, Teniente? Das alles ist das Ergebnis einer falschen Wahl … Alexis hatte seinen Weg gewählt, und der musste so enden. Wie gesagt, es kommt mir wie eine Strafe vor. Am liebsten würde ich vor Scham im Boden versinken, nur wenn ich daran denke … Als Frau verkleidet … Soll ich Ihnen mal was sagen?« El Conde nickte wie ein aufmerksamer Schüler. »Wir haben das nicht verdient, weder seine Mutter noch ich. Ich wünschte mir, wir wachen auf und alles war nur ein Albtraum. Verstehen Sie mich? Natürlich verstehen Sie mich …«

»Natürlich«, versicherte El Conde und sah nun seinerseits auf seine Hände. Vielleicht suchte er dort eine andere, ebenfalls mögliche Wahrheit.

»Es ist eine Schande«, sagte Faustino Arayán mit versagender Stimme, und da schaute Mario ihm zum ersten Mal richtig ins Gesicht. Der Mann litt tatsächlich. Er vergoss echte Tränen, die zu vergießen seine Vorstellungen von Mannesehre ihm eigentlich verboten. Auch wenn es schwer fiel, denn es handelte sich um eine selbstsichere und einflussreiche Persönlichkeit, erwischte sich Mario bei dem Gedanken, dass er ihn womöglich noch bedauern könnte. »Genosse Faustino«, sagte er, »vielleicht wissen Sie ja nichts darüber, wegen Ihrer angespannten Beziehung zu Alexis, meine ich … Aber Ihre Gattin vielleicht … Fragen Sie sie doch bitte, ob Alexis ihr einmal etwas über den Tag der Transfiguration erzählt hat, der Verklärung Christi. Das interessiert mich, obwohl ich Ihnen nicht erklären könnte, warum. Es geht mir einfach nicht aus dem Kopf …«

El Conde atmete erleichtert auf, als der Wagen durch den Tunnel und dann am Malecón entlang ins Zentrum fuhr. Das Meer übte eine beruhigende Wirkung auf ihn aus. Es faszinierte ihn immer wieder aufs Neue. Und heute Morgen lud es zum Träumen ein, blau und friedvoll wie der Wind, der durch die geöffneten Seitenfenster ins Wageninnere blies. »Was hältst du davon, Manolo?«, fragte er schließlich den Sargento, nachdem er sich eine Zigarette angezündet hatte.

Manuel Palacios wechselte auf die rechte Fahrspur und drosselte die Geschwindigkeit. »Muss schwer für ihn sein. Wahrscheinlich redet das halbe diplomatische Korps darüber … Aber soll ich dir mal was sagen? Ich glaube, irgendwie ist er erleichtert. So als wenn ein Krebskranker endlich stirbt. Wenn nichts mehr hilft, ist ein schnelles Ende das Beste.«

»Kann schon sein«, stimmte El Conde zu, ohne genau zu wissen, was sein konnte.

»Und nun?«, fragte Manolo, bereit, wieder Gas zu geben.

»Weiß nicht … Salvador K sitzt wohl ganz schön in der Scheiße, stimmts? Aber genauso stimmt es, dass wir eigentlich nichts Konkretes gegen ihn in der Hand haben … Leck mich doch am Arsch«, seufzte er und warf die Kippe auf die Fahrbahn.

»Conde, Conde!« Manolo schüttelte missbilligend den Kopf. »In deinem Alter, und du rastest immer noch so aus! Los, komm, wenn wir was gegen den Maler suchen müssen, dann suchen wir eben, ja?«

»Tu mir den Gefallen und red nicht so 'n Stuss, wenigstens nicht heute.«

»Warum heute?«

»Weil ich mir Sorgen mache. Hast du inzwischen rausgekriegt, was mit Maruchi ist?«

Der Sargento fuhr noch ein wenig langsamer. »Nein, ich weiß nichts … Aber ich hatte noch gar keine Zeit, dir was anderes zu erzählen. Für heute um drei haben mich die von der internen Ermittlung zu sich zitiert …«

»Und was wollen diese Leute von dir?«

Manuel Palacios schüttelte wieder den Kopf, diesmal ratlos. Mario bemerkte, dass er sich die Hände an der Hose abwischte.

»Weiß ich nicht, weiß ich wirklich nicht.«

El Conde sah hinaus. Schlaglöcher, überquellende Mülltonnen, von Gleichgültigkeit und Salpeter zerfressene Häuserfassaden. »Wenn du keinen Dreck am Stecken hast, können die dir nichts. Aber pass auf, was du sagst, klar? Du bist ja nicht blöd, Manolo, also denk nach, bevor du antwortest … Und scheiß dir deswegen nicht in die Hose, wird irgend so 'n Quatsch sein.«

»Ja, ja, schon gut, Conde … Heiß, was?«

Jenseits der Kaimauer des Malecón versammelten sich zu dieser frühen, reinen Morgenstunde die Angler und gaben sich der schwachen Hoffnung hin, das Schicksal möge ihnen ein Prachtexemplar an den Haken hängen, das am Mittagstisch helle Freude auslösen würde. Beim Anblick der Silhouetten, die sich gegen das ruhige Meer abhoben, beneidete El Conde die Männer. Es war gesünder, dort zu sitzen, im Wasser die Angelschnur und im Kopf nur den Gedanken an den Fisch für das erträumte Festmahl, als sich mit immer neuen Verbrechen herumzuschlagen. Mord und Totschlag, Diebstahl, Unterschlagungen, Vergewaltigungen, leichte und schwere Überfälle – was einen immerhin davor bewahrte, vor Langeweile zu sterben, dachte er – und zu allem Überfluss jetzt auch noch die internen Ermittlungen, bei denen Dinge ans Tageslicht kommen konnten, die sich Mario nicht mal vorzustellen vermochte und die bereits einige

Kollegen den Job gekostet hatten. Ob die bei mir auch was finden?, dachte er und versuchte sich an irgendeine Verfehlung im Dienst zu erinnern. Wer weiß ... Und Maruchi? Was zum Henker war mit ihr passiert? »'ne schöne Scheiße, was?«, sagte er laut und fügte hinzu: »Fahr rechts ab, ich will im Stadtwald spazieren gehen.«

Ohne Streifenwagen und Eile vortäuschende Krankenwagen, ohne die hechelnde Meute von Neugierigen und Fotografen, ohne Gerichtsärzte und Polizisten, die zum Tatort gerufen worden waren, verströmte der verwunschene Wald neben dem schmutzigen Fluss mitten in Havanna eine Harmonie, die Mario Conde gierig in sich aufsaugte. Gewalt schien diesem Ort fremd, und er empfand seine Anwesenheit hier als unangebracht und bedrückend. Wie so oft dachte er an die unheimliche Fähigkeit des Todes, alles mit einem Schlage zu verändern. Das grüne Gras, das unermüdliche Plätschern des Flusses, der wohltuende Schatten der Bäume, das hatte vor nur ein paar Stunden die Kulisse für die makabre Szene eines Mordes abgegeben, dessen Vor- und Nachgeschichte der Teniente zu ergründen versuchte, in seiner so wenig professionellen Art, sich nach und nach selbst darin verwickelt zu fühlen. Deswegen stand er jetzt an diesem für andere Leute anonymen Ort – niemals würde hier ein imposantes Monument für den ersten im sexuellen Kampf gefallenen Transvestiten Kubas errichtet werden –, an dem das Leben von Alexis Arayán geendet und die Arbeit des Teniente begonnen hatte. Somit war dieser Tod mehr ein gesellschaftliches als nur einschneidendes biologisches Ereignis, das keine exakte, medizinische, natürliche oder übernatürliche Wissenschaft ungeschehen machen konnte. Wichtig waren jetzt nur noch das Verbrechen und die Bestrafung desjenigen, der sich gegen ein bereits in der Bibel und im Talmud verankertes Gesetz vergangen hatte. Mario Conde war sich bewusst, dass seine Mission mit dem Pyrrhussieg einer Anklage beendet sein würde, notwendig zwar und wie von ihm erwartet, aber außer Stande, das nicht wieder Gutzumachende wieder gutzumachen.

»Woran denkst du?« Manolo riss einen Grashalm aus und steckte ihn sich zwischen die Zähne.

»An den Wald und die wilden Tiere«, antwortete Mario und schlug den Weg zum Fluss ein. »Unser Transvestit hat sich nicht verkleidet, um sich in der Öffentlichkeit zu zeigen oder auf die Jagd zu gehen, Manolo. Er hat etwas gesucht, was schwerer zu finden ist. Frieden vielleicht. Oder Rache, wer weiß ... Wenn er kein richtiger Transvestit war, was hat er dann hier gewollt, als Frau verkleidet, ausgerechnet am Tag der Transfiguration? Das Ganze kommt mir immer merkwürdiger vor ...«

»Ich kapier nicht, warum du immer alles so kompliziert machen musst. Warum willst du etwas sehen, was sonst keiner sieht? Was hier merkwürdig ist, bist du, Conde. Und ich will dir noch was sagen: Manchmal hab ich den Eindruck, dass dir dein Beruf keinen Spaß mehr macht.«

»Du merkst aber auch alles, Manolo.«

Die beiden Männer folgten dem Weg, der zum Fluss hinunterführte, zu dieser langsam dahinkriechenden, eindeutig kranken Schlange. El Conde trat ans Ufer und beklagte das fortgeschrittene Stadium der Agonie, die sich ihm darbot. Ölflecken, giftiger Schaum, Fische mit aufgeplatzten Bäuchen, jede Menge Müll, all das schwamm auf dem Almendares, dem einzigen richtigen Fluss von Havanna. Und da hatte der Teniente eine Erleuchtung: »Klar, verdammt noch mal! Alexis besaß ja eine Bibel!«

»Ah, der Herr Polizist Teniente Mario Conde! Sie wissen doch bestimmt schon, wers war, oder? Erzählen Sie! Hin und wieder sehe ich mir einen von den Krimis an, in denen die Polizei immer gleich alles herausfindet, nicht wahr? Was sind das doch für Teufelskerle, unsere Polizisten ...«

Der Teniente ließ die Ironie an sich abprallen und trat in den Raum, der so dunkel und kühl war wie tags zuvor. Er nahm wieder in einem der beiden Schaukelstühle Platz, und Alberto Marqués setzte sich in den anderen. El Conde hatte das Gefühl, sie bewegten sich beide wie Schauspieler auf einer Bühne.

»Darf ich Ihnen einen Tee anbieten? Schön kalt, mit Eiswürfelchen und allem ...«

»Ja, ich glaube, das würde mir jetzt gut tun«, erwiderte El Conde, und der Marqués verschwand durch den Korridor am Ende der dunklen Bühne. Mario sah dem Dramaturgen hinterher. Ihm fiel der jugendliche Gang auf, der so gar nicht zu dem alten Mann passen wollte. Er bewegte sich mit federndem, leichtem Schritt, trat nur mit den Fußspitzen auf. Wie ein hoppelndes Kaninchen oder wie ein eiliger Storch. Er wirkt jünger, als er ist, dachte Mario, doch dann schweiften seine Gedanken zu der Vernehmung ab, die Sargento Palacios um drei erwartete. Was zum Teufel wollten die von ihm wissen? Ein leichtes, aber nicht zu ignorierendes Angstgefühl machte sich in seinem Magen breit. Die Erfahrung sagte ihm, dass bei einer peniblen Untersuchung alles Mögliche herauskommen konnte: unangenehme Wahrheiten, delikate Tatsachen, unwahrscheinliche Mutmaßungen, die zu unwiderlegbaren Beweisen wurden. Deswegen hatte er sich schon auf dem Weg zu Alberto Marqués gefragt: Was zum Teufel wollen die von ihm wissen? Alle wollen immer mehr wissen, dachte er. Auch er selbst war hierher gekommen, um mehr zu erfahren. Erst einmal musste er unbedingt die Habseligkeiten von Alexis Arayán durchsuchen, um einer Vorahnung auf den Grund zu gehen. Inzwischen sollte Manolo im Kulturgüterfonds Nachforschungen über den toten Transvestiten und seinen Freund, den bedauernswerten Salvador K, anstellen und nach der Bibel suchen, die der Maler erwähnte hatte. Aber was, zum Teufel, wollen die von Manolo wissen?, fragte er sich immer und immer wieder, während er auf den Marqués wartete. Schließlich kam der Theatermann im Storchenschritt zurück, in den Händen zwei Tassen. Eine davon reichte er dem Teniente, dann setzte er sich wieder in seinen Schaukelstuhl. »Soll ich ein Fenster öffnen?«, fragte er.

»Wenn es Sie nicht stört ...«

Alberto Marqués stellte seine Tasse auf den Boden und öffnete das Fenster, das sich hinter ihm befand. Alle Fenster hier waren vergittert, und El Conde hätte zu gerne gewusst, wie die gekauften Liebhaber, von denen Miki ihm erzählt hatte, es anstellten, in dieses Haus einzudringen. Als der Marqués wieder Platz genommen hatte, wurde Mario klar, dass alles wieder geplant gewesen war. Im Gegenlicht waren nur die Umrisse des Hausherrn zu erkennen. Er hat unser Gespräch inszeniert, dachte El Conde.

»Also, lassen Sie mich nicht länger schmoren ... Wissen Sie schon was?« Der Marqués zwinkerte heftig.

»Nicht viel, um ehrlich zu sein ... Aber es gibt da einige Ungereimtheiten. Alexis wurde erwürgt, ohne dass er sich dagegen gewehrt hätte.«

»Oh, mein Gott!«, stöhnte der alte Regisseur ganz leise und fasste sich an den Hals, so als wollte er würgende Hände abwehren.

»Und danach hat der Mörder ihm zwei Geldstücke in den After gesteckt.«

»Oh, oh, oh«, stöhnte der Marqués wieder und presste die Knie zusammen, so als wollte er verhindern, dass ihm Geldstücke in den After gesteckt würden.

»Haben Sie so was schon mal gehört?«

»Nein, noch nie ... So was passiert doch nur in Mafia-Filmen.«

»Im Allgemeinen, ja ... Und dann hab ich gestern ein wenig in dem Buch gelesen, das Sie mir geliehen haben. Hab 'ne Menge über Transvestiten gelernt.«

»Interessant, nicht wahr?«

»Sehr, aber vielleicht zu theoretisch. Wollen Transvestiten sich durch die Mimikry wirklich verflüchtigen, sozusagen in Luft auflösen?«

Trotz des Gegenlichts glaubte der Teniente ein Lächeln auf dem Gesicht von Alberto Marqués zu sehen.

Keine andere Stadt der Welt – auch nicht Havanna – offenbart das Geheimnis der Harmonie, so wie Paris es tut. In Paris verschmelzen Nachmittag und Abend miteinander wie eine leise Sinfonie, und die Morgendämmerung zieht herauf wie eine notwendige Konsequenz der Nacht, zaghaft, aber unumkehrbar. Und wenn der menschliche Geist in der Lage ist, die Sensibilität der Luft, der Steine, der Düfte und Farben von Paris zu durchdringen, dann kann das Leben in dieser Stadt ein Gottesgeschenk sein. So habe ich es in jenem Frühling empfunden.

Geduscht und parfümiert stiegen wir ins Taxi. Meine Hände wollten nicht aufhören zu schwitzen, während meine Augen gleich zweimal die angestrahlte Silhouette des Eiffelturms, den massigen Bau der Oper und die hell erleuchtete Heiterkeit des ›Café de la Paix‹ sahen, bevor wir über das Kopfsteinpflaster der gewundenen Gassen des Quartier Latin holperten, das im Jahr zuvor so berühmt-berüchtigt geworden war, als Liebe, Intelligenz, Fantasie und Ideologie sich in revolutionärem Kampf vereint und Barrikaden aus eben diesen Pflastersteinen errichtet hatten. Wir hielten vor einem Lokal, über dem in gelber Neonschrift ›Les Femmes‹ stand. Es kam mir vor wie die Schwelle und das Ziel einer ersehnten Realisierung. Der Ernste bezahlte das Taxi und sprach noch leise mit dem Fahrer, einem Marokkaner, der ihm schließlich ein kleines Tütchen gab, während der Andere und ich den dreckigen, heruntergekommenen Eingang des Lokals betrachteten. Da öffnete sich quietschend die schwere Polstertür, und wir konnten einen ersten Blick in das in blau schimmerndes Licht getauchte Cabaret werfen.

Der Ernste kam zu uns, und zum ersten Mal in jenem Frühling meiner letzten Reise nach Paris sah ich ein glückliches Leuchten auf seinem runden Gesicht, dem Gesicht eines noch immer ungeschliffenen Bauern. Als ich einige Tage zuvor in Paris angekommen war, hatte er mir erzählt, dass seine Beziehung zu Julien beendet sei, dem jungen Anthropologen, mit dem er zwei Jahre zusammengelebt habe, »unter einem nie untergehenden Honigmond«, wie der Ernste es ausdrückte, er, der sonst so ausgefallene poetische Bilder fand. Julien hatte ihn wegen einer Frau verlassen – wie demütigend! –, einer russischen Tänzerin aus der Truppe – nicht mal Solistin! –, die mit dem Bolschoitheater hier war und sich abgesetzt hatte. Wenn Ideologie und Liebe sich vermischen, sagte ich und fügte hinzu: Wahrscheinlich riecht sie unter den Achseln und hat ein Matroschka-Gesicht wie fast alle unsere Schwestern aus der Sowjetunion. Igittigitt, Frauen!, riefen wir angeekelt im Chor, und der Ernste hatte lachen müssen … Nun aber, vor dem blauen Cabaret mit der gelben Neonreklame, schien er seine Lebensfreude wiedergewonnen zu haben.

»Gehen wir«, sagte er und hakte uns unter (mich links, den Anderen rechts), und wir traten in den blauen Schimmer.

Das Licht strahlte von unten herauf die Spiralen eines süßlich duftenden Rauches an. Der auch für Tabak aus Virginia zu süßliche, hypnotische Duft vermengte sich mit säuerlichem Schweißgeruch und dem intensiven Duft arabischer Essenzen, die man auf den illegalen persischen Märkten von Paris in jeder gewünschten Menge erstehen kann. Währenddessen wurden unsere Ohren mit dem wilden Rhythmus der Stimme von Miriam Makeeba versorgt – die Invasion der Dritten Welt! –, die aus einer in die Wand eingelassene, verglasten Kabine schallte. Mich überkam ein Gefühl der Angst, als ich mich einer solchen Attacke auf die Sinne ausgesetzt sah; der Ernste und der Andere jedoch fühlten sich hier offenbar wie zu Hause und bewegten sich mit der größten Selbstverständlichkeit. Meine Augen gewöhnten sich langsam an das Licht, und ich erblickte falsche Walküren, die ihrer uralten Aufgabe des Bierkredenzens nachkamen. Sie schienen über das blaue Bodenlicht zu schweben. In ihren gestärkten Organza-Blusen und messerscharfen Plisseeröcken – Triumph einer vergangenen Mode – sahen sie aus wie leuchtende, soeben aus der Larve geschlüpfte Schmetterlinge. Jede Walküre hielt ein Tablett mit Gläsern in der einen und eine gelbe Blume in der anderen Hand. Ich schaute auf die sogar für Walküren, auch für echt skandinavische, zu großen Hände, als mich eine mit der scharfen Kante ihres Plisseerocks streifte und mir das Gefühl gab, von einem prähistorischen Insekt gestochen worden zu sein.

Noch ganz benommen, wurde ich von dem Ernsten zu einem Tisch geschoben, an dem bereits der Andere saß, in der Hand ein Glas mit einer bernsteinfarbenen Flüssigkeit, die, wie ich bald herausfinden sollte, kein Bier war. Wie war er an dieses Getränk gekommen, mit seiner angeborenen Fähigkeit, stets der Erste zu sein? Der Diskjockey tauschte die Stimme von Miriam Makeeba gegen die von Doris Day aus, und da entdeckte ich, dass das ›Les Femmes‹ wie jedes gute Cabaret eine Bühne hatte. Auf ihr posierten – wie weiße Schmetterlinge – sieben perfekte, mitunter sogar vollkommenere Kopien von Doris Day, die für ein verzücktes, ehrfurchtsvoll lauschendes Publikum zu der Plattenaufnahme den Mund bewegten. Ich schaute mich im Lokal um und sah Männer und Frauen, über deren Geschlechtszugehörigkeit ich die ganze Zeit über rätselte. Üppige Wasserstoffblondinen im Stile Marilyn Monroes, dunkelhäutige Mischlinge wie aus italienischen Filmen der Nachkriegszeit, schwarze Riesen mit großen Händen, andere mit metallfarbenen Lippen wie Roboter aus Comics, die im Rhythmus der Doris-Day-Ballade und mit derselben Intensität Küsse an ihre Begleiter verteilten.

Ich war noch völlig überwältigt, als der Ernste mich aufforderte, ihn auf die Toilette zu begleiten, und mir das Tütchen zeigte, das der Taxifahrer ihm gegeben hatte. Er wusste, dass ich nicht mitkommen würde, und so drang er nicht weiter in mich. Der Andere aber ging mit ihm … Nicht dass ich ein Puritaner wäre, im Gegenteil, ich habe in meinem Leben so einiges riskiert, habe alles ausprobiert; stets jedoch habe ich vor allem auf meinen gesunden Menschenverstand vertraut, für den jener Frühlingstag in Paris natürlich so etwas wie ein Festtag war und der, hellwach und erwartungsvoll, alles in sich aufnehmen wollte, was sich meinen Sinnen darbot. Und ich begriff, dass ich mitten in ein riesiges Happening von Transmutationen, Transfigurationen und Masken geraten war, weniger bekannt, aber eindringlicher und realer als der Karneval in Venedig. Dadurch, dass ich sogleich an Schmetterlingspuppen gedacht hatte und von einem riesigen Insekt gestreift worden war, hielt ich den Schlüssel für das in der Hand, was ich sah, was ich erlebte: ein Fest von Insekten. Und zwischen jenen progressiven Transvestiten, den kühnen Pionieren der Bewegung, überlegte ich mir, dass der Künstler zwar Farben und Formen aus sich selbst heraus erschaffen, malen, erfinden oder wiedererschaffen, sie auf die Leinwand bringen kann, die sich außerhalb seines Körpers befindet, dass er aber nicht im Stande ist, seinen eigenen Organismus zu modifizieren. Nur dem Transvestiten gelingt es, ihn radikal umzuwandeln, nur er kann mithilfe der verblüffenden Arabesken und der blendenden Farben seines Körperschmucks, wie der Schmetterling, seinen eigenen Körper farblich verändern, ihn zu einem Meisterwerk machen, seine sexuelle Ausrichtung in Farbe verwandeln. Er wird zu einem bedeutenden Selbstbildnis, auch wenn diese sich endlos wiederholenden Kunstwerke – sieben Doris Days, vier Marilyn Monroes, drei Anna Magnanis auf nur zwanzig Quadratmetern – eine kalte, nostalgische Perfektion ausstrahlten. Das Aufregendste an all dem war jedoch die Entdeckung, dass es die Vollendung des bewussten Theaters war, von dem seit Perikles geträumt wird: die zur Person gewordene Maske, die auf den Körper und die Seele des Schauspielers zugeschnittene Person, das Leben als Darstellung des Erträumten … Es war wie eine Erleuchtung, die seit jeher auf mich gewartet hatte, hier in diesem schmutzigen Winkel von Paris, und innerhalb weniger Minuten entwarf ich im Geiste meine Version der *Electra Garrigó,* nach der ich schon so lange gesucht hatte … Was ich mir damals allerdings nicht vorstellen konnte, war, dass dieser geniale Einfall der Anfang meines letzten Aktes als Theaterregisseur sein würde. Das Ende als Anfang ohne Ausweg …

Als ich dann dem Ernsten von meiner Entdeckung erzählen wollte, musste ich feststellen, dass er und der Andere verschwunden waren, ich weiß nicht mit welchen der lasterhaften Insekten. Das Schönste daran aber war, dass sie mir am nächsten Morgen vorwarfen, mich am Arm einer Sara Montiel davongestohlen zu haben … Jedenfalls erzählte ich dann dem Ernsten, was ich in dem Cabaret empfunden hatte, und der undankbare Kerl hat mich in seinem Buch über Transvestiten nicht mal erwähnt! Dabei könnte ich heute noch die Absätze mit Anführungszeichen versehen, die ich ihm damals gewissermaßen diktiert habe … Übrigens, weil ich an jenem Abend nicht genug Geld bei mir hatte, musste ich zu Fuß nach Hause gehen, denn mit einer Sara Montiel wäre ich ganz bestimmt nicht abgehauen. Ich konnte die *Saritísima* nämlich noch nie ausstehen.

»Das ist von Salvador K, stimmts?«

»Ja, er signiert immer mit SK. Wie geschmacklos ... Hört sich an wie ein Medikament, nicht wahr?«

»Eher wie ’ne Biermarke.«

Alberto Marqués hatte Mario in Alexis Arayáns Zimmer geführt, das ganz früher einmal das Dienstbotenzimmer gewesen war. Es verfügte über ein eigenes kleines Bad und einen separaten Eingang. Es herrschte eine peinliche Ordnung hier, so als hätte sein Bewohner es noch einmal aufgeräumt, bevor er es zwei Tage zuvor verlassen hatte. Die Bücher in den Regalen waren geordnet, die Bilder entstaubt, die saubere Wäsche in dem kleinen Wandschrank sorgfältig gefaltet oder aufgehängt, zwei gewaschene und bereits trockene Unterhosen auf dem Fensterbrett im Badezimmer, die Aschenbecher ohne eine Kippe. El Conde nahm die Bücher in Augenschein und fuhr mit dem Finger über die Buchrücken, unter denen er neiderfüllt einige interessante Titel entdeckte. »Hat Alexis geraucht?«

»Nein, er ekelte sich vor Zigaretten und noch mehr vor Zigarren.«

»Was halten Sie von Salvadors Bild?«

Das Gemälde sollte einen Frauenkopf unter einem Sonnenschirm darstellen. Die Formen waren eckig und die Farben aggressiv.

»Er verwendet eine uralte Technik, auch wenn er immer so tut, als wäre es seine Erfindung. Das Papier wird eingeweicht, um die Figuren plastischer herauszuarbeiten. Wirkt wie ein Kupferstich oder wie eine Collage. Salvador hat sich damit gebrüstet, das ›trübe Wasser‹ erfunden zu haben. Aber das Bild hier ist Scheiße, kubanisch gesprochen, wie der Ernste sagen würde. Das Motiv haben die Expressionisten und die Kubisten vor sechzig Jahren bereits ausgeschöpft. Damals war das sensationell, aber heute ...«

»Und Sie sind sicher, dass Alexis und er ein Verhältnis hatten?«

Jetzt sah Mario Conde ganz deutlich, dass der Marqués lächelte.

»Die Wände hier in diesem Zimmer sind so dünn wie Papier. Wenn Sie möchten, gehen Sie hinaus, und ich schreie ein wenig ...«

»Nicht nötig, nicht nötig ...« El Conde versuchte sich gar nicht auszumalen, welche Szene Alexis Marqués ihm da vorspielen wollte. »Alles ist so sauber hier ...«

»Alexis war ein ordentlicher Mensch, das habe ich Ihnen ja bereits gesagt. Und das Schlimmste war, dass er mich erziehen wollte, aber das ist ihm nie gelungen ... Übrigens kam María Antonia einmal die Woche hierher, die Frau, die im Hause seiner Eltern arbeitet. Sie hat ihm beim Waschen und Saubermachen geholfen. Und manchmal hat sie uns sogar Essen für mehrere Tage gebracht, schon fertig zubereitet. Dazu auch einige leckere Dinge aus der Speisekammer von Alexis' Eltern, wissen Sie: spanische Pfefferwurst, geräucherten Lachs, ein paar Langustenschwänze, all das, was einem nur noch im Traum begegnet ... oder in den Dollarläden, verstehen Sie?«

»Was wissen Sie sonst noch über María Antonia? Die Frau hat so was ...«

Alberto Marqués bemühte sich vergeblich, die Reste seiner Haarpracht mit den Fingern zu kämmen. »Sie müssen Nachsicht mit mir haben, Teniente. Ich habe Sie gestern nämlich angelogen. Der Freund, der mich angerufen hat, um mir das mit Alexis zu erzählen, war in Wahrheit María Antonia. Können Sie mir verzeihen? Sie hat mir auch gesagt, dass Sie mich aufsuchen würden.«

El Conde verzichtete darauf, dem Regisseur daraus einen Vorwurf zu machen. »Was hat Alexis Ihnen über diese María Antonia und seine Familie erzählt?«

Alberto Marqués setzte sich auf die Kante des sorgfältig gemachten Bettes und klemmte den Kimonostoff zwischen die Beine. »Seit dem Tod seiner Großmutter wollte er von zu Hause fort. Alexis hat sie sehr geliebt, sie und María Antonia haben ihn ja praktisch aufgezogen … Und was ich Ihnen jetzt sage, werden Sie kaum glauben, aber es ist die reine Wahrheit. Sie wissen ja, dass Alexis sich in der Malerei der italienischen Gotik hervorragend auskannte. Nun, María Antonia wusste genauso viel darüber wie er. Wirklich genauso viel. Alexis hat sozusagen mit ihr zusammen darüber gearbeitet, hat ihr seine Bücher ausgeliehen und mit ihr über das gesprochen, was er gerade studierte. Wenn es Sie interessiert, reden Sie bei Gelegenheit mal mit ihr über die italienischen Madonnen und über Giotto. Machen Sie sich auf einen interessanten Vortrag gefasst! … Wen Alexis nicht ertrug, war der Vater. Aus tausend Gründen, aber vor allem, glaube ich, wegen dem, was passiert ist, als er ungefähr sieben Jahre alt war. Da wäre er beinahe am Strand ertrunken, wenn jemand anders ihn nicht aus dem Wasser gezogen hätte. Sein Vater war nämlich besoffen. Das hat Alexis ihm niemals verziehen. Er behauptete sogar, sein Vater habe ihn absichtlich ertrinken lassen … Nach welchem Griechen dieser Komplex benannt ist, weiß ich nicht … Natürlich hasste sein Vater ihn, weil er … na ja, weil er schwul war. Bei jeder Gelegenheit zeigte er, dass er ihn verachtete. Für eine so angesehene Persönlichkeit wie seinen Vater war das die größte Schande, wie Sie sich vorstellen können. Er war der Meinung, Gott selbst müsse ihn damit gestraft haben. Sie wissen schon: einer von jenen Männern, die erwarten, dass ihre Söhne so werden wie sie, stark, hinter den Frauen her, von allen respektiert und gefürchtet, und dann plötzlich … schwul! Alexis hat unter der Ablehnung seines Vaters furchtbar gelitten, wie er sich überhaupt alles sehr zu Herzen genommen hat. Und wenn Sie nicht festgestellt hätten, dass es Mord war, würde ich vermuten, dass er Selbstmord begangen hat.«

»Hat Alexis Ihnen gegenüber mal so etwas angedeutet?«

Der Marqués stand auf und zeigte auf eins der Regale. »Schauen Sie: Mishima, Zweig, Hemingway, mein armer Freund Calvert

Casey, Pavese … Selbstmord und Selbstmörder übten eine krankhafte Faszination auf ihn aus. Immer wieder hat er davon gesprochen, dass sein Leben ein einziger Irrtum sei. Sein Geschlecht, seine Intelligenz, seine Familie, die Zeit, in der er lebte. Und wenn man sich dieser Irrtümer bewusst sei, hat er gesagt, könne Selbstmord die Lösung sein. Vielleicht bekomme man dann so etwas wie eine zweite Chance. Ich glaube, sein Hang zum Mystizismus war einer der Gründe, warum er katholisch geworden ist.«

»Ging er in die Kirche?«

»Ja, regelmäßig.«

»Und Sie?« Der Teniente konnte seine Neugier nicht beherrschen.

»Ich?« Alberto Marqués lächelte und klimperte mit den Wimpern. »Können Sie sich vorstellen, wie ich in einer Kirchenbank knie und bete? Nein, natürlich nicht, ich bin zu verdorben, um mich mit den Herren Geistlichen zu verstehen. Da sind Polizisten mir ja noch lieber …«

El Conde bemerkte das nun wirklich verdorbene Grinsen im Mundwinkel seines Gegenübers und beschloss, sich auf das Spielchen einzulassen, das dem Marqués offensichtlich so viel Spaß machte. Und irgendwie hatte auch er selbst Spaß daran. Er schnallte sich einen imaginären Fallschirm um und sprang ins Meer der Ironie.

»Sie hassen uns Polizisten, stimmts?« Das Lachen des Theaterregisseurs kam unerwartet und klang echt. Sein pergamentartiger, glucksender Körper glich plötzlich einem Papierdrachen, der jeden Augenblick durchs Fenster davonfliegen würde. »Nein, mein Lieber, nein. Sie sind nicht die Schlechtesten. Schauen Sie, Polizisten machen die Arbeit von Polizisten. Sie verhaften und verhören Leute, und sie machen es sogar gut. Das meine ich jetzt im Ernst. Es ist allerdings ein repressiver, grausamer Beruf, für den man gewisse

Fähigkeiten mitbringen muss, mit Verlaub gesagt. Zum Beispiel muss man bereit und fähig sein, jemand anderen zu schlagen, um sich Respekt zu verschaffen. Oder ihm Angst einzujagen und ihn einzuschüchtern, um seine Persönlichkeit zu brechen. Aber die Gesellschaft kann auf sie nicht verzichten, so traurig das auch ist …«

»Ja dann?«

»Die Schlimmen sind die anderen, die Polizisten, die auf eigene Rechnung arbeiten, die freiwilligen Kommissare, die aus Spaß Verbrecher jagen, die ehrenamtlichen Denunzianten, die Richter aus Leidenschaft, all diejenigen, die sich für die Herren über Leben und Tod halten, für die Hüter der Moral, der Kultur und sogar der Geschichte des Landes. Und genau die waren es, die so Leute wie mich oder wie den armen Virgilio fertig machen wollten. Was sie ja auch geschafft haben, wie Sie wissen. In den letzten zehn Jahren seines Lebens wurde von Virgilio Piñera kein einziges Buch veröffentlicht, wie Sie sich erinnern werden, wurde kein Theaterstück von ihm aufgeführt und nicht mal eine Arbeit über sein Werk herausgebracht, in keiner der sechs legendären Provinzen, die später in vierzehn plus eine umgewandelt wurden. Und mich hat man zu einem Phantom gemacht, verantwortlich für mein Talent, mein Werk, meine Neigungen, meine Worte. Ich war nichts als ein bösartiger Tumor, den man entfernen musste zum sozialen, ökonomischen und politischen Wohl dieser unserer wunderschönen Insel. Verstehen Sie? Und es war ganz einfach, mich zu kategorisieren. Jedes Mal, wenn ich von irgendjemandem beurteilt wurde, lautete das Resultat: ungeeignet, ungeeignet, ungeeignet …«

El Conde erinnerte sich wieder einmal an die Besprechung im Büro des Schuldirektors, wo ihnen mitgeteilt wurde, dass ihre Literaturzeitschrift *La Viboreña* ungeeignet sei, unerwünscht und unannehmbar, und man von ihnen verlangte, sich literarisch und ideologisch zurückzuhalten. »Und wie wurde Ihnen das Resultat mitgeteilt?«, fragte er den Theatermann mit einem gewissen historizistischen Sadismus, selbst auf die Gefahr hin, sich einem Angriff von Giftpfeilen der Ironie und Verbitterung ausgesetzt zu sehen.

»Seit einigen Jahren macht es mir sogar Spaß, meine Geschichte zu erzählen. Es tut kaum noch weh, wissen Sie? Aber damals … Sagen Sie, warum interessieren Sie sich eigentlich so sehr dafür?«

»Reine Neugier«, wich der Teniente aus, denn seine wahren Gründe mochte er nicht preisgeben. »Ich würde einfach nur gerne Ihre Version hören, verstehen Sie?«

»Na, dann will ich Ihre Neugier befriedigen … Also, die Stücke, die wir aufführten, während ich bereits mitten in den Proben für *Electra Garrigó* war, wurden aus dem Programm gestrichen. Eines Tages zitierte man uns ins Theater. Alle gingen hin, nur ich nicht. Ich war nicht bereit, mir anzuhören, was anhören zu müssen ich mir vorstellen konnte. Wie mir später berichtet wurde, versammelte man die Leute im Foyer und rief sie nacheinander herein, wie beim Zahnarzt. Wissen Sie, wie das ist, wenn man drei oder vier Stunden im Wartezimmer eines Zahnarztes sitzt, bevor man ins Behandlungszimmer gerufen wird, und man den Bohrer und die Schmerzensschreie der Patienten hört? Im Theatersaal hatte man einen Tisch auf die Bühne gestellt, vor die Kulisse für die Inszenierung von *Yerma,* ein düsteres Ambiente, überall schwarze Tücher und Stoffbahnen … Sie waren zu viert, eine Art Inquisitionstribunal, und auf dem Tisch stand eins von diesen riesigen Tonbandgeräten. Dem Betreffenden wurden die Sünden vorgehalten, und er wurde gefragt, ob er bereit sei, in Zukunft sein Verhalten zu ändern, ob er damit einverstanden sei, dass ein Prozess der Rehabilitierung eingeleitet und er irgendwohin geschickt wurde, um sich in der Produktion zu bewähren. Fast alle bekannten sich schuldig, gestanden sogar Verfehlungen, die das Tribunal gar nicht erwähnt hatte, und sahen die Notwendigkeit einer Säuberungsmaßnahme ein, die ihre Vergangenheit und ihren Geist von pseudointellektuellem und pseudokritischem Ballast befreien sollte ... Und ich habe sie verstanden, ehrlich gesagt, denn viele von ihnen dachten, dass die Anschuldigungen gerechtfertigt waren, sie fühlten sich sogar schuldig, weil sie Dinge nicht getan hatten, die sie, wie man ihnen sagte, hätten tun sollen, und wurden zu den entschiedensten Kritikern ... ihrer selbst. Danach wurde eine Art Vollversammlung abgehalten. Das Vierertribunal blieb hinter seinem Tisch auf der Bühne sitzen, und die Mitglieder der Theatertruppe nahmen im Parkett Platz. Alle Lampen brannten. Haben Sie schon mal einen hell erleuchteten Theatersaal gesehen? Haben Sie gesehen, wie er jede Magie verliert und diese ganze geschaffene Welt falsch erscheint, ohne Sinn? Ja, und dann redeten sie über mich als den Hauptverantwortlichen für die ästhetische Linie des Theaters. Die erste Anschuldigung gegen mich war, dass ich homosexuell bin und mich öffentlich dazu bekenne. Sie stellten klar, dass der antisoziale und pathologische Charakter der Homosexualität außer Frage stehe und dass man noch entschiedener gegen jegliche Verweichlichungstendenzen und ihre Propagierung in einer Gesellschaft wie der unseren vorgehen müsse. Sie seien entschlossen zu verhindern, dass die ›künstlerische Qualität‹ – der Redner habe, so wurde mir berichtet, die Anführungszeichen mitgesprochen und sie durch ein viel sagendes Grinsen unterstrichen – als Vorwand diene, ungestraft gewisse Ideen und Moden, die unsere opferbereite Jugend verdürben, in Umlauf zu setzen. Nebenbei bemerkt handelte es sich bei dem, der das sagte, um einen mittelmäßigen Schauspieler, der nie über Statistenrollen hinausgekommen war, und in Theaterkreisen ging das Gerücht um, dass er einen ganz Kleinen habe, weswegen er ›Krokette‹ genannt wurde. Auch könne man es nicht dulden, dass stadtbekannte Homosexuelle wie ich einen schädlichen Einfluss auf die Entwicklung unserer Jugend nehmen, und deswegen werde man die kulturellen Einrichtungen ›sorgfältig‹ – die Anführungszeichen stammen jetzt von mir – auf Homosexuelle durchforsten und all die entfernen, die keinerlei Kontakt mit der Jugend haben dürfen. Darüber hinaus werde man ihnen nicht erlauben, die kubanische Kunst im Ausland zu repräsentieren, denn sie seien nicht die wirklichen Repräsentanten der kubanischen Kunst und könnten es niemals sein.«

Alberto Marqués stieß einen tiefen Seufzer der Erschöpfung aus, und Mario Conde hatte das Gefühl, aus einem langen Traum zu erwachen. Die Worte des Dramaturgen hatten ihn in das Theater der Grausamkeit entführt, er hatte den Worten des Tribunals gelauscht, eingehüllt in die dichte Atmosphäre jener Realtragödie, bei der mit einer Schrecken erregenden Ruhe und Gelassenheit über Schicksale und Leben entschieden worden war. »Ich hatte keine Ahnung, dass es sich so abgespielt hat«, bemerkte er. »Ich dachte ...«

»Heben Sie sich das Denken für später auf«, fuhr ihn der Marqués in einem aggressiven Ton an, der den Teniente überraschte. »Sie wollten die Geschichte hören? Dann werde ich die Geschichte weitererzählen, denn das Beste kommt noch ... Danach wurde nämlich das ästhetische Urteil gesprochen. Es hieß, meine Stücke und Inszenierungen zielten nur darauf ab, Snobismus, Extravaganz, Homosexualität und andere soziale Verirrungen ästhetisch zu verarbeiten. Mit meiner Philosophie der Grausamkeit, des Absurden und des totalen Theaters sei ich vom Weg des Strebens nach lauteren Zielen abgewichen. Man lasse mir die ›großbürgerliche Arroganz‹ – jetzt stammen die Anführungszeichen wieder vom Redner, denn es handelt sich um ein wortwörtliches Zitat – nicht durchgehen, mit der ich mir die Rolle eines exklusiven Kritikers der Gesellschaft und Geschichte Kubas anmaßen, gleichzeitig aber auf der Bühne die wahren Kämpfe ausklammern und die lateinamerikanischen Völker durch meine Werke zum Lieblingsthema bürgerlicher Theater und imperialistischer Verlage machen würde ... Ich weiß nicht so recht, was das Ganze heißen sollte, aber so hat er es gesagt, Wort für Wort, und zum Schluss hat er behauptet, mein Werk, mein Beispiel, meine ganze Person sei, wie alle wüssten, mit der neuen Realität nicht zu vereinbaren. Und dann wurde abgestimmt. Jeder, der der Meinung sei, der Künstler müsse sich daran beteiligen, die Grauen der Vergangenheit beim Namen zu nennen und unnachsichtig zu kritisieren, und mit seinem Werk dazu beitragen, die Spuren der alten Gesellschaft auszulöschen, die auch noch in der Epoche des Aufbaus des Sozialismus zu finden seien, der solle die Hand heben. Einstimmig angenommen. Auch das Votum gegen elitäre und hyperkritizistische Tendenzen, gegen Tendenzen der Verweichlichung, der Zerstreuung und der kleinbürgerlichen Rückschrittlichkeit in der Kunst fiel einstimmig aus. Es wurde über alles abgestimmt, worüber abgestimmt werden konnte, und immer einstimmig. Schließlich wurde mein Verbleiben in der Theatertruppe zur Abstimmung gebracht, meiner Truppe, die ich gegründet, der ich einen Namen gegeben und mein ganzes Leben gewidmet hatte, und von den sechsundzwanzig Anwesenden hoben vierundzwanzig die Hand, stimmten für meinen Ausschluss, und zwei, nur zwei, konnten das nicht mehr ertragen und verließen das Theater. Daraufhin wurde über den Verbleib dieser beiden abgestimmt, und sie wurden mit vierundzwanzig zu null Stimmen ausgeschlossen. Zuletzt wurde die Abschlussrede von demjenigen verlesen, der dem Tribunal vorsaß und bisher noch nicht gesprochen hatte. Wie man sich denken kann, sagte er kaum etwas Neues. Er sprach von einem offenen Kampf gegen die Vergangenheit, den Imperialismus und die Knechte des Bürgertums, für eine bessere Zukunft in einer Gesellschaft, in der der Mensch nicht des Menschen Wolf sei. Kurz und gut, ein schlechtes Schlusswort für das Schauspiel an jenem historischen Tag im Jahre 1971, bei dem es sogar

Applaus und Bravorufe gegeben hatte. Und damit fiel der Vorhang auf meinen Nacken nieder ...«

Beim letzten Satz des Dramaturgen hatte Mario Conde das dringende Bedürfnis nach einer Dosis Nikotin. Als er die Zigarettenschachtel berührte, fiel sein Blick auf das peinlich saubere Zimmer, und er beschloss, sich zu beherrschen und den Finger noch tiefer in die offene Wunde zu legen, die Alberto Marqués bereitwillig vor ihm entblößt hatte. War das wirklich in diesem Land geschehen, in dem sie beide lebten? »Wer hat Ihnen das alles erzählt?«, fragte er.

Alberto Marqués lächelte und stieß wieder einen müden Seufzer aus. »Zuerst die zwei, die ihre Angst überwunden und bei der vorletzten Abstimmung den Saal verlassen hatten. Später, nach ein paar Monaten, kam nacheinander jeder der vierundzwanzig zu mir, die bis zum Schluss geblieben waren. Und ungefähr zehn Jahre danach erzählte es mir einer von denen, die hinter dem Tisch auf der Bühne gesessen hatten. Er bat mich um Verzeihung für das, was er mir angetan hatte. Aber ich habe ihm sein niederträchtiges Verhalten nicht verziehen. Den anderen ja, denen habe ich allen verziehen, na ja, fast allen. Denn die haben aus Angst gehandelt, und ich weiß, was Angst ist. Aber jenem niederträchtigen Kerl, nein. Übrigens, wie ich gehört habe, ist derjenige, der die Abschlussrede gehalten hat, heute ein bekannter Verfechter von Perestroika und Glasnost als gesellschaftliche Notwendigkeit ... Was halten Sie von dieser Scharade?«

El Conde sah ihn an. Wieder hatte er das Gefühl, im Theater der Grausamkeit zu sitzen, mitten unter den Beschuldigten, umgeben von Angst und Schuldgefühl. Und er fragte sich, ob auch er für den Ausschluss von Alberto Marqués gestimmt hätte. Jetzt war es sehr leicht, Nein zu sagen, dachte er, und mit Überzeugung die Fahne der Anständigkeit hochzuhalten. Aber damals, an jenem historischen Tag?

»Wenn Sie an Gott glauben würden, könnten Sie verzeihen, nicht wahr?«

»Vielleicht will ich ja deshalb nicht an Gott glauben, Herr Polizist …«

Jetzt konnte Mario den Wunsch nach einer Zigarette nicht mehr unterdrücken. Er fühlte sich unbehaglich bei dem Gedanken, in diesem Zimmer zu rauchen, an diesem so sauberen Ort, dessen letzten Bewohner es bestimmt gestört hätte. Doch er konnte sich nicht länger beherrschen und beschloss, seine Hand als Aschenbecher zu benutzen. »Aber Sie selbst sagen doch, dass sich seitdem vieles verändert hat und Sie sogar gebeten wurden, ans Theater zurückzukehren, oder nicht?«

Alberto Marqués ordnete die drei widerspenstigen Haarsträhnen auf seinem Schädel. Er lächelte nicht mehr. »Ja, das stimmt. Zunächst jedoch geschah Folgendes: Mehrere Leute, die ebenfalls aus den Theatergruppen ausgeschlossen worden waren, strengten einen Prozess vor dem Obersten Gerichtshof an, vor der Kammer für verfassungsmäßig garantierte Rechte. Und, o seltsame und gerechte Rechtsprechung meines Landes, ihre Klage hatte Erfolg. Also wurden sie ihren Gruppen wieder zugeteilt, sie bekamen ihr Gehalt, aber es verging noch einige Zeit, bis sie wieder arbeiten konnten. Denn es ist ja nur logisch, dass ein Theaterdirektor frei entscheidet, mit wem er zusammenarbeiten möchte und mit wem nicht, oder? … Ich dagegen wollte keinen Prozess, weder damals noch später oder heute. Meiner Meinung nach handelte es sich nicht um ein juristisches Problem. Es war ein historisches Urteil. Auch mein Gehalt wollte ich nicht. Ich habe es vorgezogen, als Bibliothekar zu arbeiten, anstatt eine Art Stipendium zu erhalten, das mich in meinen Entscheidungen beeinflusst hätte. Als man mich dann bat, wieder am Theater zu arbeiten, habe ich auch das abgelehnt, und zwingen konnte man mich ja nicht. Etwas war zerbrochen, was nicht mehr zu reparieren war. Wenn ich ans Theater zurückgekehrt wäre, dann aus Eitelkeit oder um Rache zu üben, nicht aus der Notwendigkeit heraus, mich ausdrücken zu müssen. Und das pervertiert die Kunst. Zehn Jahre sind eine lange Zeit. Ich hatte mich an das Schweigen gewöhnt, hatte sogar fast gelernt, es zu genießen. Ich hatte mich daran gewöhnt, dass nur hinter vorgehaltener Hand über mich geredet und von weitem mit dem Finger auf mich gezeigt wurde. Außerdem konnte mir niemand garantieren, dass sich so etwas wie 1971 nicht noch einmal wiederholen würde, nicht wahr? Ich hätte nicht die Kraft gehabt, zum zweiten Mal eine solche Strafe auf mich zu nehmen, nachdem ich auf die Bühne und in die Öffentlichkeit zurückgekehrt wäre.«

Mario Conde fand die Erklärung des ehemaligen Regisseurs überflüssig. Lieber hätte er das Bild eines stolzen und mutigen Mannes in Erinnerung behalten, das Bild, das Miki von Alberto Marqués gezeichnet hatte, oder das Bild eines arroganten und amoralischen Künstlers, das sich aus den dicken Berichten über den rebellischen Mann herauslesen ließ, die ihm zwei Tage zuvor auf den Tisch gelegt worden waren. Auch war ihm der Eindruck von aggressiver, spöttischer Ironie lieber, den der Marqués nach ihrer ersten Begegnung bei ihm hinterlassen hatte. Und jetzt offenbarte dieser Alberto Marqués seinen wahren Beweggrund: Angst!

»Wäre es nicht besser, das Ganze zu vergessen?«

Der alte Theatermann lächelte wieder und blickte zur Decke, so als erwarte er Hilfe vom Himmel. »Das sagt sich so leicht, wissen Sie. Ein fehlendes Gedächtnis ist eine der psychologischen Eigenschaften dieses Landes, seine Selbstverteidigung und die vieler Leute … Alle Welt vergisst alles. Immer heißt es, man könne wieder ganz neu beginnen, und fertig ist der Exorzismus. Wo es kein Gedächtnis gibt, gibt es keine Schuld, und wo es keine Schuld gibt, ist es auch nicht nötig zu verzeihen. Erkennen Sie die Logik? Ich verstehe das, natürlich verstehe ich das, denn diese Insel hat den historischen Auftrag, immer wieder neu zu beginnen, alle dreißig oder vierzig Jahre. Das Vergessen ist Balsam für alle offenen Wunden … Es geht ja nicht darum, ob ich jemandem verzeihen kann oder jemandem die Schuld zuweisen will, nein, es geht darum, dass ich nicht vergessen will. Ich will nicht. Die Zeit vergeht, Leute kommen und gehen, die Geschichten verändern sich, und es sind schon zu viele Dinge vergessen worden, glaube ich, gute wie schlechte. Aber meine Geschichte gehört mir, und ich habe keine Lust, sie zu vergessen. Verstehen Sie mich?«

»Ja, ich verstehe Sie«, antwortete der Teniente. Er ging in den Hof hinaus, um die Kippe und die Asche loszuwerden. Und um den düsteren Weg zu verlassen, den das Gespräch eingeschlagen hatte. Er wollte wieder auf seine Idee, seine Ahnung zurückkommen. »Wissen Sie, wo Alexis seine Bibel aufbewahrt hat?«

Alberto Marqués sah ihn verständnislos an, so als schien ihm die Frage des Teniente sinnlos, verrückt. »Nein«, antwortete er dann, »haben Sie in den Regalen richtig nachgesehen?«

»Da ist sie nicht, deswegen frage ich Sie ja.«

»Dann untersuchen Sie mich, wenn Sie möchten«, schlug der Marqués vor und hob die Arme. El Conde sah, wie der Kimono bis zu den Knien hochrutschte.

»Nicht nötig«, beeilte er sich zu sagen. »Im Übrigen muss ich jetzt gehen. Es wartet noch jede Menge Arbeit auf mich.« Beim Anblick des Künstlers, der wie ein Gefangener bei der Leibesvisitation dastand, konnte er sich ein Lachen nicht verkneifen. »Ich würde mich aber gerne noch einmal mit Ihnen unterhalten.«

»Wann immer Sie wollen, Fürst«, sagte der Marqués und ließ die Arme sinken.

»Eine letzte Frage, und entschuldigen Sie, wenn ich indiskret bin … Was haben Sie für Alexis Arayán empfunden?«

Der Regisseur ließ seinen Blick über das Zimmer schweifen. »Mitleid. Ja, er war zu zerbrechlich, um in dieser grausamen Welt zu leben … Und auch Liebe.«

»Warum hat er sich Ihrer Meinung nach als Electra Garrigó verkleidet?«

Alberto Marqués machte ein nachdenkliches Gesicht. Der Teniente erhoffte sich eine Antwort, die ihm mit einem Schlag alles erklären würde. »Weil das Kleid wunderschön war. Und weil Alexis schwul war. Genügt Ihnen das?«

»Aber er war doch kein Transvestit, sagen Sie.«

Der Marqués lächelte nachsichtig. »Ach, Sie haben noch immer nichts kapiert.«

»Das geht mir in letzter Zeit ständig so. Ich kapiere nie was.«

»Fühlen Sie sich von mir bitte nicht provoziert, denn ich weiß, wen ich provozieren kann … Aber da ich sehe, wie sehr dieses Thema Sie interessiert … Hätten Sie nicht Lust, heute Abend mit mir auf eine Party zu gehen, wo Sie Transvestiten und andere interessante Leute treffen können?«

Melancholisch schaute Teniente Mario Conde auf die immer gleiche Landschaft vor dem Fenster seines Kabuffs. Baumkronen, ein Kirchturm, die oberen Stockwerke mehrerer Gebäude und dann, im Hintergrund, unerreichbar, das ewige, herausfordernde Versprechen des Meeres. Das verdammte Gefühl, überall von Wasser umgeben zu sein, vom dem der Ernste, Alberto Marqués' Dichterfreund, gesprochen hatte. Der Teniente liebte diesen Fensterausschnitt. Der idyllische, verlockende Ausblick, der sich ihm in der brennend heißen Augustsonne zitternd darbot, erlaubte es ihm nachzudenken und, vor allem, sich zu erinnern. Denn er war ein alter Erinnerungsfetischist, wie der dünne Carlos ihn zu nennen pflegte. Und in diesem Moment erinnerte er sich daran, wie gerne er sich der Literatur verschrieben hätte und ein richtiger Schriftsteller geworden wäre, damals, in der immer weiter zurückliegenden Zeit im Gymnasium und den ersten Jahren seines abgebrochenen Studiums. Alberto Marqués, der zweifellos über gewisse mephistophelische Kräfte verfügte, hatte die zyklisch wiederkehrende Hoffnung erneut in ihm wachgerufen. Manchmal glaubte er, diese Illusion endgültig über Bord geworfen zu haben, dann aber wieder überfiel sie ihn bei dem leisesten Kontakt wie ein alter Virus, den er in Wirklichkeit nie losgeworden war. In solchen Augenblicken ahnte Mario, dass das frühzeitige Resignieren, zu dem er sich gezwungen gesehen hatte, nur ein willkommener Vorwand gewesen war, um in irgendeinem Hafen sein schlechtes Gewissen abzuladen. Nie wieder hatte er einen ernsthaften Versuch gestartet, vielleicht weil er die grausame Wahrheit kannte: seine Unfähigkeit, etwas zu schreiben (etwas Untergründiges und Berührendes). Er hatte sich immer vorgestellt, dass er Geschichten über einfache Leute ohne große Leidenschaften oder aufregende Abenteuer erzählen würde, über ihr belangloses Leben, das nicht die geringste Spur auf dem Angesicht der Erde zurückließ, das jeden Tag zu leben sie jedoch so große Mühe kostete. Damals hatte er die Erzählungen von Salinger und Hemingway, Romane aus dem 19. Jahrhundert und einige Texte von Sartre und Camus gelesen und noch geglaubt, dass er es schaffen werde, es schaffen könne. Ein exhibitionistisches Bedürfnis?, fragte er sich nun, und er war sich auch nicht mehr im Klaren darüber, ob er die Anwandlung von Aufrichtigkeit bedauern sollte, die ihn dazu veranlasst hatte, dem Dramaturgen von seinen immer wieder zurückgestellten künstlerischen Ambitionen zu erzählen. Ambitionen, die so gar nicht zu jemandem passen wollten, der sich von Berufs wegen der Repression verschrieben hatte, nicht der Kreativität; der schäbigen Realität, nicht den erhabenen Fantasien ... Das Lächeln als einzige Antwort, die der Künstler ihm gegeben hatte, während er den imaginären Duft der blauen Blume einzuatmen versuchte, empfand er nun wie Hohn und Spott. Immerhin ließen ihn die Geschichten des Mannes, der ihn immer wieder zu provozieren wusste, jedes Vorurteil vergessen. El Conde konnte in ihm jetzt nicht mehr den »Scheißschwulen« sehen, den er sich noch vor kaum vierundzwanzig Stunden vorgestellt hatte. Leck mich doch, dachte er, und in diesem Moment ging die Tür auf, und herein spazierte Sargento Palacios, auf den er die ganze Zeit gewartet hatte. »Wo hast du so lange gesteckt, Manolo?«

Der Sargento ließ sich so schwer auf seinen Stuhl fallen, dass Mario Angst hatte, er könnte unter ihm zusammenbrechen. Wer hat den eigentlich für den Polizeidienst vorgeschlagen, fragte er sich. Wahrscheinlich derselbe Blödmann, der auch mich angeheuert hat, dachte er.

»Lass mich erst mal Luft holen. Der Aufzug ist schon wieder kaputt.«

El Conde betrachtete noch einmal das Bild *Ausblick mit Meer*, um sich dann bis zum nächsten Wiedersehen von ihm zu verabschieden. »Also, was war los?«

»Nichts, Conde, ich musste auf Alexis' Chef warten. Gut, dass ich gewartet hab, so langsam wirds nämlich interessant.«

Manolo holte noch einmal tief Luft, bevor er anfing zu berichten: »Alexis war nicht mehr mit Salvador K zusammen. Sein Chef im Kulturgüterfonds, ein gewisser Alejandro Fleites, der übrigens auch ganz schön schwul aussieht, also, der sagt, Alexis und Salvador seien sich in letzter Zeit aus dem Weg gegangen. Und dann hat er Alexis zweimal mit einem Mulatten gesehen. Er heißt Rigofredo López und arbeitet im Filminstitut. Ist ganz schön rumgekommen, unser kleiner Schwuler, was? Und dieser Fleites sagt weiter, man habe ihm erzählt – du weißt ja, wie die sind –, dass Rigofredo und Salvador in Alexis' Büro einen Streit gehabt hätten. Schlussfolgerung Fleites: Eifersucht. Ich bin dann zum Filminstitut gegangen, und da hat man mir gesagt, dass Rigofredo López seit zehn Tagen in Venezuela ist. Was hältst du von dem aufgescheuchten Hühnerstall?«

El Conde setzte sich und fragte: »Und was hat Fleites über Alexis erzählt?«

»Wenig Neues. Guter Mitarbeiter, hat sich hervorragend mit den Künstlern verstanden, ein sehr gebildeter Mensch. Fleites kann sich nicht vorstellen, dass er in einem roten Gewand im Stadtwald von Havanna rumgerannt sein soll. Ach ja, Alexis sei sehr schüchtern gewesen, voller Komplexe ...«

»Und die Bibel?«

»Die Bibel? Scheiße, ja, die Bibel ...« Manolo tat so, als würde er nachdenken. Schließlich rief er: »Ach, da ist sie ja«, und fischte sie aus der Aktentasche, die er auf den Boden gestellt hatte.

»Gib her, gib her!« Der Teniente riss ihm die Bibel aus der Hand und durchsuchte das Inhaltsverzeichnis nach den Evangelien.

Das Evangelium nach Matthäus begann auf der Seite 971, und die Episode mit der Verklärung Christi umfasste das Kapitel 17, genau wie Pater Mendoza gesagt hatte. El Conde ließ die Seiten am Daumen entlangrauschen, bis er auf das sechzehnte und gleich darauf auf das neunzehnte Kapitel stieß. Bei diesem überraschenden Salto mortale läutete eine Alarmglocke in seinem Kopf. Er sah sich die Seiten genauer an und entdeckte die Lücke: Es fehlte das Blatt mit den Seiten 989 und 990 mit den Kapiteln 17 und 18 des Matthäus-Evangeliums. »Wusste ich doch, verdammt! Alexis hat sich mit der Transfiguration beschäftigt ... Sieh dir das an, Manolo, genau die Seite fehlt. Mal sehen, ob das Kapitel auch bei den anderen fehlt.«

Langsam durchforstete er die Texte von Markus und Lukas und stellte fest, dass die Seiten dort vollständig waren. Markus berichtete in Kapitel 9 über die Verklärung Christi folgendermaßen: »Und seine Kleider wurden glänzend, sehr weiß, wie ein Walker auf Erden sie so nicht weißen kann.« Und auch bei Lukas war es das neunte Kapitel: »Und es wurde, während er betete, das Aussehen seines Antlitzes verändert, und sein Gewand wurde gleißend weiß.«

»Wo hast du die Bibel gefunden, Manolo?«

»In Alexis' Schreibtisch, in der untersten Schublade. Sie war nicht abgeschlossen.«

»Und jeder wusste, dass sie da lag?«

»Na ja, sein Chef behauptet, dass er nichts gewusst hat … Du hast mir ja nicht gesagt, dass ich …«

»Schon gut, Manolo. Jedenfalls hat jemand die fehlende Seite rausgerissen, und zwar ganz vorsichtig, siehst du?«

»Ich seh nichts.«

»Eben … Vielleicht war es Alexis selbst, vielleicht aber auch nicht. Was sagt uns das?«

»Dass auf der Seite was notiert war.«

»Etwas, das jemandem nicht gefiel oder sogar irgendwie schaden konnte. Und dieser Jemand hat die Seite entfernt. Oder Alexis hatte was notiert, was ihm sehr wichtig war, und deswegen hat er selbst sie rausgerissen. Letzteres würde so einiges erklären, Manolo. Der Junge war verrückt und hat sich verkleidet, um seine eigene Verklärung zu inszenieren für den letzten Gang auf seinen eigenen Kalvarienberg. Darauf verwette ich meinen Arsch.«

»Verwette was anderes, Conde. Ich glaube, gewisse Einflüsse bekommen dir nicht … Aber, hör mal, wer ganz sicher wusste, dass die Bibel in Alexis' Schreibtisch rumlag, war Salvador, vergiss das nicht.«

»Meinst du, er wars?«

»Keine Ahnung, aber ich würde ihn hierher holen und sein ›K‹ so lange quetschen, bis es ›Ja‹ sagt.«

»Ich weiß nicht, Manolo, ich weiß nicht … Wenn ers getan hätte, warum sollte er dann die Bibel überhaupt erwähnen? Nein, für so blöd halte ich ihn nicht. Uns auf die Bibel aufmerksam machen, aus der er eine Seite entfernt hat … Findest du das logisch? … Aber jetzt muss ich erst mal zum Alten. Warte hier auf mich.«

»Ich warte immer auf dich, Conde.«

Der Teniente überhörte die ironische Bemerkung und verließ das Büro. Er stieg die zwei Treppen zum obersten Stockwerk hinauf, ging den Korridor entlang und trat in das Vorzimmer seines Chefs Mayor Rangel. Hinter Maruchis Schreibtisch, auf dem immer eine kleine Vase mit einer frischen Blume gestanden hatte, die jetzt nicht mehr da war – vielleicht war sie zusammen mit der Sekretärin entfernt worden –, saß die Beamtin, was ihn tags zuvor noch überrascht hatte. El Conde grüßte und sagte, dass er zum Mayor wolle.

»Er hat mir gesagt, dass er nicht gestört werden will.«

»Sagen Sie ihm, es ist dringend«, erwiderte der Teniente. »Bitte.«

Sie seufzte laut und vernehmlich auf. Der Typ nervt, dachte sie wohl, drückte jedoch auf den Knopf der Gegensprechanlage und sprach hinein. Teniente Conde sei hier, es sei dringend. »Soll reinkommen«, schnarrte die Stimme des Alten zurück.

El Conde öffnete die Tür zum Allerheiligsten und sah seinen Chef mit einer Zigarre zwischen den Zähnen hinter dem Schreibtisch sitzen. Wieder war es eine billige Zigarre aus Holguín, wie am Tag zuvor. »Was gibts, Mario?«, fragte Mayor Rangel. Der Tonfall des Tages war düster und schleppend.

»Hab dir was mitgebracht.« Mario reichte dem Mayor die lange, makellose Montecristo, die Faustino Arayán ihm geschenkt hatte. »Deswegen musste ich dich dringend sprechen.«

»Wo hast du die denn her, mein Junge?«

»Versprochen ist versprochen, oder?«

»Und nicht gebrochen!«, ergänzte der Alte und warf den Stumpen aus Holguín nach einem kurzen Blick durchs Fenster auf die Straße. Genüsslich schnupperte er an der Montecristo. »Die ist verdammt gut, weißt du ... Vielleicht 'n bisschen trocken ...«

»Das kriegst du schon hin, Chef.«

»Und? Was willst du von mir? Ich kenn dich doch ...«

El Conde setzte sich und zündete sich eine seiner Populares an. »Die internen Ermittler haben Manolo zu sich zitiert. Was wollen die von ihm?«

Der Mayor gab keine Antwort. Er schnupperte wieder an seinem neuen Schatz, bevor er ihn behutsam in eine Schublade legte. »Für den Nachtisch ...«

»Ich hab dich was gefragt«, beharrte Mario.

»Sie haben ihn wegen dir vorgeladen«, sagte der Alte und stand auf.

»Wegen mir?«

»Ja. Ist doch klar, oder? Du bist offiziell beurlaubt, und deswegen interessieren sie sich für dich.«

»Leck mich doch am ...«

»Du hältst die Schnauze!«, brüllte Rangel. Seine müde Stimme hatte sich in ein heiseres, autoritäres Organ verwandelt, das durch einen drohenden Zeigefinger unterstützt wurde. »Wenn ich höre, dass du über diese Angelegenheit etwas sagst oder andeutest oder auch nur denkst, dann reiß ich dir den Arsch auf, hast du mich verstanden? Die Sache ist zu heiß, und ich will keine Probleme. Die werden Manolo über dich ausquetschen, und was wird er erzählen? Nichts natürlich. Dass du dich mit Fabricio rumgeprügelt hast, weil ihr Streit hattet, sonst nichts. Nichts!«

El Conde drückte die Zigarette im Aschenbecher aus. Er wünschte sich weit weg. Reichte es nicht schon, dass er Vergewaltiger, Diebe, Betrüger und Mörder von katholischen Transvestiten jagen musste? Musste man ihn jetzt auch noch verdächtigen?

»Red mit Manolo und sag ihm, worums geht. Aber mach das woanders, hörst du? Wenn jemand erfährt, dass ich dir das erzählt habe, dann reißt man mir die Eier ab. Okay?«

Der Teniente schwieg.

»Okay, Conde?«, wiederholte der Mayor.

»Okay, Chef … Ich geh dann mal.« Mario stand auf.

»Warte, bleib sitzen! Wie kommst du mit deinem Fall voran?«

El Conde hob die Schultern. Plötzlich interessierte ihn der Fall nicht mehr sonderlich. »Schleppend. Es gibt einen Toten, der manchmal gerne den verklärten Christus gespielt hat, und einen Tatverdächtigen, der ziemlich verdächtig ist. Aber so richtig hab ich nichts gegen ihn in der Hand.«

»Also?«

»Also such ich weiter.«

»Dann such mal schön.« Mayor Rangel öffnete die Schreibtischschublade und nahm die Montecristo heraus. Er biss das spitze Ende ab, wie er es immer zu tun pflegte, und kaute auf dem abgebissenen Stück herum. Dann spuckte er es in den Papierkorb. Als er schon die Feuerzeugflamme an das andere Ende halten wollte, zögerte er und schüttelte den Kopf. »Die ist zu gut, um gleich jetzt verbraten zu werden. Da gehört ein richtiger Kaffee dazu.« Er legte die Zigarre in die Schublade zurück. »Ach, was ich noch sagen wollte, Conde. Jemand hat mich angerufen und mich gebeten, bei allem, was wir in diesem Fall unternehmen, diskret vorzugehen. Und dann hat er mir was erzählt, was ich noch nicht wusste. Dass der Tote nämlich der Sohn von Arayán war, und du weißt ja, was das bedeutet. Die Familie soll dabei möglichst außen vor bleiben und nicht mit diesem ganzen schwulen Transvestitenscheiß in Verbindung gebracht werden. Also, du weißt Bescheid: Geh der Familie nicht zu sehr auf die Nerven und versuch, das Ganze schnell und ohne großes Theater über die Bühne zu bringen, klar?«

»Jawohl, wie die Familie befiehlt!«, antwortete El Conde kurz und knapp. Er sprang auf und verließ das Büro, ohne sich von Mayor Rangel zu verabschieden. Jetzt hatte er mehr Lust denn je, den ganzen Kram hinzuschmeißen. So ein Scheiß, dachte er, nicht mal 'n Kaffee gibts für eine gute Zigarre.

»Wie findest dus?«

Mario musste lächeln beim Anblick der vergilbten, ausgetrockneten Blätter, die früher einmal die Nullnummer der Literaturzeitschrift *La Viboreña* gewesen waren. Es kam ihm so vor, als gehörte dass alles zu einem anderen, längst vergangenen Leben, nicht zu dem, das er jetzt lebte. Auf der ersten Seite seine Erzählung mit der Zeichnung der Kirche Jesús del Monte, und auf dem Umschlag der hochtrabende Titel der Zeitschrift, an die sie so viele Sehnsüchte und Hoffnungen geknüpft hatten, die durch die brutale Axt der Intoleranz und Verständnislosigkeit zerstört worden waren. »Naiv und gehaltlos«, antwortete er auf die Frage des Dünnen und ließ sich rücklings aufs Bett fallen. »Ich hatte sie untergründiger und berührender in Erinnerung. Rund zehn ›der, die, das‹ sind überflüssig, und außerdem sind Kommafehler drin.«

»Und warum wolltest du deine Erzählung wieder lesen?«

Mario Conde goss sich und seinem Freund Rum nach.

»Weil ich mich an das erinnern wollte, was sie erzählt. Oder an das, was über sie erzählt wurde. Ich weiß nicht ...«

Carlos trank einen Schluck und schnitt eine Grimasse, die zu theatralisch war für einen, dessen Kehle durch die tägliche Übung schon längst feuerfest seine musste. »Wer erinnert sich denn noch daran, Conde ...«

»Ich«, behauptete Mario und trank einen fast unanständig großen Schluck.

»Lass mal langsam gehen, du Tier«, ermahnte ihn der Dünne.

»Was zum Teufel ist los mit dir? Gestern warst du noch so gut drauf, und heute ...«

Mario sah seinen Freund an: Eine Fleischmasse, die mit jedem Tag unförmiger wurde in ihrem Rollstuhl. Er schloss die Augen, genauso wie es die Hauptfigur in seiner Erzählung immer tat, und flehte wie sie: Mach, dass das nicht wahr ist! Was hätte er darum gegeben, wenn der Dünne noch dünn gewesen wäre, wie früher, und nicht so dick wie der Fleischkloß da, der krängte wie ein sinkendes Schiff, das die letzten Illusionen des Mario Conde mit sich in die Tiefe riss. Wie gerne hätte er noch einmal mit ihm an der Straßenecke Baseball gespielt, mit ihm und allen ihren Freunden von damals, die nichts und niemand von der Straße vertreiben konnte, die nur ihnen zu gehören schien. Und gleichzeitig wollte Mario alles vergessen, ein für alle Mal vergessen.

»Willst du mir nicht sagen, was los ist, du?«, fragte Carlos noch mal und bewegte seinen Rollstuhl auf das Bett zu, auf dem sein Freund lag.

»Ich bin im Arsch, Dünner. Jetzt will man mich nicht mal mehr bei der Polizei haben. Heute wollen sie mit Manolo über mich reden. Möglicherweise werd ich sogar in Pension geschickt. Wie findest du das? Pensioniert, mit fünfunddreißig ...«

»Ist das dein Ernst?«

»Mein tierischer Ernst.«

Carlos lachte. Der Junge kann einfach nicht anders, dachte er.

»Dir ist nicht zu helfen, du.«

»Das sagen alle ... Gieß mir noch was ein ... Ich habe Angst.«

»Wovor, Kleiner? Gibts Probleme?«

»Weiß ich nicht, ich hab einfach Angst ... Los, gib mir endlich was.«

»Hör mal, du, vergiss es. Du bist im Arsch hoch zwei, aber im Grunde bist du ein guter Mensch. Ich weiß, dass du sauber bist, also hast du auch nichts zu befürchten, klar?«

»Klar«, stimmte Mario zu, aber überzeugt klang das nicht.

»Hab ich dir eigentlich schon erzählt, dass Andrés heute Morgen hier war?«

»Du hast mir gestern gesagt, dass er heute kommt ... Und was wollte die Pfeife?«

Carlos goss sich Rum nach, trank einen ungeheuren Schluck und rollte noch weiter auf seinen Freund zu. »Dulcita kommt«, sagte er schließlich.

»Dulcita?« Mario blieb vor Staunen der Mund offen stehen. »Dulcita?«

Vor mehr als zehn Jahren war Dulcita in die Vereinigten Staaten gegangen. El Conde erinnerte sich daran, wie oft er und der Dünne über die Ausreise des Mädchens gesprochen hatten, die während der Oberstufenzeit zwei Jahre lang die Freundin von Carlos gewesen war. Dulcita die Intelligente, Dulcita die Perfekte, der gute Kumpel. Sie war fortgegangen und hatte sie mit der Frage nach dem Warum zurückgelassen. Ausgerechnet sie. Und jetzt kam sie zurück. »Wie das, Bär?«

»Sie kommt ihre Großmutter besuchen. Sieht so aus, als läge die alte Dame im Sterben. Andrés weiß es von der Familie. Er soll die ärztliche Bescheinigung besorgen, mit der das Rote Kreuz dann das Einreisevisum beantragen kann.«

»Das ist 'n dicker Hund, was?« Mario kriegte sich noch immer nicht ein.

Der Dünne trank sein Glas leer und legte Mario seine feuchtwarmen Riesenpfoten auf die Knie. »Es kommt noch dicker, Kleiner. Weißt du, was Dulcitas Schwester zu Andrés gesagt hat? Auch wenn wir immer noch sauer wären, hat sie gesagt, könnten wir nichts ändern. Dulcita will uns unbedingt treffen, und vor allem will sie mich treffen.«

Am liebsten hätte Mario vor Freude gelacht. Doch dann verdüsterten sich die Wolken gleich wieder, und das Lachen blieb ihm im Halse stecken.

»Sag mal, Conde, meinst du, es ist richtig, dass Dulcita mich so sieht?« Carlos wies mit seinen fetten Händen auf seinen unförmigen Körper im Rollstuhl.

El Conde stand auf, ging zum Fenster und spuckte schwungvoll auf die Straße. Nein, das ist nicht richtig, dachte er. Er erinnerte sich an das Foto, auf dem Pancho, Tamara, Dulcita, der Dünne und er die Treppe des Gymnasiums herunterkamen, an dem Tag, als sie in der Universität ihre gewünschten Studienfächer angegeben hatten. Der Dünne, der zu der Zeit noch sehr dünn gewesen war und zwei gesunde Beine gehabt hatte, stand mitten in der Gruppe, mit ausgestreckten Armen und zur Seite geneigtem Kopf, so als hinge er am Kreuz. Carlos und Dulcita waren ein hübsches Paar gewesen, sexbesessen und lebenshungrig, voller Freude und Liebe … Nein, das ist nicht richtig, dachte er wieder. Laut aber sagte er: »Hör mal, du, wenn sie dich sehen will und du sie sehen willst, dann soll sie kommen. Du bist du und wirst immer du bleiben, und wer dich damals gern gehabt hat, muss dich auch heute noch gern haben. Oder er soll uns am Arsch lecken.«

»Red keinen Scheiß, Conde. So einfach ist das nicht.«

»Nein? Also, für mich ist das ganz einfach. Weil du nämlich mein Bruder bist, so einfach ist das! Aber wenn du sie nicht sehen willst, dann siehst du sie eben nicht, und Schluss.«

»Das ist ja der Mist, Conde. Ich will sie sehen! Aber ein Spaß wird es trotzdem nicht, wenn sie mich so sieht. Verstehst du?«

Mario zündete sich eine Zigarette an und ging zum Bett zurück. Er zog den Rollstuhl ganz dicht zu sich heran, sodass das Gesicht des Dünnen nur wenige Zentimeter von seinem entfernt war. »Mach dir nicht ins Hemd, Dünner,« sagte er zu ihm. »Lass dich nicht unterkriegen, verdammt noch mal! Wenn du aufgibst, dann sind wir nämlich endgültig im Arsch! Tus für dich und für mich und für die alte Josefina. Lass dich nicht in die Knie zwingen, Mann! Weder von einer Kugel noch von der Vergangenheit oder von dem Scheißkrieg oder von dem Scheißrollstuhl da …« Er redete, ohne Luft zu holen. Und ohne nachzudenken, ganz gegen seine Gewohnheit, nahm er den Kopf des Freundes in beide Hände und gab ihm einen Kuss auf die Wange. »Gib nicht auf, Bruder!«

»Das darf doch nicht wahr sein!«

Natürlich war es wahr. Es musste der heißeste Sommer sein, den er je erlebt hatte, dachte er, während er sich auszog, um zu duschen. Seit einigen Tagen schon kramte Mario Conde in seinem Gedächtnis nach Augusttemperaturen, die diesem grausamen Sommer Konkurrenz machen konnten. Aber die von der heißen Sonne ausgeglühten Wände, die dampfenden Dächer, die Feuchtigkeit der Bettlaken und die tiefe Depression, die im Stande war, seinen Willen zu brechen und seine Muskeln erschlaffen zu lassen, all das bewies seiner Erinnerung: Nein, eine so schwüle Hitze hatte es noch nie gegeben. Oder kam die Hitze etwa aus seinem Körper und nicht aus der höllischen Luft, die die Insel gefangen hielt? Mario sah auf die Uhr. Für den Anruf von Sargento Palacios war es noch zu früh, und ob er es wagen sollte, Alberto Marqués anzurufen, wusste er noch nicht.

Als er aus dem Bad kam, triefnass, ein Handtuch über den Schultern wie ein geschlagener Boxer, beschloss er, seinen Körper vom gleichmäßigen Luftstrom des Ventilators trocknen zu lassen. Er ließ sich auf das feuchtwarme Bett fallen und genoss den Moment der Einsamkeit, der ihm vergönnt war. Er spürte, wie die Ventilatorluft über sein schlaffes Geschlecht strich, und schloss ein wenig die Beine. Um der Luft Zugang zu allen Stellen zu gewähren, hob er den feuchten Penis an. Seine Finger glitten zur Eichel hinauf.

Langsam wurde das Glied hart. Mario überlegte, ob er onanieren sollte oder nicht. Er kam zu dem Schluss, dass es keinen Grund gab, es nicht zu versuchen. Keine Frau wartete auf den Samen, den er verschwenden würde. Während er sein Geschlecht streichelte, hatte er das Gefühl, dass die Hitze im Raum nachließ. Jetzt galt es, eine weitere Entscheidung zu treffen: An wen sollte er denken? Ohne sein Glied loszulassen, öffnete er das abgegriffene Buch seiner erotischen Erinnerungen und besah sich die Frauen, die er geliebt hatte. Er versuchte, nicht daran zu denken, wie sie ihn betrogen und verlassen hatten und einfach aus seinem Leben verschwunden waren. Auf der letzten Seite – immer begann er auf der letzten Seite, genauso wie bei der Zeitschrift *Bohemia* – überraschte ihn Karina, nackt, im Mund das Mundstück ihres glänzenden Saxofons, das beim Spielen ihre Brustwarzen kitzelte, während es zwischen ihren gespreizten Beinen tanzte. Mario strafte Karina durch Gleichgültigkeit, aus Rache an dieser Frau, die ihm zu wehgetan hatte, als dass er sie sich jetzt herbeigewünscht hätte. Noch immer konnte er ihren Duft nach frischem, gut verdaulichem Obst riechen, ein Duft zwischen Guayaba und reifen Pflaumen, der sich mit den animalischen Ausdünstungen ihres vor Begierde geschwollenen Geschlechts vermengte.

»Nein, du nicht.«

Auch Haydée überging er. An ihre gemeinsamen Alkoholexzesse, die ihren verzweifelten Durst nach Sex begleitet hatten, wollte er sich lieber nicht erinnern. Rum, der über ihr Kinn, ihre Brüste und die nun doppelt angefeuchtete Scham rann … Und deswegen ergriff er die Flucht, übersprang sie, versuchte die Erinnerung an sie nicht einmal zu streifen, obwohl er der schauerlichen Verlockung nicht gänzlich widerstehen konnte. Denn Haydée war seine beste Geliebte gewesen, so fleißig im Bett, dass ihr Marios Produktivität mit der Zeit nicht mehr genügt und sie, die Treulose, ihn durch irgendeinen Nationalhelden der Sinnenlust ersetzt hatte. Wem wird sie gerade den Arsch küssen, fragte er sich, mit ihrer züngelnden, auf den Grund der Dinge gehenden Schlangenzunge? Ohne große Erregung hakte er die Erinnerung an Maritza ab, seine erste Frau. Zu weit weg, zu abgenutzt, um für eine Masturbation zu taugen, selbst für eine hochsommerliche. Kaum noch wahrnehmbar der Duft ihrer rosigen, jungfräulichen Haut, die stets frisch gebadet war, bereit für eine saubere, wenig befriedigende Ausübung der Liebe. Mit mehr Melancholie als Begierde atmete er das üppige Parfüm einer Femme fatale ein, einer nymphomanisch veranlagten und ziemlich dünnen Krankenschwester, deren Namen er vergessen hatte, an die er sich aber immer noch gerne erinnerte. Sie hatte ihn in die »Lust an der fremden Hand« eingeführt, einer reibenden, liebkosenden Hand, die den Wert fremder Haut offenbart und dem Akt der Masturbation eine unerwartete Dimension verleiht, allein dadurch, dass er durch die Hand einer Frau erfolgt. Dann war Tamara an der Reihe, und fast wäre er bei ihr hängen geblieben. Er spürte sie in den Fingerspitzen, an der verschrumpelten Haut seines Hodensacks, sah ihren Hintern vor sich, den Hintern einer Rumbatänzerin, ihre Brüste mit den Brustwarzen einer Schwarzen, die dunklen, gekräuselten Schamhaare, und er atmete den intensiven Duft ihres Herrenparfüms ein. »Am liebsten habe ich *Canoe*«, pflegte sie zu sagen, »gegen die feinen Damenparfüms bin ich allergisch.« Doch dann legte er die Hand auf das imaginäre Fotoalbum – und auf seine flammend rote, explosionsbereite Eichel – und entschied: Keine von ihnen! Er streckte den Arm aus und langte unters Bett, wo die *Penthouse* lag, die Peyi dem Dünnen und der Dünne ihm geliehen hatte. Zielstrebig schlug er die Seite mit der obszönen Blondine auf – oben viele, unten wenige Haare –, die in derselben Position wie er – auf dem Rücken liegend, die Beine gespreizt, offen für sanfte Brisen und andere Dinge, die da kommen würden – ihre professionelle Nacktheit auf roten Laken räkelte. Wenn dort im Studio ein laues Lüftchen geweht hatte, dann musste es nach feuchter, frisch umgegrabener Erde gerochen haben, und der fruchtbare, ursprüngliche Geruch hatte sich bestimmt auf das Weib übertragen. Besser du als eine mit Erinnerungen und Lügen Beladene, sagte Mario zu der Blondine, beugte sich vor und fuhr fort, seinen Penis zu reiben, bis er das Foto nicht mehr sah, nur noch spürte, wie das Leben in dicken weißen Tropfen aus ihm entwich und maß- und sinnlos auf die staubigen Bodenfliesen spritzte, von denen der süßliche Duft aufstieg wie ein verstörender Zeuge seiner tristen Einsamkeit.

Die sexuelle Erleichterung brachte jedoch keine Abkühlung. Körper und Hirn glühten nach wie vor, und ihm wurde klar, dass alles umsonst gewesen war. Gegen eine solche Hitze halfen weder Erinnerungen noch imaginäre Gerüche oder Hochglanzfotos, sondern nur eine richtige Frau aus Fleisch und Blut, ein konkretes, griffiges Weib, das im Stande war, seine bedrückende Einsamkeit zu zerschlagen, jene Verlassenheit, die ihn unbarmherzig verbrannte, Zelle für Zelle. Gedankliche Hilfskonstruktionen und stimulierende Techniken waren kein geeignetes Mittel.

Von seinem Bett aus beobachtete er Rufino, den neuen Mitbewohner, der seit zehn Tagen in dem runden Aquarium seine Runden drehte. Er hatte die Stelle des alten Rufino eingenommen, der eines schönen Morgens mit dem Bauch nach oben und mit verdrehten, von keiner Strömung bewegten Flossen an der Wasseroberfläche getrieben war. Ein todblassvioletter Kampffisch. Jetzt verharrte der neue Rufino auf der Stelle, so als hätte ihn das Schwimmen in einem Meer aus Lava erschöpft. Mario bildete sich ein, die Schweißperlen auf seinen Schuppen zu sehen. Die Kampffischaugen starrten ihn an, die winzigen Kampffischkiemen bewegten sich kaum. Dann, ganz plötzlich, begann Rufino langsam zu sinken, kampflos, flossenlahm, wie ein k.o. geschlagener Boxer. El Conde sah darin so etwas wie ein Symbol seiner eigenen Niederlagen, das bittere Abbild seines freien Falls, den er nicht aufhalten konnte und wollte. Wie der angekündigte Zerfall der westlichen Welt oder die zwangsläufige Erschlaffung seines ausgepowerten, leeren Geschlechts. Selbstmörderische Instinkte?

El Conde zündete sich eine Zigarette an und begann sich wieder einmal umzubringen, langsam, genussvoll.

»Das darf doch nicht wahr sein!«, stöhnte er. Er spielte mit dem Gedanken, ins Bad zurückzugehen und ein zweites Mal unter die Dusche zu steigen, als das Telefon klingelte.

»Conde? Ich bins.«

Warte, Conde, warte, lauf nicht so schnell … Nein, genau deswegen wollte ich ja hier auf der Straße mit dir reden, nur wir zwei. Gib mir auch eine … Danke … Warte … Also, ich weiß nicht, warum sie sich für dich interessieren, die wissen nämlich alles und nichts. Ich glaub, die nehmen jeden aufs Korn, egal wen, nach dem Motto: Irgendwen werden wir schon treffen … Nein, ich red keinen Stuss, Conde, lass mich erst mal ausreden … Verdammt, heute ist es ja noch heißer als gestern, was? … Die haben mir ein Loch in den Bauch gefragt, wollten alles über dich wissen, und auch über mich, kannst du mir glauben. Aber sie kannten die Antworten schon im Voraus, ich schwörs dir. Unglaublich, Alter! Die wissen sogar, wie viele Zigaretten wir am Tag rauchen. Aber unsereiner ist ja nicht blöd. Hab sofort gemerkt, dass sie nichts in der Hand haben. Wofür ist man schließlich Polizist? Sie wollten wissen, wie du zum Alten stehst, ob ihr Freunde seid oder nicht, aber das weiß ja jeder in der Zentrale. Ob ich glaube, dass der Alte dich besonders mag und ob er dich irgendwann mal gedeckt hat und so. Richtig drauf rumgeritten sind die, und ehrlich gesagt, ich weiß nicht, ob es ihnen um dich ging oder um Rangel … Was meinst du denn, natürlich ermitteln sie auch gegen ihn, kannst du dir doch vorstellen … Dann haben sie mich gefragt, ob es bei deiner Prügelei mit Fabricio um ein Problem bei der Arbeit ging oder um einen privaten Streit. Und dann wollten sie wissen, was wir von der internen Ermittlung halten, ob ich glaube, dass du Alkoholprobleme hast, warum du alleine lebst, stell dir das mal vor! Auch nach deinen Informanten haben sie gefragt – dabei fiel auch der Name Candito –, ob du sie deckst, damit sie illegale Geschäfte machen können und so. Als würden das nicht alle machen … Ach ja, stell dir vor, sie wussten auch, dass du mit Tamara ein Verhältnis hattest, als du den Mord an ihrem Mann untersucht hast. Sag mal, Conde, mit wem hast du darüber gesprochen? … Na ja, jedenfalls wussten sies, und dass ihr euch seitdem nicht mehr gesehen habt, das wussten sie auch. Und noch tausend andere Dinge, völlig unwichtiges Zeug. Warum du so gerne in Kirchen gehst, warum du aller Welt erzählst, dass du gerne in einem Haus am Meer wohnen würdest, ob du immer noch mit dem Gedanken spielst, Schriftsteller zu werden, und worüber du gerne schreiben würdest. Na ja, ich hab ihnen gesagt, du würdest gerne was Untergründiges und Berührendes schreiben, und damit konnten sie nun gar nichts anfangen. Aber sie wissen alles, ist dir das klar? Das ist ja der Mist, Conde, plötzlich merkt man, dass man wie in einem Schaufenster lebt oder wie in einem Reagenzglas oder was weiß ich. Die beobachten einen beim Kacken und beim Pinkeln und sogar beim Popeln, ich glaub, die wissen, ob man Kügelchen macht und sie wegschnippt oder ob man die Popel unter den Tisch schmiert. Das macht mich fertig, Conde. Die haben uns im Visier, wissen genau, was wir machen und was wir nicht machen, und sie interessieren sich für alles, einfach alles. Vielleicht bin ich ja zu naiv, aber das hätte ich nie gedacht. Da kann man richtig Angst kriegen, Conde, ehrlich …

Nein, sie waren zu dritt, ich kannte keinen, ein Capitán und zwei Tenientes, haben sie gesagt, alle drei in Felduniform, ohne Rangabzeichen … In einem Büro im zweiten Stock, neben dem Versammlungssaal. Sie haben mich reingerufen, haben mir Kaffee angeboten, alles ganz locker, wie ein Gespräch unter Freunden, aber unter ziemlich neugierigen Freunden, die alles Mögliche wissen wollen, jede Kleinigkeit. Und sie haben die Fragerei drauf, Alter, du müsstest mal sehen, wie die immer wieder auf das zurückkommen, was sie interessiert, aber so, als würde es sie nicht sonderlich interessieren, weißt du. Aber da waren sie bei mir an der falschen Adresse. Erstens, weil ich das Spielchen auswendig kenne und ganz gut darin bin, wie ein rasierter Löwe, wie du immer sagst, und zweitens, weil ich einen Scheißdreck weiß, was sie wirklich wollen … Ja, das wär notwendig, haben sie gesagt, es hätte viele Unregelmäßigkeiten gegeben, Verstöße gegen die Disziplin und gegen die Dienstvorschrift, und das könnten sie nicht durchgehen lassen, und deswegen wären sie da, um zu ermitteln und einzuschreiten, gegen alle, ausnahmslos, und jeder, der sich was zu Schulden kommen lassen hätte, würde zur Verantwortung gezogen. Aber ich sag dir eins, Conde: Die haben nichts Konkretes in der Hand, weder gegen dich noch gegen mich … Aber die lassen jeden über die Klinge springen, egal wen, Kahlschlag sozusagen, also, pass auf in der nächsten Zeit, sei auf der Hut, sonst ist die Kacke am Dampfen! Weißt du, wen sie heute vom Dienst suspendiert haben? Den dicken Contreras, stell dir vor … Nein, natürlich haben sie mir nicht gesagt, warum, und ich hab auch nicht danach gefragt. Meinst du, ich will mir die Pfoten verbrennen, weil ich Blödmann mich einmische? Aber wenn man ihn suspendiert hat, dann haben sie auch was gegen ihn in der Hand, da kannst du einen drauf wetten, Conde, von mir aus auch deinen Arsch … Armer Contreras, was?

Das war der Afón, raunten Pancho und der Hasenzahn ihm zu, als er entdeckte, dass sein Koffer aufgebrochen war und die beiden Dosen Kondensmilch fehlten, die er wie einen Schatz gehütet hatte, um gegen Hunger und Kälte gewappnet zu sein. Da packte ihn die kalte Wut, Zornesröte stieg ihm ins Gesicht, in seinen Schläfen pochte es wie wild, und seine Kehle war wie ausgedörrt. Er überlegte, was zu tun war. Es bleibt mir nichts anderes übrig, dachte er, ich muss mich prügeln. Unternehme ich nämlich nichts, dann klauen die mir den Arsch unterm Hintern weg. Ich bin ein Mann, verdammt noch mal, aber ich werde verlieren, der schwarze Afón mit seinen Gewichtheberarmen schlägt mich zu Brei, es hat keinen Sinn. Nicht nur beklaut, auch noch mit blutiger Lippe und verquollenen Augen vor dem Disziplinarausschuss! Aber die Gesetze des Dschungels waren eindeutig, klar und deutlich auf dem Rücken der Tiger zu lesen, und das erste Gesetz besagte: Ein Mann ist ein Mann, morgens, nachmittags und abends. Und das zweite lautete: Lieber tot als das Gesicht verlieren. Und wenn einem das Essen geklaut wird und man weiß, wers getan hat, und wenn man dann so tut, als wär nichts, anstatt den Dieb zur Rede zu stellen, wie man jemanden in so einem Fall zur Rede zu stellen hat (mit den Fäusten nämlich), dann war das der erste Schritt zu einem Gesichtsverlust ohne Ende. Heute klauen sie dir das Essen aus dem Koffer, morgen die Wäsche, übermorgen Geld, und am vierten Tag wäschst du die Tabletts von drei oder vier Typen ab. Oder du machst das Bett für die halbe Belegschaft, wie Bertino, von dem alle sagen, dass er sich den Finger in den Arsch stecken lässt, nur so zum Spaß, weil ihm das angeblich nichts ausmacht. In den Landschulheimen waren sie gezwungen, miteinander auszukommen, fernab vom elterlichen Schutz, und jeder Einzelne war für sich selbst verantwortlich, für seine Sicherheit, ja, für sein Leben. Die Schüler mussten sich ihrer Haut erwehren, ihre Urinstinkte mobilisieren, denn es herrschte Dauerkrieg ums Essen, um das Wasser, die saubere Dusche, die beste Matratze und die leichteste Arbeit. Ein ewiger Konkurrenzkampf, der eine Aggressivität erzeugte, die nur mit noch größerer Aggressivität beantwortet werden konnte. Auge um Auge, Zahn um Zahn, Schrei um Schrei, Diebstahl um Diebstahl, Schlag um Schlag, das war das dritte Gesetz ihres grausamen Zusammenlebens, bei dem es kein Pardon, keinen Spielraum für Versöhnung gab.

Mario knallte seinen aufgebrochenen Holzkoffer zu und stürzte auf den Hof hinaus, wo Afón in aller Seelenruhe Volleyball spielte und mit seinen Gewichtheberarmen unerreichbare Bälle zurückschlug. Er betrat das Spielfeld und schnappte sich den Ball, der zufällig in seine Richtung geflogen war. Mit dem Ball unterm Arm ging er, unter dem Protest der Spieler, direkt auf Afón zu, und er dachte, Scheiße, wenn mir jetzt bloß nicht die Stimme versagt, und seine Stimme versagte nicht, als er schrie: »Gib mir meine Dosenmilch zurück!« Augenblicklich wurde es ganz still, und die Spieler freuten sich schon auf das Spektakel, das nun folgen würde. Afón schaute in die Runde und grinste sein verehrtes Publikum an, und allein sein selbstsicheres Grinsen konnte einem Angst einjagen. »Was willst du, du Würstchen?«, erwiderte er schließlich. »Du hast meine Kondensmilch geklaut, du Wichser!«, schrie El Conde zurück, und er dachte, ich hab jetzt genug geredet – alle dachten das – und warf dem schwarzen Afón den Ball an den Kopf, mitten ins Gesicht. Dann stürzte er – jetzt ohne zu denken – dem Ball hinterher, auf das erstaunte Gesicht des Dosendiebes zu. Er traf ihn zweimal am Hals, bevor ihn ein Faustschlag des Schwarzen zu Boden streckte. Das ist der Anfang vom Ende, dachte er noch, als jemand vom Spielfeldrand aus rief: »Lass den Kleinen zufrieden und gib ihm seine Milch zurück!« Doch Mario war bereits wieder auf die Beine gesprungen, außer sich vor Wut, weil man ihm ins

Gesicht geschlagen hatte. Wie ein wild gewordener Stier ging er erneut zum Angriff über, bis es vier oder fünf Spielern gelang, ihn aus der tödlichen Umklammerung des schwarzen Riesen zu befreien. Da hörte er die Stimme des roten Candito, der sich, die Hände in die Hüften gestemmt, vor dem Dieb aufgebaut hatte und wiederholte: »Du gibst ihm jetzt seine Dosen zurück, Afón, klar?«

»Der Afón hätte dich umgebracht, Conde«, sagte Candito lächelnd und trank seinen Kaffee aus.

»Quatsch, Roter, der hat nie einen umgebracht ... Warum hat er mir dann eigentlich die Dosen zurückgegeben, anstatt sich mit dir zu prügeln?«

»Armer Afón, ich weiß gar nicht, warum der so stark war, wo er doch immer so wenig zu essen hatte und so oft Kohldampf schieben musste ... War der Kaffee gut?«

»Super«, lobte El Conde.

»Ich krieg das nie richtig hin mit dem Scheißkaffee. Entweder wird er zu dünn oder zu süß oder zu stark, oder er schmeckt verbrannt ...«

»Der hier war jedenfalls hervorragend«, versicherte Mario, der sich rühmte, ein Kaffeekenner zu sein. Er zündete sich eine Zigarette an und reichte dem roten Candito die Schachtel. Der Mulatte bediente sich und lehnte sich in seinem Schaukelstuhl zurück. Zu dieser Nachmittagsstunde verwandelte sich das Haus in einen brodelnden Hexenkessel. Lärm und Geschrei der bunt gemischten Nachbarschaft drangen zu ihnen: spielende Kinder, eine Frau, die Macusa um Salz bat, ein Radio, aus dem gerade die Stimme von Tejedor ertönte, ein zweites, das über eine Zugentgleisung in Matanzas berichtete, mit Toten und Verletzten, ein Mann, der lauthals die Mutter des Nachbarn verfluchte, dessen Scheißköter genau vor seine Tür gekackt hatte.

»Manchmal möchte man wirklich abhauen, Conde«, schimpfte der Rote, »am besten auf den Mond. Ich bin hier geboren, das weißt du ja, damals hatten wir die Mansarde auf dem Dach noch nicht und auch noch kein Innenbad, und dieses Zimmer war nur halb so groß wie jetzt, und hier drin haben wir alle gewohnt, meine Alten, mein Großvater, mein Bruder und ich, und vor dem Gemeinschaftsbad mussten wir Schlange stehen zum Duschen oder Kacken. Aber man gewöhnt sich an alles, Conde, kaum zu glauben ... Ich halts einfach nicht mehr aus, manchmal frag ich mich, wann ich endlich wie ein Mensch leben kann. Seine Ruhe haben, wenn man seine Ruhe haben will, und Musik hören, wenn man Musik hören will und nicht den ganzen verdammten Tag ... Mir stehts bis hier«, fügte er hinzu und fasste sich an eins der roten Haare. »Weißt du, wenn ich manchmal durch die Straßen laufe, dann guck ich mir so die Häuser der Leute an, und dann überleg ich mir, in welchem ich gerne wohnen würde, und ich versuch dahinter zu kommen, warum manche Menschen in so schönen Wohnungen wohnen dürfen, und unsereiner wird in so einem Loch wie dem hier geboren, wos ständig nach Scheiße riecht, und das muss man dann sein ganzes beschissenes Leben lang ertragen ... Und wenn ich eine Wohnung seh, die mir gefällt, stell ich mir sogar vor, wies wär, wenn ich darin wohnen würde ... Passiert dir das nicht auch manchmal? Hör mal, du kennst doch den Typen im zweiten Stock, den Sohn von Serafina? Der ist Chemiker, Ingenieur oder so, der kennt sich aus, Conde, aber was macht er? Hängt immer noch hier in diesem Kasten rum. Und wenn der das kann, dann werd ich mich ja wohl damit abfinden müssen, oder? Und ich kann noch Gott dafür danken, andere haben nämlich nicht mal das ...«

»Und darum rennst du ständig in die Kirche?«

»Da schreien die Leute wenigstens nicht rum.«

»Sag mal, Roter, worum bittest du Gott eigentlich?«

Candito zog noch einmal an seiner Zigarette, bevor er sie im Aschenbecher ausdrückte. »Willst du mich verarschen, Conde?«

»Nein, im Ernst.«

»Ich bitte ihn, dass ich gesund bleibe, dass ich in Frieden leben kann, dass er mich beschützt und mir mehr Geduld gibt, und ich bitte ihn auch darum, meine Freunde zu beschützen, dich zum Beispiel oder Carlos …«

Mario wusste, dass er die Wahrheit sagte. Vielleicht hatten die Gebete seines alten Freundes, die auch ihn einschlossen, ja irgendeinen Sinn, dachte er gerührt. Schließlich hatte der Rote ihn nicht nur davor bewahrt, von dem schwarzen Afón zu Hackfleisch verarbeitet zu werden, nein, er hatte ihm auch später immer wieder gezeigt, dass er ein treuer Freund war. Nicht immer verhielt sich El Conde dementsprechend. Als Freund hatte er nie Zeit für Candito, und als Polizist quetschte er ihn häufig aus wie eine Zitrone, machte sich erbarmungslos das Wissen des Roten zu Nutze, der über alles Bescheid wusste, was in Havannas Unterwelt vor sich ging. Irgendwie bin ich zynisch und egoistisch, dachte Mario. »Dein Wort in Gottes Ohr, falls es ihn wirklich gibt.«

»Du denkst nur an dich selbst, du Zyniker … Und? Was machst du zurzeit so?«

»Im Moment such ich den Mörder eines Transvestiten. Ist gar nicht so einfach. Anscheinend war der Transvestit ein Mystiker, hat die Bibel gelesen und so. An dem Abend, als er ermordet wurde, hat er sich als Electra verkleidet, das ist die Hauptfigur eines Theaterstücks. Aber das Beste an der Geschichte ist, der Mörder hat ihm zwei Pesostücke in den Hintern gesteckt.«

Candito starrte auf den Boden, während er in seinem Gedächtnis kramte. »Scheißspiel«, sagte er schließlich. »So was hab ich wirklich noch nie gehört. Aber irgendwas hat das zu bedeuten, Conde.

Vielleicht hat man mit ihm abgerechnet … Und nun soll ich dir mal wieder helfen, stimmts?«

»Nein, im Moment noch nicht. Ich bin hier, um dich zu warnen. Du musst deine Kneipe schließen.« Mario zündete sich die nächste Zigarette an.

»Wieso das denn? Gibts Probleme?«

»Sieht so aus, aber frag mich nicht. Ich hab keine Ahnung, was wirklich los ist, und außerdem könnte ich dir sowieso nichts sagen. Also, hör auf mich und mach die Kneipe dicht.«

Candito strich sich über den Kopf, als wollte er etwas aus seinen roten Borstenhaaren vertreiben. »In Ordnung, Conde, du wirst schon wissen, warum. Schade, gerade hab ich angefangen, ein paar Pesos zu verdienen …«

»Und der Mulatte von neulich? Den ihr rausgeschmissen habt?«

Jetzt grinste Candito, aber es war ein gequältes, trauriges Grinsen. »Ist nur zum Pinkeln reingekommen. Hat er jedenfalls behauptet …«

»Hab ich dir doch gesagt! Ihr seid wirklich bescheuert.«

»Nein, Conde, wir sind nicht bescheuert. Du kennst dich in deiner Welt aus, und ich mich in meiner. Der Typ ist ein Eintreiber.«

»Was für ein Eintreiber?«

»Ein Eintreiber eben. Treibt für andere Leute Geld ein. Geliehenes Geld, Erpressung wegen 'ner Frauengeschichte oder sonst irgendwelchen Informationen, irgendwas, wofür jemand von einem andern Geld haben will. Und der Typ von neulich ist ein Profi, macht so was hauptberuflich.«

Ungläubig schüttelte El Conde den Kopf, doch er wusste: Wenn Candito das sagte, musste es wohl stimmen. »Aber wenn er wirklich nur pinkeln wollte?«

»Hier kann keiner einfach so reinkommen und pinkeln. Das weiß jeder. Der Typ hat sich das nur ausgedacht. Und wenn er tatsächlich nur pinkeln wollte, dann hat er eben Pech gehabt, der Ärmste. Aber ich kann mir kein Pech leisten, Conde, und ich konnte es nicht drauf ankommen lassen, schon alleine wegen dir und wegen Carlos ...«

El Conde schüttelte erneut den Kopf über etwas, wofür ihm die Worte fehlten. »Der war bestimmt wegen mir hier.«

»Er sagt, nein, aber das kann man nie wissen.«

»Wer hier nie was weiß, bin ich, Roter. Neuerdings fühl ich mich, als wär ich raus aus dem Spiel. Es ist ganz merkwürdig, aber ich kapier immer weniger. Entweder verändert sich alles rasend schnell, oder ich verblöde so langsam. Ich weiß nicht, aber in meinem Kopf siehts aus wie auf der Geisterbahn ... Los, gib mir noch 'n Kaffee ...« Wieder zündete er sich eine Zigarette an. »Ich will dir was sagen, Roter. Nachher machst du die Kneipe dicht, lässt alles verschwinden, und dann fahr eine Woche ans Meer oder zum Mond, wie du gesagt hast ... Aber wenn einer zu dir kommt und was von dir will, dann musst du mich sofort benachrichtigen, egal, wo ich bin. Lass notfalls nach mir fahnden ... Wenn sie dich nämlich an den Arsch kriegen, dann kriegen sie auch mich an den Arsch. Geh für alle Fälle morgen in die Kirche und bete zu Gott. Einen schönen Gruß von mir, er möge uns beistehen, wenn er kann.«

»Du nervst ganz schön, Conde!«

»Hör mal, wo wir schon mal so nett beieinander sitzen, Roter ... Warum gibst du mir nicht 'n Bier, gegen die Hitze? Dein Geschäft kannst du ja sowieso vergessen.«

El Conde besah sich im Spiegel. Zuerst von vorn, Auge in Auge, dann von der Seite, im Profil. Und er musste zugeben, ja, es stimmt, ich habe ein Polizistengesicht. Und was mach ich mit diesem Polizistengesicht, wenn sie mich rausschmeißen? Heute werd ich mich vorsichtshalber erst mal nicht rasieren, sagte er sich. Und dann beschloss er, Alberto Marqués anzurufen und dessen Einladung anzunehmen. Um neun? Gut, Ecke Prado und Malecón. Und erschrecken Sie nicht bei den Kanonenschüssen, Fürst ...

Jetzt war es Viertel nach neun. Nach dem allabendlichen Neun-Uhr-Salut hatte Mario die Kreuzung Paseo del Prado und Avenida del Malecón schon dreimal abgesucht, war an jeder der beiden Straßenecken und an der gegenüberliegenden Kaimauer vorbeigegangen. Es war ein Fehler gewesen, sich nicht an einem bestimmten Punkt zu verabreden. Das Schlimmste daran war, dass seine Hände mit jeder Minute feuchter wurden. So etwas passierte ihm sonst nur, wenn er sich zum ersten Mal mit einer Frau traf. Du bist nicht ganz dicht, schimpfte er mit sich selbst, denn seine schwitzenden Hände waren nicht einmal durch die Hitze zu rechtfertigen. Zu dieser Stunde wehte eine leichte Brise vom Meer her und erfrischte diesen uralten Winkel von Havanna. Mit jedem vereinzelten Windstoß kamen nach Hafen riechende Frauen angeflattert wie Schmetterlinge, angelockt von der Abenddämmerung, die ihr Nachtschattengewerbe in das nötige Zwielicht tauchte. El Conde wurde sich bewusst, dass seine Nervosität auf Unsicherheit zurückzuführen war. Wohin wollte Alberto Marqués mit ihm gehen? Was würde er ihm vorschlagen, ihm zeigen oder ihn gar zu tun veranlassen? Er war sicher, dass der ehemalige Theaterregisseur nicht versuchen würde, mit ihm »die Klingen zu kreuzen«, wie sie es ausdrückten; und doch hatte er zu Hause ein mulmiges Gefühl in der Magengrube gehabt und sich überlegt, ob er seine Dienstpistole mitnehmen sollte. Wo er doch sowieso wie ein Polizist aussah und man sogar gegen ihn ermittelte, eben weil er Polizist war! Er hatte die kalte Waffe einen Moment lang in der Hand gehalten, war jedoch dann zu der Überzeugung gelangt, dass den Gefahren dieser Nacht nicht mit Blei beizukommen sein würde, und hatte die Pistole in den Tiefen der Schublade verschwinden lassen. Als er jetzt daran dachte, musste er auch wieder an seinen alten Freund Capitán Contreras denken, den dicken Jesús, und an das, was Manolo ihm von seiner Suspendierung berichtet hatte. Scheißspiel, sagte er sich, während er die dunkle, glatte Fläche des unermesslichen Meeres betrachtete. Wie das Glück, dachte Mario, oder die Angst. Und da hörte er seine Stimme.

»Denken Sie nicht zu viel, Herr Polizist Teniente Mario Conde! Ich komme zu spät, können Sie mir verzeihen?«

Und dann sah er ihn. Er war noch derselbe, aber er war auch ein anderer. Verkleidet wie für eine Karnevalsparty außerhalb der Saison. Eine kurze, aber dichte Blondhaarperücke bedeckte seinen Kopf, wohl um den spärlichen Originalhaarwuchs zu kompensieren. Der Mann sah aus wie eine Karikatur. Das sorgfältig, verschwenderisch gepuderte Gesicht glich einer blassgelben japanischen Maske. Er trug ein rosafarbenes Hemd mit offenem Kragen, das um seinen dürren, klapprigen Oberkörper flatterte, eine eng an seine dünnen Beine anliegende schwarze Hose und Sandalen an den nackten Füßen, deren dicke Zehen mit den hakenförmigen Nägeln ungeniert zur Schau gestellt wurden. Mario begriff, dass diese Verabredung nicht nur ein Fehler, sondern der helle Wahnsinn war. Nervös schaute er sich in alle Richtungen um. Falls er überwacht wurde, wie Manolo vermutete, würde man ihn nicht wegen Bestechlichkeit oder Unfähigkeit, dafür aber wegen erwiesener Dummheit aus dem Dienst entlassen. Er versuchte sich das Bild vorzustellen, das er und Alberto Marqués abgaben, und wandte seinen Blick entsetzt ab. »Also dann, wo solls hingehen?«, fragte er, entschlossen, dem Schicksal seinen Lauf zu lassen.

»Zuerst schlendern wir den Prado hinauf in Richtung Süden, auch wenn der Süden für manche Leute nicht existiert.«

»Wie Sie meinen«, sagte El Conde ergeben.

Sie überquerten die Avenida del Malecón und entfernten sich vom Meer. Der Teniente folgte Alberto Marqués den alten Paseo entlang, vorbei an den ziemlich mitgenommenen Lorbeerbäumen und den Menschenschlangen, die sich vor den Bushaltestellen gebildet hatten und immer länger und dicker wurden. Die wenigen intakten Straßenlaternen beleuchteten den schmutzigen Asphalt. Zum ersten Mal versuchte sich Mario Conde den Paseo del Prado als Boulevard vorzustellen.

»Wissen Sie, dass dies hier die tropische Antwort auf die Ramblas in Barcelona ist? Beide Avenidas enden am Meer, und die Gebäude, die sie säumen, ähneln sich. In Barcelona werden Vögel in Käfigen verkauft, hier jedoch flogen sie früher frei herum. Als Letzter blieb der *totí,* der sich in den Bäumen zum Schlafen niedergelassen hat. Erinnern Sie sich noch daran? Ich habe diesen schwarzen Vögeln gerne zugesehen, wenn sie abends aus der ganzen Stadt angeflogen kamen, in immer dichter werdenden Schwärmen, je mehr sie sich dem Prado näherten. Ich habe nie herausfinden können, warum sie sich jeden Abend ausgerechnet diese Bäume im Zentrum Havannas als Schlafplatz ausgesucht haben. Es hatte etwas Unheimliches an sich, etwas Magisches, wenn sie wie schwarze Wolken herangeweht wurden, nicht wahr? Und dann verschwanden sie plötzlich, wie durch Hexerei. Wo die armen *totís* jetzt wohl sind? Ich habe mal gehört, die Spatzen seien Schuld an ihrem Verschwinden. Tatsache jedenfalls ist, dass nicht ein einziger hier geblieben ist. Wurden sie gewaltsam vertrieben, oder haben sie freiwillig das Feld geräumt?«

»Keine Ahnung, aber ich kann sie ja mal fragen.«

»Fragen Sie sie, denn eines Tages werden auch die Bronzelöwen von hier verschwunden sein ... Schade um den schönen Prado, finden Sie nicht auch? Obwohl er noch immer etwas Magisches an sich hat, so etwas wie eine unbezwingbare poetische Seele, nicht wahr? Schauen Sie, auch wenn immer mehr Gebäude zu Ruinen verfallen und alles im Schmutz zu versinken droht, hat Alt-Havanna nach wie vor so etwas wie eine Seele, Señor Conde. Es gibt nur wenige Städte auf der Welt, die sich rühmen können, eine Seele zu haben. Mein Freund, der Dichter Eligio Riego, hat einmal gesagt, das sei der Grund, warum hier so viel Poesie entsteht. Obwohl ich meine, dass dieses Land das nicht verdient. Es ist zu unbekümmert, zu sonnenverliebt ...«

Mario nickte stumm. Er hätte gerne die metaphysische Ebene der Unterhaltung verlassen und sich der konkreten Wirklichkeit zugewandt. Deshalb fragte er schließlich: »Also, was machen wir nun?«

Alberto Marqués rückte seine Blondhaarperücke zurecht und antwortete: »Wollten Sie sich nicht das Nachtleben der Gays von Havanna aus der Nähe ansehen?«

»Ich weiß nicht ... Ich würde schon gerne einen Eindruck von der Szene gewinnen ...«

Sie gingen an einer Gruppe junger Männer vorbei, die sie unverschämt musterten. Der Marqués blickte starr geradeaus. »Na ja, etwas haben Sie jetzt ja bereits gesehen«, sagte er lächelnd. »Aber der Eindruck, den Sie gewinnen wollen, wird nicht gerade angenehm sein, ich warne Sie. Es ist schmutzig, schockierend, manchmal sogar pervers und fast immer tragisch. Das Ergebnis von Einsamkeit, ständiger Repression, Spott, Aggression und Verachtung. Und auch von kultureller Monokultur und Unterentwicklung. Verstehen Sie mich?«

»Ich verstehe Sie«, antwortete der Teniente, »aber ich will es kennen lernen.« Er hielt sich die Nase seiner Bedenken zu, bereit, in den finsteren, bodenlosen Brunnen der gleichgeschlechtlichen Liebe zu springen.

»Gut, dann schlendern wir noch ein wenig umher, und später gehen wir auf eine kleine Party, die bei Alquimio stattfindet, einem Freund von mir. Da werden Sie einige Leute treffen, die Alexis gekannt haben. Allerdings war er seit mehr als einer Woche vor seinem Tod nicht mehr da gewesen, wie ich erfahren habe. Ich hab nämlich inzwischen eigene Nachforschungen angestellt … Wissen Sie, ich glaube, es macht mir so langsam Spaß, ein wenig Polizist zu spielen …«

Als wäre es eine gewöhnliche Kopfbedeckung, nahm Alberto Marqués die Perücke ab und verkündete: »Dieser Herr ist ein Edelmann wie ich, auch wenn er nur ein Conde ist … Setzen Sie sich, Señor Conde.« Er stieß Mario beinahe um, sodass der mit dem Hintern auf einem Kissen landete, das auf dem Boden lag. Sein Fremdenführer wurde von aller Welt mit Umarmungen, feuchten Küssen auf die Wange und nervösem, kokettem Kichern begrüßt. Der Dramaturg nahm die Huldigungen mit der wohlwollenden Gelassenheit eines heidnischen Gottes entgegen, der an einen solchen Kult gewöhnt ist. In dem Saal der alten Villa waren rund dreißig Personen versammelt, die der Anwesenheit von Alberto Marqués den nötigen Tribut zollten. Breite Balkone öffneten sich den Geheimnissen der Nacht, und an der hohen Stuckdecke tummelten sich staubblinde Engel mit Füllhörnern, aus denen sich olivenfarbene Früchte ergossen. Um den ehemaligen Regisseur hatte sich ein Kreis aus Havannas Nachtgestalten gebildet, und wahrscheinlich lauerten alle darauf, Einzelheiten über den »roten Tod« von Alexis Arayán zu erfahren. »O Gott, echt krass!«, rief eine junge Frau, die sich etwas abseits hielt. Aus seiner günstigen Froschperspektive – er war im Moment der Einzige, der auf dem Boden saß – betrachtete El Conde die Schenkel des Mädchens, die in einen Spatzenhintern ohne Nest übergingen. Ausgehungert nach zwei Monaten manueller Sexdiät überkam ihn ein wilder Appetit auf das rationierte Frischfleisch, das er in unerreichbarer, aber nicht unüberwindbarer Reichweite vor sich sah.

Mehr als zehn Minuten dauerte der Kult um den Dramaturgen, dann zerstreuten sich nach und nach die Untertanen und verteilten sich auf die umherliegenden Kissen. Der Marqués nahm einen der

Zuhörer bei der Hand und kam mit ihm zu Mario, dem er mit einer Geste bedeutete, sitzen zu bleiben. »Mein lieber Alquimio«, sagte er, und damit wusste Mario, dass es sich um den Gastgeber handelte, »das ist El Conde, ein Freund von mir. Er ist Schriftsteller und bedauerlicherweise heterosexuell. Er kannte Alexis …«

»Sehr erfreut«, sagte Alquimio und reichte dem neuen Gast die Hand. Eine weiche Hand, die in die rettungslos feuchte Hand des Teniente glitt. »Die Freunde des Marqués sind auch meine Freunde. Alles hier im Hause gehört Ihnen, mich eingeschlossen … Was möchten Sie trinken?«

»Rum, mein Süßer«, mischte sich der Marqués ein. »Schließlich ist er ein ganzer Mann, wie er behauptet …« Mit einem Lächeln drehte er sich um und eilte auf einen Jungen zu, der aussah wie ein frisch gefangener Fisch und auf ihn zu warten schien.

»Ich lasse Ihnen sofort einen Rum bringen, Conde. Möchten Sie ein Glas oder einen Becher?«

Mario antwortete mit einem Achselzucken. Entscheidend war für ihn der Inhalt, nicht das Gefäß. Der zuvorkommende Gastgeber verschwand ebenfalls mit einem Lächeln, allerdings in Richtung Küche. Inzwischen hatte jemand eine Platte aufgelegt. El Conde hörte die Stimme von María Betania, und er vermutete, dass diese Dame häufiger hier zu Gast war. Von seinem im übertragenen wie wörtlichen Sinne einsamen Kissen aus konnte er sich in aller Ruhe das Ambiente ansehen. Es gab mehr Männer als Frauen, aber niemand tanzte zu der Musik. Alle unterhielten sich zu zweit oder in Grüppchen und wechselten ständig Gesprächspartner und Sitzkissen, so als wäre es Teil des Rituals, immer in Bewegung zu bleiben. Als hätten sie Hämorriden und könnten nicht eine Minute still sitzen, dachte Mario. Auf seiner visuellen Rundreise begegnete er auch einigen schmachtenden Blicken, die der eine oder andere Schwule ihm zuwarf. Offensichtlich bedauerten sie seine lupenreine Heterosexualität, die der Marqués gleich zu Anfang öffentlich verkündet hatte. El Conde überraschte sich dabei, wie er sich im Stile Humphrey Bogarts eine Zigarette anzündete, als wolle er seinen Wert auf diesem rosa Markt steigern. Er fühlte sich begehrt, mit der gebotenen Zweideutigkeit natürlich, und genoss es, Objekt dieser verhängnisvollen Begierde zu sein. Werd ich am Ende noch schwul?, begann er sich zu fragen, als er ein grünes, aber glücklicherweise mit Rum gefülltes Glas vor sich sah.

Lächelnd reichte ihm Spatzenhintern das gewünschte Getränk, kreuzte dann, noch im Stehen, die Beine und ließ sich im Yoga-Sitz auf ein Kissen nieder, das wie durch ein Wunder vor Mario aufgetaucht war. »Du bist also heterosexuell?«, fragte sie ihn, wobei sie ihn wie ein seltenes, vom Aussterben bedrohtes Tier musterte.

»Nobody is perfect«, erwiderte El Conde. Er nahm einen großen Schluck und spürte den Rum vom Mund in den Magen und vom Magen ins Blut strömen wie eine Transfusion mit enthemmender Wirkung.

»Ich bin Poly, Alquimios Nichte«, sagte sie und kämmte sich mit den Fingern den Pony, der ihr in die Stirn fiel.

»Und ich El Conde, wenn auch nicht der von Montecristo.«

Poly lächelte. Sie musste knapp über zwanzig sein und trug ein lilafarbenes Babydoll, das sie aus einem Sechzigerjahrefilm geklaut hatte. Von ihrem Hals baumelte eine Gemme an einem ebenfalls lilafarbenen Band (aus was für einem Film war das nun wieder?). Obwohl sie weder hübsch noch mit anderen sichtbaren Vorzügen ausgestattet war, gehörte sie in die Kategorie der scharfen Sexobjekte auf Marios bescheiden gewordener erotischer Wunschliste.

»Und was schreibst du so?«

»Ich? Na ja, Erzählungen.«

»Wie interessant. Postmoderne Erzählungen?«

El Conde sah das Mädchen überrascht an. Eine solche Frage hatte er nicht erwartet. Sollte er postmodern schreiben?

»Mehr oder weniger«, antwortete er ausweichend. Er vertraute auf die Postmoderne und darauf, dass die Kleine jetzt nicht wissen wollte, wie viel mehr oder wie viel weniger.

»Ich male gern, weißt du? Das Postmoderne finde ich krass.«

»Ah ja«, sagte Mario und trank sein Glas leer.

»O Gott, du trinkst aber schnell! Echt krass … Komm, ich hol dir noch was.«

Von seinem Kissen aus winkte Alberto Marqués ihm zu. Er saß noch immer neben seinem heißen Backfisch und schien mit dem Leben zufrieden zu sein. Die Blondhaarperücke bedeckte wieder seinen fast kahlen Schädel.

Poly kam zurück. »Hier«, sagte sie. Diesmal war das grüne Glas randvoll.

»Danke. Und du, bist du auch heterosexuell?«

Sie lächelte. Ihre Zähne waren klein und spitz wie die eines Spatzen, wenn Spatzen Zähne hätten … »Meistens«, antwortete sie auf seine Frage. El Conde musste schlucken. Ist sie womöglich ein Transvestit?, fragte er sich. Bei dem flachen Hintern … »Wenn man alle Möglichkeiten seines Körpers kennen lernen will, muss man auch homosexuelle Erfahrungen machen, nicht wahr? Hat dir das der Marqués nicht gesagt?«

»Nein. Er weiß, dass ich Machist-Stalinist bin.«

»Wenn du meinst … Aber dann fehlt dir etwas sehr Wichtiges in deinem Leben.«

»Bis jetzt komm ich auch so ganz gut zurecht … Sag mal, hast du Alexis gekannt?«

Sie streichelte ihre Gemme und seufzte. »Echt krass, was sie mit ihm gemacht haben. Der Ärmste! Wo er doch nie Streit hatte, mit niemandem. Da gibts nämlich andere, die sind richtig aggressiv und machen die Männer gnadenlos an, gucken ihnen beim Pinkeln auf den Pimmel und so was … Alexis nicht. Ich bin Malerin, wie gesagt, ja? Deswegen hab ich mich gerne mit ihm unterhalten, stundenlang, wenn er meinen Onkel besucht hat. Er wusste 'ne Menge über Malerei, vor allem über italienische ... Einmal hat er mir gesagt, sein Problem wär, wenn er sich verliebt, verliebt er sich richtig. Er hat nichts davon gehalten, ständig den Partner zu wechseln.«

»Und sie wechseln häufig, stimmts?«

»Ja, fast keiner hat so was wie 'ne feste Beziehung, aber genau das wollte Alexis. Für mich war er mehr Frau als Mann, vom Kopf her, verstehst du mich?«

»Nein, ich glaub, ich versteh dich nicht.«

»Schau mal, was er wollte, war, mit einem Mann zusammenzuleben, den er mit keinem teilen musste, und diesem einen Mann wollte er eine Frau sein. Verstehst du mich jetzt?«

»So ungefähr. Dann kapier ich aber nicht, dass er als Frau verkleidet draußen rumgelaufen ist, so als wollte er sich einen Mann suchen.«

»Ja, das ist echt krass. Und dabei war er so furchtbar schüchtern! Und ich kann dir sagen, die Transvestiten haben richtig Angst gekriegt, weißt du das? Sie meinen, das könnte der Anfang einer Kette von Serienmorden sein. Aber wahrscheinlich sind sie nur wieder hysterisch.«

»Ach, sie sind hysterisch?«

»Die Transvestiten? Und wie! Sie wollen eine Frau sein, und weil alle Frauen hysterisch sind ... Alexis nicht, der war nicht hysterisch, glaub ich. Dafür war er super depressiv.«

»Hör mal, Poly«, traute Mario sich zu sagen, »ich würde gerne über die Transvestiten-Szene schreiben, weißt du? Erzähl mir was über die Leute, die heute hier sind.«

Wieder lächelte sie. Sie kann immer lächeln, dachte Mario, und unschuldig gucken, das kann sie auch.

»Du redest wie ein Bulle.«

»Und du wie ein postmoderner Spatz«, konterte der Teniente.

Jetzt lachte sie, laut und lange, und ließ den Kopf auf Marios Knie sinken. Natürlich ist sie kein Transvestit, versuchte er sich zu beruhigen.

»Krass! Hier ist doch alles vertreten, wusstest du das nicht?« Sie schaute ihm tief in die Augen, so als hätte sie soeben ein Geständnis gemacht.

Und nun erfuhr El Conde, was in diesem Salon in Alt-Havanna alles vertreten war: Männer und Frauen aller Art, Anhänger der freien Liebe und der Nostalgie, Mitglieder von roten, grünen und gelben Parteien; ehemalige Dramaturgen mit und ohne Werk, Schriftsteller, die noch nie ein Buch veröffentlicht hatten; Schwule aller Kategorien und Neigungen, aufgetakelte Tunten mit Hang zum Perversen, Schwuchteln mit und ohne Glück, Experten im Abschießen seltener Vögel und hoher Tiere, Arschficker, die auf eigene Rechnung arbeiteten und ins Haus kamen, wenn sie dafür extra bezahlt wurden, oder sogar aufs Land, wenn das Pferd gestellt wurde; verzweifelte Seelen, die Trost suchten und keinen fanden, erfahrene Schwanzlutscher mit zugenähtem Arschloch aus Angst vor Aids, Neulinge, die frisch von der PHH kamen, der Pädagogischen Hochschule für Homosexualität, deren Dekan Onkel Alquimio persönlich war; Gewinner von nationalen und internationalen Tanzpreisen, Propheten des Endes der Welt, der Geschichte und der Lebensmittelheftchen; Nihilisten, die zum Marxismus übergetreten, und Marxisten, die zu Scheiße verkommen waren; Mühsame und Beladene aller Art, sexuell, politisch, ökonomisch, psychologisch, sozial, kulturell, sportlich und elektronisch Enttäuschte; praktizierende Zen-Buddhisten, Katholiken, Zauberer und Hexer, Voodoo-Jünger, Okkultisten, Spiritisten, Islamisten und sogar ein Mormone und zwei Juden; ein Baseballspieler von den *Industriales,* der beidhändig schlagen und fangen konnte; Fans von Pablo Milanés und Feinde von Silvio Rodríguez, darunter ein beleidigter Cousin; orakelhafte Experten, die wussten, wer im nächsten Jahr den Nobelpreis für Literatur bekam oder der neueste Adoptivneffe einer hoch gestellten Persönlichkeit war oder was Gorbatschow als Nächstes vorhatte oder was man in Baracoa für ein Pfund Kaffee zahlen musste; Antragsteller zeitlich begrenzter und unbegrenzter Auslandsvisa, Träumer und Träumerinnen, Hyperrealisten, Abstrakte und ehemalige sozialistische Realisten, die ihrer ästhetischen Vergangenheit abgeschworen hatten; ein Latinist; Patrioten und Repatriierte, Vertriebene aus allen Ländern, aus denen man vertrieben werden kann; ein Blinder, der sehen konnte, Betrogene und Betrüger, Opportunisten und Philosophen, Feministen und Optimisten; Anhänger von Lezama Lima (mit absoluter Mehrheit), von Virgilio Piñera, Alejo Carpentier, José Martí und sogar ein Fan von Antón Arrufat; Kubaner und Ausländer, Bolero- und Rumbasänger, Züchter von Kampfhunden, Psychopathen, Alkoholiker, Rheumatiker und Dogmatiker, Devisenschmuggler, Raucher und Nichtraucher; und ein heterosexueller Machist-Stalinist.

»Das bin wohl ich … Und Transvestiten? Gibts hier keine Transvestiten?«, fragte El Conde und bohrte seinen Vampirblick in die Brust des Spatzenvamps.

»Schau mal, dort neben der Balkontür, das ist Victoria oder Viki, wie sie sich gerne nennen lässt. Aber in Wirklichkeit heißt sie Víctor Romillo. Zum Anbeißen, nicht wahr? Und die da, die Mulattin, die so aussieht wie Annia Linares … Tagsüber nennt sie sich Esteban und nachts Estrella. Das ist nämlich die Bolerosängerin.«

»Sag mir eins, Poly: Hier laufen etwa dreißig Leute rum, wie ist es möglich, dass es darunter so viele verschiedene Spielarten gibt?«

Poly lächelte ihr unvermeidliches Lächeln. »Sie sind multifunktional, und außerdem machen sie noch freiwillige Überstunden, hihihi … Guck mal, der da neben Estrella, das ist Wilfredito Insula.

Der ist gleichzeitig zehn von den Sachen, die ich aufgezählt habe. Echt krass! Und du willst darüber schreiben, sagst du?«

»Weiß ich noch nicht ... Ja, vielleicht. Am meisten interessieren mich die Transvestiten.«

»Dann musst du unbedingt mal mit zu Ofelia Belén Pacheco kommen. Das ist ein schwuler Alter, der in der Virgen del Camino wohnt. Bei ihm finden Transvestitenpartys statt, mit richtigen Shows und allem. Da singt Estrella ihre Boleros und eine andere, die Zarzamora, legt einen Striptease hin, da lachst du dich schlapp.«

»Davon hat der Marqués mir gar nichts erzählt.«

»Natürlich nicht. Alberto ist mit Ofelia verfeindet, seit der ihm den Lover ausgespannt hat. Obwohl das schon tausend Jahre her ist, damals waren die Busse noch aus Holz, hihihi ... Also, da werden supercoole Partys gefeiert, mit allen Transvestitenfreunden von Ofelia, manchmal bis zu dreißig.«

Inzwischen hatten einige unterschiedlich zusammengesetzte Paare in dem riesigen Salon begonnen, nach der Stimme von Barbra Streisand zu tanzen. El Conde beobachtete Esteban-Estrella, die bei anderen Gelegenheiten Boleros sang. Sie war ziemlich hoch gewachsen, viel zu groß für ihren Tanzpartner, einen knapp ein Meter sechzig kleinen Schwarzen, der über latente Talente verfügen musste, vermutete Mario, oder über andere große Dinge, die im Moment nicht zu sehen waren. Viki stand noch immer neben der Balkontür. Schockiert gestand sich Mario ein, dass er sie, wäre er nicht eines Besseren belehrt worden, für eine wenn auch nicht hübsche, so doch attraktive Frau gehalten hätte.

Es lag so etwas wie eine Getto-Freiheit in der Luft, eine begrenzte Freiheit zwar, von der aber fleißig Gebrauch gemacht wurde. Die Tänzer liebkosten zärtlich ihre Partner, einige summten leise die Melodie des Liedes mit, das gerade gespielt wurde. Ein Schauer lief dem Teniente über den Rücken, als er sah, wie sich ein Paar ungeniert küsste. Zwei Männer (nach gesetzlichen und biologischen Normen), beide etwa dreißig, beide mit pechschwarzem Haar und Schnurrbart, vermengten Speichel und Zungen miteinander! El Conde spürte heftigen Ekel in sich aufsteigen, den er mit seinem zweiten Rum hinunterspülte, bevor das Gefühl in Aggression umschlagen konnte. In diesem Augenblick wurde ihm klar, dass er auf seiner Reise in die Nacht zu weit gegangen war. Er brauchte dringend Luftveränderung, um nicht an seiner bestürzenden Verwirrung zu ersticken. Als Polizist hatte er schon alles gesehen, was es zu sehen gab, jedenfalls hatte er das bis jetzt immer geglaubt; nun aber wurde er in seinem tiefsten Innern getroffen, seine männlichen Hormone empörten sich gegen diese beunruhigende Vergewaltigung der Natur. Er sah zu Poly hinüber und versuchte zu lächeln, während er sein grünes Glas hin und her schwenkte, wie um zu demonstrieren, dass Flüssigkeit mit der Zeit tatsächlich verdunstet.

»Soll ich dich auf die Liste der Alkoholiker setzen?«, fragte Alquimios Nichte.

»Auf die Warteliste, auf jeden Fall aber auf die der gestandenen Trinker … Hör mal, Alexis ist die letzten Tage vor seinem Tod nicht mehr hier gewesen, sagt der Marqués.«

»Ja, das stimmt. Ich hatte ihn schon 'ne Weile nicht mehr gesehen.«

»Und als du ihn zum letzten Mal gesehen hast, hat er dir da erzählt, dass er verliebt war?«

Poly schaute nach oben, so als suchte sie die Antwort an der Decke oder hinter den Fransen ihres Ponys. »Nein, ich glaub nicht. Soviel ich weiß, war er mit einem Maler zusammen, an dessen Namen ich mich nicht mehr erinnern kann. Einer, der mit eingeweichtem Papier arbeitet.«

»Salvador K?«

»Sag mal, du bist ja bestens informiert! Bist du wirklich kein Polizist?«

»Wirklich nicht, Kleine ... Was hat Alexis dir denn beim letzten Mal erzählt?«

»Nichts, nur dass er das Ganze leid war, und wenn mit diesem Salvador Schluss wär, dann würd er sich keinen Neuen suchen. Und dann musste er schnell weg, in die Kirche, glaub ich.«

Bestimmt hatte Alexis Arayán seine Bibel dabei, dachte El Conde, und möglicherweise fehlte da ja schon das Kapitel mit der Transfiguration.

»Warum sagst du nichts?«, fragte Poly und drückte leicht seinen Schenkel. »Willst du noch einen?«

»Wär nicht schlecht. Es trinkt sich so schön in deiner Gesellschaft.«

Wieder lächelte sie. Jetzt war es ein raffiniertes, viel versprechendes Lächeln. »Trinkst du den nächsten bei mir? Ich wohn gleich hier um die Ecke.«

»Du bist nicht zufällig Transvestit?«

»Versuchs doch selbst rauszufinden!«

»Beim Gehen wird einem warm«, sagte Mario. Poly kam ihm vor wie ein Bernhardiner, der einen in Bergnot Geratenen aus einem Schneesturm rettet. Er bemühte sich, nicht zu den küssenden Schnurrbärten hinzusehen, und hielt Ausschau nach Alberto Marqués. Doch der war nirgends zu sehen. Weder er noch sein frischer Fischfreund. Poly hat ihre Geschichte noch nicht zu Ende erzählt, dachte er und stand auf.

Von dem versprochenen Glas Rum war nicht mehr die Rede. El Conde ließ sich ausziehen. Es freute ihn zu sehen, dass sein bester Freund hellwach war. Nach den aufregenden Beobachtungen auf der Party, den Täuschungsmanövern, die ihn immer noch beschäftigten, hatte ihn der Duft von Spatzenhintern aufgeweckt. Mario streifte Poly das Babydoll ab und war nicht überrascht, als er ihre kleinen Spatzenbrüste mit den harten Brustwarzen sah, die förmlich danach schrien, berührt und gebissen zu werden. Behutsam tastete er im Slip des Mädchens nach eventuellen Spuren einer Operation, doch seine Finger verloren sich in den Tiefen eines feuchten Brunnens. Nun wurde sein Reisegefährte endgültig munter, gähnte, schüttelte seine steifen Knochen, streckte die Arme aus und landete in Polys Mund, der so tief und feucht war wie die andere, bereits erforschte Höhle.

Poly gehörte dem Club der raffinierten Genießerinnen an. Ohne Eile, aber auch ohne Kampfpause gab sie sich der Fellatio hin, bot ihr ganzes Können auf, um jede Stelle, jeden Winkel seines Penis zu lecken, nahm ihn dann ganz in den Mund, setzte ihn wieder an die Luft und ließ ihn vor Lust vergehen, während sie sich nun den Hoden widmete, sie mit ihren Spatzenzähnchen bearbeitete, bis sich die Haut spannte und Mario, der einen vorzeitigen Erguss befürchtete, einen Waffenstillstand ausrufen musste. Er wollte seine Kenntnisse über die erste Höhle, die ja auch noch auf dem Programm stand, vertiefen und warf Poly auf den Rücken, um sie zu kreuzigen. Doch da hielt ihre Hand den Lauf der Dinge auf.

»Das ist ja krass!«, rief sie, »Ich wollte schon immer mit ’m Bullen bumsen. Los, unter dem Kopfkissen liegen Kondome.« Während sie an seinen Brustwarzen saugte, kleidete Mario seinen alten Freund neu ein. Der fragte sich bestimmt schon verzweifelt, wann die Party weiterging.

Er drang in sie ein, als hätte er sein ganzes Leben dort verbracht, und musste feststellen, dass er den Brunnen nie und nimmer würde füllen können. Das war kein Spatzenloch, sondern das eines weißen Wals. Eine unerwartete Begegnung mit Moby Dick! Dagegen war Mario von Polys handlichen einhundert Pfund begeistert. Poly im Taschenformat, leicht zu bewegen und schwer zu ergründen in ihren objektiv vorhandenen, aber unermesslichen Tiefen. El Conde war von seiner eigenen Ausdauer überrascht. Wahrscheinlich war das auf die fehlende Übung in solchen binären Praktiken zurückzuführen. Frei und ungezwungen, als wäre er hier zu Hause, kam und ging er, saugte sich an einer Brustwarze fest und hielt sein Ohr hin, um es von der Spatzenzunge erkunden zu lassen. Speichel floss im Überfluss, wie der Saft des Lebens, verwandelte ihre Körper in glitschige, sündige Schlangen. Erneut drang Mario in sie ein, wohl wissend, dass der Vorhang jeden Moment fallen konnte, als Poly sich ihm postmodern entzog, sich auf den Bauch legte und ihm ihren Spatzenpo entgegenstreckte, der in dieser günstigen Position größer wirkte.

»Fick mich in den Arsch«, bat sie und lächelte nicht dabei.

El Conde sah auf seinen opferwilligen Kameraden, der zwar nachlässig gekleidet, aber bereit war fürs letzte Gefecht, und packte Polys Pobacken, um sich Eingang in den Ausgang zu verschaffen.

»O Gott, krass!«, rief sie, als er den Durchbruch schaffte. Endlich hatte er eine Öffnung gefunden, die seinen Maßen entsprach. Polyfone Poly! Während er sich seiner Aufgabe widmete, hörte er ihr klagendes Stöhnen, das von Stoß zu Stoß zuerst zu einem Kichern wurde, dann zu einem Lachen, einem Gelächter und schließlich zu einem Schrei, der zu flehen schien, reiß mir den Arsch auf, reiß ihn mir auf, doch da gab es schon nichts mehr aufzureißen, nur noch zu reiben, immer wieder, rein und raus, so lange wie eben möglich. Poly, die Penetrierte …

Alles ist vergänglich. Überrascht hörte El Conde seinen eigenen Schrei, das Siegesgeheul des potenten Machos, während Polys Schreie in Lachen übergingen, in Kichern und schließlich in jammerndes Stöhnen. Und dann sprach sie das Urteil, das Mario ihrem großen Sachverstand und reichen Erfahrungsschatz zuschrieb:

»O Gott, du fickst echt krass!«

4

Da war das Gesicht. Er konnte es fast sehen und, wenn er den Arm ausstreckte, sogar berühren. Doch seine Augen und seine Hände rutschten entkräftet ab, verfingen sich in Schleiern und verhedderten sich in klebrigen Netzen. Plötzlich lösten sich die Schlingen und ließen ihn frei, er konnte sich dem Gesicht nähern, wollte es schon berühren, nur um dann erneut eingefangen und fortgetragen zu werden. Die Vision entzog sich ihm endgültig, löste sich in einer sonnenhellen Wolke auf, wurde von einem schmutzigen Fluss davongespült.

Das Läuten des Telefons riss ihn aus dem Schlaf. Sein Puls raste, sein Körper war von erbärmlichem Angstschweiß bedeckt. Ich kenn das Gesicht, natürlich kenn ich es, sagte er sich auf halbem Wege zwischen Traum und Wirklichkeit. Und dann wurde ihm klar, wo er sich befand und was da läutete, durchdringend und brutal wie die Sonne, die durch die Fenster knallte und das Zimmer die bereits unerträgliche Hitze des neuen Tages spüren ließ. »Verfluchte Scheiße«, schimpfte er und kroch zum Telefon, die Augen geblendet von der Helligkeit. Er nahm den Hörer ab und fragte in die Muschel: »Wie spät ist es?«

»Zehn nach neun, Conde«, sagte die Stimme am anderen Ende der Leitung oder der Welt. »Zehn nach neun«, wiederholte sie.

»Scheiße, Manolo, ich hab den Wecker nicht gehört. Oder ich hab ihn gar nicht gestellt. Keine Ahnung ...«

»Wann warst du gestern im Bett?«

»So gegen vier.«

»Alkoholspiegel?«

»Kaum, grad mal zwei Gläschen.«

»Gott sei Dank! Es gibt nämlich Ärger. Salvador K ist seit gestern Nachmittag verschwunden.«

Das rüttelte den Teniente endgültig wach. »Wie, verschwunden?«

»El Greco und Crespo haben ihn beschattet. So gegen fünf ist er von zu Hause weggegangen, in Richtung Atelier, sagen sie. Und dann ist er in einem Haus Ecke 19. und A verschwunden. Sie haben mehr als eine Stunde gewartet und dann festgestellt, dass die Garage neben dem Haus einen zweiten Ausgang zur 21. Straße hat. Salvador hatte sich in Luft aufgelöst, war weder in dem Haus noch in seinem Garagenatelier.«

»Haben sie schon mit seiner Frau gesprochen?«

»Ja, aber die konnte ihnen nichts weiter sagen, nur dass er ins Atelier wollte.«

El Conde zündete sich eine Zigarette an, um sich den letzten Schlaf aus dem Hirn zu pusten. Und plötzlich erinnerte er sich: »Hör mal, Manolo, ich hab was ganz Komisches geträumt. Der Mörder war direkt vor mir, aber ich konnte ihn nicht sehen. Du kennst ja solche Träume, oder? Ich hatte das Gefühl, ihn zu sehen, konnte ihn aber nicht erkennen. Er hatte so was wie 'ne Maske auf … Leck mich am Arsch, das verfolgt mich richtig, die Transvestiten, die Transfiguration und die verlorenen Seelen und der ganze Scheiß.«

»War es vielleicht Salvador?«

»Weiß ich nicht, Manolo, weiß ich nicht. Aber ich bin davon überzeugt, dass ich ihn kenne. Ich weiß nicht warum, aber ich bin mir da ganz sicher … Hör mal, fahr zu seiner Frau und red mit ihr. Setz sie unter Druck, aber übertreibs nicht. Und dann komm mich abholen, so um … na ja, wenn du mit ihr geredet hast.«

Mario Conde legte auf und schaute sich im Zimmer um, konnte jedoch nur die bekannten Spuren früherer Katastrophen entdecken: Kleidungsstücke auf dem Boden, eine plattgetretene Kippe, Rufino, der Kampffisch, in immer trüberen Gewässern. Ich muss diesen Schweinestall unbedingt mal ausmisten, nahm er sich vor, vergaß es aber gleich wieder angesichts seiner Nacktheit, die ihn an die erotischen Exzesse der Nacht erinnerte. Krass, dachte er, meistens ist sie heterosexuell, hat sie gesagt. Wo zum Teufel bin ich da wieder reingeraten? Er lächelte glücklich, als er sah, dass er noch genug Kaffee für zwei weitere Morgentassen hatte.

Während er auf den Sargento wartete, fing er den Zeitungsverkäufer mit seinem kostbaren Informationsschatz ab. Mario war kein Abonnent, und so musste er ihn schön bitten und dann den doppelten Preis zahlen, um ein Exemplar zu ergattern. Er stand, noch mit nacktem Oberkörper, vor der Tür seines Hauses, grüßte die Bekannten, die vorbeikamen, und überflog die Schlagzeilen, um sich einen gewissen Überblick über die neuesten Nachrichten zu verschaffen. Aus den internationalen Seiten ging hervor, dass die Welt ziemlich im Arsch war, die sozialistischen Länder aber auf dem siegreichen Weg der Geschichte weiter voranschritten, trotz Schwierigkeiten und wachsendem Druck von außen. Die nationalen Seiten dagegen belegten, dass auf der Insel alles in Ordnung war, bis auf einige unvorhergesehene Ereignisse wie zum Beispiel das Zugunglück in Matanzas, das mehrere Todesopfer gefordert hatte (und natürlich nicht geplant war). Es wurden sogar Würmer gezüchtet, der heilige Rat gegenseitiger Wirtschaftshilfe versprach die Probleme des kubanischen Fernmeldewesens zu beseitigen, es würde auch bald regnen, und in einer Woche würde es eine Mondfinsternis geben. Die letzte Nachricht freute Mario ganz besonders. Genau am Geburtstag des Dünnen würde Mondfinsternis herrschen. (Und wann kam Dulcita?) Außerdem las heute Nachmittag der berühmte Eligio Riego aus seinen Gedichten, berichtete der Kulturteil. El Conde hatte sich schon immer gerne mal mit ihm unterhalten wollen, und so beschloss er, Mayor Rangel anzurufen und ihn zu bitten, den Kontakt zu seinem Dichterfreund herzustellen.

Er atmete tief ein, um seine Lungen mit frischer Luft zu füllen, und genau in diesem Augenblick blies ein Lastwagen seine Auspuffgase in die Atmosphäre. Doch die Lektüre der Tageszeitung hatte ihn stark genug gemacht für den neuen Tag harter Arbeit.

»Wo kann der Typ bloß stecken?«

Der Dienstwagen fuhr die Calzada hinauf und versuchte den Schlaglöchern auszuweichen, die vermutlich der letzte Atombombenangriff in die Fahrbahn gerissen hatte. Sargento Palacios berichtete dem Teniente von seinem Gespräch mit Salvadors Frau. Sie war bei ihrer Aussage geblieben. Ihr Mann sei zum Atelier gegangen und sie wisse nicht, wo er sich aufhalte, wenn nicht dort in seiner Garage. Besorgt hatte sie den Sargento gefragt: Soll ich eine Vermisstenanzeige aufgeben?

»Glaubst du, dass sie die Wahrheit sagt, Manolo?«

»Ich weiß nicht, Conde, du bist hier der Psychologe. Vielleicht tut sie ja auch nur so, als wüsste sie nichts.«

»Hast du sie um ein Foto ihres Mannes gebeten?«

»Selbstverständlich. Sollen wir ihn zur Fahndung ausschreiben?«

El Conde schloss die Augen und lehnte sich zurück. »Lass uns noch einen Tag warten. Möglicherweise taucht er ja von ganz alleine wieder auf, und dann war das ganze Theater umsonst.«

»Hoffentlich hast du Recht, Conde, aber verlass dich nicht drauf. Wenn er es war, der unseren Schwulen stranguliert hat, und er sich aus dem Staub macht ... Ab auf die Fähre, und weg ist er ...«

»Lass uns trotzdem noch warten«, entschied der Teniente.

Der Wagen hielt vor einer Ampel. Neben ihnen stand ein Bus. Mario konnte den Fahrer sehen. Er war etwa fünfzig und hatte ein Busfahrergesicht. Während er auf die Fahrbahn starrte, trommelte er mit dem Ehering, den er an der linken Hand trug, ungeduldig aufs Lenkrad. Die Jahre als Busfahrer hatten seine Wirbelsäure leicht, aber unverkennbar gekrümmt, und etwas in seinem Gesicht drückte aus: Ja, ich bin Busfahrer, ich kann gar nichts anderes sein. Da bemerkte El Conde eine junge Frau, die dem lebenslangen Busfahrer Zeichen gab, er möge doch die Tür öffnen. Der Fahrer auf seinem Thron schien lange darüber nachzudenken, und schließlich, bevor die Frau vor ihm auf die Knie fiel, kam er ihrer Bitte nach. Sie bedankte sich mit einem Lächeln und warf ihre Münze in den Schlitz der Fahrgeldbüchse. Manolo fuhr an, und sie ließen den Bus hinter sich.

»Fahr nach Luyanó rein, Manolo, ich will mal kurz beim dicken Contreras vorbeischauen.«

»Beim Dicken?«, fragte der Sargento ungläubig, als hätte er nicht richtig verstanden. Aber Mario wusste, dass die Frage etwas anderes bedeutete. Der Busfahrer mit dem Busfahrergesicht hatte ihn an die Zwangsläufigkeit bestimmter Schicksale erinnert. Und plötzlich, wie durch einen Befehl, überkam ihn das Bedürfnis, mit Capitán Jesús Contreras zu sprechen. Worüber? Über dieses und jenes. Er musste ihn ganz einfach sehen. »Was ist?«, fragte er, »hat man dir gesagt, dass es verboten ist, mit ihm zu sprechen?«

»Nein, Conde, Quatsch, das weißt du doch. Nur ... Denk dran, was ich dir gestern gesagt habe.«

»Erzähl du lieber keinen Quatsch, Manolo. Hast du Schiss?«

Der Sargento stieß einen Seufzer aus und bog rechts ab. »Schon gut«, sagte er, schüttelte aber den Kopf dabei, um seinem Missfallen Ausdruck zu verleihen. »Ja, Conde, ich hab Schiss. Hab ich dir doch schon gestern gesagt ... Und du, warum willst du zu ihm? Um zu beweisen, dass du 'n ganzer Kerl bist und keine Angst hast, oder eben weil du Angst hast?«

Das Eckhaus, in dem Capitán Contreras wohnte, befand sich

einen Häuserblock vor der Calzada de Luyanó. Es gehörte zu den typischen alten Häuschen des Viertels. Die Eingangstür ging direkt auf den Bürgersteig hinaus, und die langen vergitterten Fenster waren mit dem Ruß aus den Schornsteinen des nahen Industriegeländes bedeckt. Viele Jahre zuvor, als El Conde noch nicht im Traum daran gedacht hatte, einmal Polizist zu werden, und er Jesús Contreras noch gar nicht kannte, hatte er schon für sich entschieden, dass ihm weder die niedrigen Häuschen gefielen noch das so langweilige, graue Viertel ohne Vorgärten oder mindestens richtige Hauseingänge, dafür aber mit seit jeher wenigen heilen Fensterscheiben.

»Warte im Wagen auf mich«, sagte er zu Manolo, stieg aus und betätigte den gusseisernen Türklopfer.

Der dicke Contreras persönlich öffnete die Tür. Ein strahlendes Lächeln hellte sein Gesicht auf, das Lächeln, das El Conde fürchtete wie den Tod.

»Schau mal, wer da ist!«, dröhnte der Capitán. »Komm rein.«

Er streckte dem Besucher die Hand hin. Doch Mario sagte sich, dass jetzt die Zeit gekommen war, für alle Unterdrückten und Gequälten dieser Welt zu kämpfen. Das größte Vergnügen des Dicken bestand darin, mit seinen eisernen Schaufeln, die tonnenschwere Gewichte heben und Handwurzeln, Mittelhandknochen und sämtliche Finger brechen konnten, jedem die Hand zu zerquetschen, sei es Freund oder Feind, sodass die Knie des Opfers vor Schmerzen zu zittern begannen.

»Soll sich doch deine Mutter die Hand zerquetschen lassen, du Monster!«

Der Dicke explodierte. Sein zweitschönstes Vergnügen war es nämlich, in schallendes Gelächter auszubrechen, einem Erdbeben gleich, das alles an dem mächtigen Körper tanzen ließ, Doppelkinn, Brust und den stets schweißgebadeten Bauch, den ganzen

Capitán Jesús Contreras, bis gestern Leiter der Abteilung für Devisenvergehen.

»Du bist ein Arsch, Conde, deswegen mag ich dich so. Und du magst mich auch, wie ich sehe. Weißt du was?« Wieder lachte er sein unvermeidliches Lachen. »Du bist der erste Polizistenarsch, der sich bei mir blicken lässt.«

Und dann lachte er noch eine Minute weiter, dröhnend, konvulsivisch, schwitzend, während El Conde nach oben blickte und darauf wartete, dass die ersten Brocken aus dem wolkenlosen Himmel herabstürzten.

Das ist hart, Conde, verdammt hart, ich schwörs dir. Hab mich schon mal warm angezogen, falls sie mich in die Wüste schicken wollen. Aber was ich nicht machen werde, ich werd vor keinem zu Kreuze kriechen, weder vor dem Mayor noch vor den Scheißermittlern, vor niemandem! Ich bin nämlich so sauber wie die unbefleckte Jungfrau Maria. Und wenn ich nach Scheiße riech, dann deshalb, weil ich den ganzen Tag nichts als Scheiße seh, ich arbeite in der Scheiße, bade in der Scheiße, leb in der Scheiße. Wie jeder anständige Polizist. Aber ich erlaube niemandem, mich auch noch mit fremder Scheiße zu bewerfen … Mit fremder Scheiße, jawohl! … Nein, nein, warte. Die beschuldigen mich gar nicht, das ist das Beste daran! Aber es gibt da im Moment 'ne Menge Ärger mit Devisenschmuggel, und das wollen Sie mir nun anhängen. Sagen, ich müsste was davon wissen. Was soll ich denn wissen? Was andere gemacht haben, die, die bis gestern Superbullen waren und heute gefeuert werden? Mein Revier war die Straße, hab denen das Leben schwer gemacht, die Ausländern Dollars abknöpfen wollen. Und ich hab meinen Job gut gemacht, das weißt du selbst am besten. Auf der Straße hat kein Dollar den Besitzer gewechselt, ohne dass ich davon Wind bekommen hätte. Klar, ich hatte meine Informanten, und natürlich musste ich sie decken, wer sollte mich denn sonst informieren, oder? Aber ob da einer Bankkonten in Panama hat oder Leute von ganz oben Dollargeschäfte machen, mit Kreditkarten und so, mit solchen Geschichten hab ich nie was zu tun gehabt. Mit so was hat auch kein Schwarzer aus Alt-Havanna was zu tun, genauso wenig wie 'n Weißer aus dem Vedado oder 'ne kleine Hure aus La Lisa. Das war nie mein Ding, damit hab ich nichts zu tun … Aber keine Panik, Condesito, mir kann keiner was. Alles hier bei mir zu Hause gehört mir, mir alleine, weil ichs nämlich von meinem eigenen Geld gekauft oder von jemandem geschenkt gekriegt hab. Was kann ich denn dafür, wenn sie diesen Jemand jetzt am Arsch haben, verstehst du? Und du weißt ja, wie das so ist, Conde, wenn man einem sagt, hier, nimm, dann nimmt ers, hab ich Recht? Jetzt reden sie von »unangemessenem Lebensstandard«, von »ungerechtfertigten Privilegien«, stell dir das vor! Was wollen die denn? Tibetanische Mönche, die in Lumpen rumlaufen? Ich jedenfalls weiß nur, dass ich nie einen Centavo geklaut hab, nicht einen einzigen! Du kennst mich doch, Conde, oder? Aber das Schlimmste ist, dass die Leute, die noch vor zwei Tagen vor mir auf den Knien rumgerutscht sind, damit ich ihnen helfe, und die sonst was dafür gegeben hätten, mein Freund zu sein, die mir Kaffee ins Büro gebracht haben und gesagt haben, Serpico ist ein Blödmann, der kann sich nicht mit dir messen, dass dieselben Leute jetzt nichts mehr von mir wissen wollen, weil ich ihnen schaden könnte, weil ich sie mit reinziehen könnte … Der Einzige, der mich angerufen hat, war Mayor Rangel. Wollte mich fragen, ob ich was brauche. Und weißt du, was ich ihm geantwortet hab? Dass ich darauf scheiße und dass ich erst dann wieder angerufen werden will, wenn man sich bei mir entschuldigt. Das ist das Einzige, was mich interessiert, Conde: Entschuldigungen, Belobigungen und Verdienstmedaillen … Nein, ich bin kein sturer Bock, aber man hat doch seinen Stolz, oder? Was bleibt einem denn sonst noch, verdammte Scheiße, sag mir das mal! Ich bin sauber, und deshalb kann ich den Kopf hoch tragen, höher als der Turquino, ach, was sag ich, höher als der Himalaja, verflucht noch mal … Aber es ist hart, Conde, ich sags dir. Ich bin erst seit einem Tag suspendiert, aber ich fühl mich jetzt schon beschissener als 'n Schwanz, dem man den Hund abgehackt hat. Häng völlig in der Luft und weiß nicht, wo ich mich lassen soll. Ich war immerhin zwanzig Jahre bei der Polizei … Und das Schlimmste ist, ich kann nichts anderes, und zu allem Überfluss bin ich auch noch gerne Polizist! Was soll ich bloß machen, Conde, sag mir das, was soll ich machen? Man behandelt mich wie 'n Aussätzigen, und ich sag dir was, Conde: Komm nicht mehr hierher, du musst an dich denken! Ich will nicht, dass du hierher kommst, weil du nämlich mein Freund bist, das hast du heute bewiesen, und deshalb will ich dich da nicht mit reinziehen, Conde. Pass auf, dass du dir nicht die Finger verbrennst. Du weißt ja: wenn Scheiße auf den Ventilator geschmissen wird, sauen sich alle ein. Sogar einer wie du, ein Mann, ein Freund, wie man auf der Straße sagt … Und jetzt gib mir die Hand, Conde, los, mach keinen Scheiß. Gib schon her, ich drück nicht zu, ich schwörs dir … Jawohl, genau so … So, jetzt hab ich dich, du Blödmann, hahaha … Du weißt doch, vertrau nie einem Bullen … hahaha!

»Komm, fahr los, fahr schon los! Irgendwohin, nur nicht in die Zentrale!«

El Conde warf die Kippe auf den Bürgersteig und stieg in den Wagen.

»Die haben gerade angerufen.«

»Aber ich hab keine Lust, dahin zu fahren, Manolo, und ich werd auch nicht hinfahren«, erwiderte der Teniente und stampfte fast hysterisch mit dem Fuß auf. »Was die mit dem Dicken machen, ist wirklich 'ne Sauerei. Wie kann man nur einen wie ihn beschuldigen! Ich will jetzt nicht in die Zentrale, Manolo.«

»Vielleicht hörst du mir erst mal zu, Conde? Alberto Marqués telefoniert hinter dir her, er will dringend mit dir sprechen. Deswegen haben sie angerufen.«

Die pralle Augustsonne knallte durch die Windschutzscheibe und brannte ihnen auf Kopf, Brust und Magen. El Conde setzte sich die Sonnenbrille auf. »Dann los, Manolo, fahren wir zu Marqués.«

Sargento Manuel Palacios startete den Motor und sah seinen Kollegen aus den Augenwinkeln an. Er kannte ihn inzwischen zu gut, um sich mit ihm zu streiten. Er zog es vor zu schweigen, bis sie vor der Nummer 7 der Calle Milagros zwischen den Straßen Delicias und Buenaventura hielten. »Ich soll dich doch sicher wieder nicht begleiten, stimmts?«, sagte er. El Conde hörte die Ironie in seiner Frage. »Stimmt«, erwiderte er, »ich möchte lieber alleine mit ihm sprechen. Ich glaub, das ist besser so.«

Der Sargento sah nach vorn. Zitternder Dunst stieg vom heißen Asphalt auf wie Gespenster auf der Suche nach dem versprochenen Himmel. »Dann mach doch gleich alles alleine, und die Schwuchtel kannst du dir dabei auch noch gleich reinziehen. Viel Spaß dabei! Wenn du meinst, du könntest den Fall lösen, indem du rumläufst wie 'n Hund mit Würmern ... Hör mal, Conde, ich schätze dich sehr und hab immer gerne mit dir zusammengearbeitet, das weißt du. Aber du bist nicht mehr derselbe.«

»Was ist denn los, Manolo?«

»Alles ist los, Conde! Du machst, was du willst, und ziehst alles in die Scheiße. Das ist los! Anscheinend schämst du dich, bei der Kripo zu sein ... Aber du kannst dich auch irren, vergiss das nicht ...«

El Conde zündete sich eine Zigarette an. »Red keinen Scheiß, Manolo, das stimmt doch gar nicht ... Nur dass ich ...« Er brach ab, bevor er irgendeine lahme Rechtfertigung vorbringen konnte. Vielleicht hatte der Sargento ja Recht. Vielleicht hielt er ihn ja wirklich auf Abstand und schloss ihn von gewissen Aspekten des Falles sogar aus. Aber im Moment ging es eben nicht anders. Er musste mit dem Marqués alleine sprechen. Manolos Anwesenheit hätte die delikate Unterredung nur gestört. Es ist wie ein Kammerspiel für zwei Personen, dachte er, und laut fuhr er fort: »Du hast Recht mit allem, was du sagst. Ich entschuldige mich, aber bleib hier, bitte.«

Die Bougainvilleen standen noch immer frisch und frech in der glühenden Sonne, die es darauf abgesehen zu haben schien, jede lebende Zelle zu vernichten, die in die Nähe ihres flammenden Schwertes geriet. Nur die Bougainvilleen boten ihr die Stirn. El Conde betrachtete sie neidisch, während er mit dem Türklopfer gegen das Holz hämmerte. Heute zog er die gusseiserne Hand der Brustwarzenklingel vor, die hier draußen nicht zu hören war.

Alberto Marqués öffnete die Tür. »Ah, wie effizient arbeitet doch unsere Polizei!«, rief er. »Man muss sie nur rufen, und schon ist sie da.«

»Guten Tag«, erwiderte der Teniente knapp. Er hielt nach dem Schaukelstuhl Ausschau, der ihm in dieser Inszenierung zugedacht war. Als er jedoch wieder daran dachte, dass er wegen des obskuren Mordes an Alexis Arayán hier war, fühlte er sich unbehaglich. Vielleicht, sagte er sich unsicher, stimmte es ja, dass er aufgehört hatte, sich für den Fall zu interessieren, und nur von krankhafter Neugier getrieben wurde, von dem Wunsch, noch tiefer in die geheimnisvolle Schattenwelt des Alberto Marqués einzudringen.

»Haben Sie sich gestern Nacht gut amüsiert?«

»Ja, es war sehr nett«, antwortete El Conde. Er wusste, was als Nächstes kommen würde.

»Ich habe bis zwei Uhr bei Alquimio auf Sie gewartet, dann

konnte mein alter kranker Körper nicht mehr. So eine Nacht habe ich schon lange nicht mehr erlebt …«

»Entschuldigen Sie, wenn ich Sie um den Schlaf gebracht habe … Haben Sie darum schon so früh hinter mir her telefoniert? Um mir eine Moralpredigt zu halten?«

Der Marqués klemmte sich den Stoff des Kimonos zwischen die Beine.

»Gott bewahre, nie würde ich einem Polizisten Moral predigen wollen …«

»Sparen Sie sich Ihre Ironie. Warum müssen Sie immer so lästern?«

»Oh, verzeihen Sie, Señor Conde. Gehe ich Ihnen auf die Nerven? … Ich wollte Sie sprechen, weil etwas passiert ist, was Sie möglicherweise interessieren könnte.« Er senkte vertraulich die Stimme. »Heute Morgen hat María Antonia mich wieder angerufen.«

»Und warum?«

»Es ist sehr merkwürdig, überaus merkwürdig … Sie hat mich gefragt, ob Alexis hier im Haus ein Medaillon zurückgelassen habe. Ein kleines Medaillon aus Gold, mit einem Kreis, in den der Universalmensch von Leonardo da Vinci eingraviert ist. Hing das Medaillon um seinen Hals, als Sie ihn gefunden haben?«

El Conde spulte das Video mit dem toten Transvestiten im Stadtwald von Havanna zurück. Er sah sich die Leiche noch einmal ganz genau an, das rote Theatergewand, die Seidenschärpe um den Hals, die Brust ohne Brüste. Von einem Medaillon keine Spur.

»Nein, ich glaube, er hatte es nicht um.«

»Hier kann ich es auch nicht finden. Es geht nämlich um Folgendes: Alexis' Mutter hat vor einigen Jahren zwei identische Medaillons aus Gold im Museum von Vinci gekauft, dem Dorf, in dem Leonardo geboren wurde. Eines für Alexis, eines für sich selbst. Ihres ging kurz darauf verloren, es wurde nie wieder gefunden. Und jetzt ist eines der Medaillons in einem Schmuckkästchen aufgetaucht, das Alexis noch im Haus seiner Eltern hatte. María Antonia sagt, sie habe das Medaillon dort nie gesehen, und jetzt wisse sie nicht, ob es das von Matilde oder das von Alexis ist. Mit anderen Worten, welches von den beiden Medaillons damals verloren ging.«

»Hat Alexis seins denn getragen?«

»Ja, fast immer ... Was meinen Sie? Hat Alexis das Medaillon seiner Mutter gestohlen und es in dem Schmuckkästchen aufbewahrt? Oder hat er seines aus irgendeinem Grund dort zurückgelassen?«

Der Teniente konnte ein Grinsen nicht unterdrücken. Offensichtlich machte dem Dramaturgen das Detektivspielen Spaß. »Wer hätte gedacht, dass Ihnen das Detektivspielen so viel Spaß macht«, sagte er. »Ich werde beschuldigt, den Fall an mich zu reißen, aber in Wirklichkeit sind Sie es, der ihn mir abnimmt.«

»Ach, so was dürfen Sie nicht sagen! Ich würde Ihnen doch niemals etwas wegnehmen, mein Freund und Polizist.«

El Conde musste erneut grinsen und zündete sich eine Zigarette an. Der Marqués war dabei, ihn wieder mit der Welt zu versöhnen. »Bieten Sie mir heute keinen Tee an? Ich könnte einen brauchen ...«

»Aber mit Vergnügen, Herr Polizist und Freund. Mit vielen kleinen Eiswürfelchen, ja?« Lächelnd verschwand Alberto Marqués in der Kulisse, wobei der seidene Kimono seine knochigen Beine liebkoste.

Dem Teniente fiel wieder das Wort »krass« ein, als er der Vogelscheuche hinterher sah, die sich anschickte, zu seinem Doktor Watson zu werden, und kurz darauf glücklich lächelnd mit zwei Teegläsern zurückkam. »Wissen Sie was, Marqués? Wenn Alexis sein eigenes Medaillon in das Kästchen gelegt hat, könnte man das als Hinweis auf einen geplanten Selbstmord werten, oder? So als hätte er alles in Ordnung bringen wollen, bevor er sich für immer verabschiedete. Aber er hat sich definitiv nicht selbst umgebracht. Vielleicht weil man ihm keine Zeit dazu gelassen hat …«

»Oder er hat seinen eigenen Tod provoziert. Das glaube ich schon fast … Schauen Sie, was ich im Regal gefunden habe.«

Er reichte dem Teniente eine Seite, die aus einer Bibel herausgeschnitten war. Die Seiten 989 und 990 mit dem 17. Kapitel aus dem Matthäusevangelium: *Und nach sechs Tagen nimmt Jesus den Petrus und Jakobus und Johannes, seinen Bruder, und führt sie beiseite auf einen hohen Berg. Und er wurde vor ihnen verwandelt.* Und am Rand, in winziger, aber deutlicher Schrift, stand der Satz: *Gottvater im Himmel, warum musst du ihn so leiden lassen?*

»Wo haben Sie das gefunden?«

»Da, wo es hingehört. In der Gesamtausgabe von Virgilio Piñeras Theaterstücken, die in meinem Regal steht. Reine Deduktion«, fügte er hinzu und tippte sich an die Schläfe.

»Ja, da gehört die Seite hin … Alexis hat sich nicht zum Spaß als Frau verkleidet. Entweder war er verrückt, oder er war ein Mystiker, wie Sie sagen. Oder es war ein Akt der Transfiguration, mit dem er irgendetwas bezwecken wollte …«

»Er wollte bezwecken, dass man ihn kreuzigt, Herr Polizist und Freund.«

El Conde sah sich noch einmal die Seite aus der Bibel an und las das gesamte Kapitel. Er spürte, dass dort die Wahrheit über den Tod von Alexis Arayán verborgen lag. Doch sie entglitt ihm immer wieder, genauso wie das Gesicht des Mörders im Traum.

»Ja, möglicherweise haben Sie Recht. Aber warum hat er diesen Weg gewählt?«

»Das liegt doch auf der Hand: weil er Angst hatte, sich selbst umzubringen. Vergessen Sie nicht, Alexis war Katholik, und die katholische Kirche verurteilt den Selbstmord. Aber sie hat auch stets die Homosexualität verurteilt. Von Alexis kenne ich das Zitat aus dem

3. Buch Moses: *Schläft einer mit einem Mann, wie man mit einer Frau schläft, dann haben sie eine Gräueltat begangen; beide müssen sterben, ihr Blut soll auf sie kommen.* Für einen gläubigen Katholiken ist es nicht leicht, in dem Bewusstsein zu leben, dass sein Gott Moses zu sich rief, um ihm solch grausame Dinge zu sagen, meinen Sie nicht? Doch das ist nur ein Teil der Tragödie des Lebens, wie es ein alter Freund von mir ausdrückt, übrigens kein Homosexueller. So alttestamentarisch, um es einmal so zu nennen, sieht es niemand mehr, schon seit langem nicht, aber viele Jahrhunderte hindurch hat die Meinung über die so genannte ›Sünde gegen die Natur‹ das Leben der Homosexuellen verdammt, genauso wie die Meinung, dass es sich um eine Krankheit handle. Todsünde, gesellschaftlich schädliche Abnormität, psychische und physische Krankheit, nirgendwo auf der Welt ist es leicht, schwul zu sein, mein Freund, Herr Polizist, das kann ich Ihnen sagen. Und ich sag Ihnen noch was: Von Leuten, die sich damit beschäftigen, habe ich mir erzählen lassen, dass von den zehn Millionen Kubanern, die in unserer sozialistischen Republik leben, zwischen fünf und sechs Prozent homosexuell sind. Klar, unsere lesbischen Schwestern natürlich mitgerechnet. Und nun rechnen Sies mal durch: Wenn es in Kuba rund fünf Millionen Männer gibt und, sagen wir mal, drei Prozent davon sind schwul, dann ergibt das einhundertfünfzigtausend homosexuelle kubanische Männer. Damit könnte man ein ganzes Heer aufstellen. Und soll ich Ihnen noch was sagen? Die Zahl stimmt nicht, glauben Sies mir, denn viele, sehr viele schaffen es nicht, sich zu ihrer Homosexualität zu bekennen. Ist ja auch logisch, wenn Sie daran denken, was ich eben gesagt habe. Und wegen der langen homophoben Geschichte, die unser Land erlebt hat, seit die Spanier auf dieser Insel gelandet sind und es primitiv und versaut fanden, was unsere indianischen Vorfahren machten, die kleinen Sodomiten, während sie in den lieblichen Gewässern

badeten, im Mund eine Zigarre und in der Hand eine Yuca ... Die Erfahrung unserer Geschichte lehrt, dass es noch andere Konflikte in dieser Tragödie gegeben hat, mein Freund und Polizist. Vergessen Sie nicht die berühmt-berüchtigten ›Militäreinheiten zur Unterstützung der Produktion‹ in den Sechzigern. Dahin wurden außer anderen so genannten schädlichen Elementen auch die Homosexuellen geschickt, um sie, wie es hieß, zu richtigen Männern zu machen, indem man sie in der Zuckerrohr- oder Kaffeeernte einsetzte. Und nach 1971 wurde, wieder hier auf der Insel, ein Gesetz gegen ›offenkundige Homosexualität und andere gesellschaftlich zu verurteilende Verhaltensweisen‹ erlassen, das von Polizisten wie Ihnen, von Staatsanwälten und Richtern umgesetzt wurde ... Und Sie fragen sich immer noch, warum ein Homosexueller an Selbstmord denkt? Sind Sie wirklich so naiv?«

In Paris, im Frühling, denkt man nicht an Selbstmord. Jedenfalls ich nicht. Ich fühlte mich so frei und so in Übereinstimmung mit dem Leben, dass ich mir nicht vorstellen konnte, diese Freiheit, diese Übereinstimmung und dieser Frühling voller Offenbarungen könnten später dazu führen, dass ich meinen letzten dramatischen Akt erleben würde und so viel würde leiden müssen. Der Ernste sagte zu mir, ich sei nicht wiederzuerkennen, so habe er mich noch nie gesehen, so optimistisch und so glücklich. Wir fuhren mit dem Taxi zu Sartre und Simone, die mich zum Abendessen eingeladen hatten, mich und all die, die ich bei dieser Gelegenheit offiziell nach Kuba einladen wollte, um der Erstaufführung meiner Inszenierung von *Electra Garrigó* beizuwohnen. Doch das Schicksal hatte beschlossen, eine Entscheidung von mir an jenem Abend zum möglichen Anfang vom Ende werden zu lassen. Ich sagte zum Ernsten, dass es vielleicht besser sei, den Anderen nicht mitzunehmen, denn ich fürchtete, er könnte sich wie so oft danebenbenehmen, sich voll laufen lassen und auf den Teppich kotzen oder unbedingt Jean-Paul Sartre küssen wollen, weil der den Nobelpreis abgelehnt hatte. Der Ernste stimmte mir zu. Man könne den Anderen gut zu Transvestitenshows und ähnlich harmlosen Veranstaltungen mitnehmen, aber nicht zu einem Abendessen bei Jean-Paul und Simone … Das Essen war exquisit, nicht einmal die Kerzen fehlten. Wir tranken Bordeaux, aßen französischen und italienischen Käse, nur vom Feinsten, und vorher Fleisch mit einer Champignonsauce, die den Gaumen kitzelte und das Gemüt berauschte. Ich kann mich nicht erinnern, je etwas Ähnliches gegessen zu haben. Und zum Nachtisch holländisches Eis! … Den ganzen Abend über sprachen wir von meinem Projekt. Ich erzählte ihnen, wie ich mir die Bühnendekoration und die Kostüme vorstellte und vor allem die Sprechweise und Gesten der Schauspieler, deren kubanische Gesichter ich wie griechische Masken schminken lassen wollte. Griechische Weiße, griechische Mulatten und Schwarze aus Havanna! Dabei sollten die Masken sie *zeigen* und nicht *verbergen,* ihr Inneres nach außen kehren, ihr gleichzeitig tragisches und burleskes Wesen, die Essenz des Kubanischen, der *cubanía,* deren höchster Prophet Virgilio Piñera war. Denn wenn uns etwas von der übrigen Welt unterscheide, so lautete Virgilios Credo, sei es das kreolische Wissen darum, dass nichts wirklich schmerzlich oder ausschließlich lustvoll ist. Meine Idee, so erläuterte ich ihnen, sei – ausgehend von einem philosophischen, dramatischen Hintergrund, aber reduziert auf den künstlerischen Kern – eine extreme Stilisierung des Buffos des 19. sowie des Kreolen des Theaters Alhambra Anfang des 20. Jahrhunderts. Denn das hat letztendlich das große Theater der kubanischen Idiosynkrasie ausgemacht. Deswegen war mein Hauptanliegen das Wort und nicht, wie beim guten Artaud, eine rein szenische Sprache, die nur mit Zeichen und aktiven, dynamischen Gesten zu verstehen ist. Einer der offenkundigsten Züge des kubanischen

Charakters ist nämlich unser Hang, den Mund nicht halten zu können. Ebenso wie Artaud allerdings wollte ich zeigen, dass, wenn das Theater kein Spiel ist, sondern eine reale Wirklichkeit, realer noch als die Wirklichkeit, ich das Problem lösen musste, das immer dann entsteht, wenn man dem Theater diesen Rang verleihen will, um aus jeder Aufführung eine Art Ereignis machen zu können, das im Stande ist, den Zuschauer ratlos zurückzulassen und seine Intelligenz zu stimulieren. Um also das leichte Stadium der rein digestiven Zerstreuung zu überwinden, wie Artaud gesagt hat. Und die Gesichtsmaske sollte eine wesentliche Rolle spielen bei der Enthüllung der moralischen Maske, hinter der viele Leute in bestimmten Momenten ihrer Existenz leben: Homosexuelle, die so tun, als wären sie es nicht; Verbitterte, die unangebrachterweise lächeln; Geisterbeschwörer mit dem Kommunistischen Manifest unterm Arm; opportunistische Wölfe im Schafspelz; gleichgültige Ideologen mit dem äußerst nützlichen Parteibuch in der Tasche. Kurz und gut, der ganze kunterbunte Karneval in einem Land, das häufig auf seinen Karneval verzichten musste. Was ich wollte, nicht mehr und nicht weniger, war, außerhalb einer konkreten Zeit, aber in einem konkreten Raum jenem Drama einen poetischen Ausdruck zu verleihen, das ich als eine allgemein bekannte Alternative begriff: Bleiben oder Fortgehen, Gehorchen oder Verweigern, oder, wie immer seit Ödipus und Hamlet: Sein oder Nichtsein … Zuletzt erzählte ich ihnen, wie die Pariser Transvestiten mir den letzten Schlüssel zu einem Transvestismus an die Hand gegeben hatten, der das höchste Ziel jeder Darstellung ist: Der Schauspieler stirbt im Kostüm der Theaterfigur, und die Verkleidung, die Maske, ist nicht länger ein vorübergehender karnevalesker Akt, sondern wird zu einem anderen, einem zweiten Leben, realer, weil ersehnter als das erste, bewusst gewählt und nicht als bloßes momentanes Verstecken angenommen … Und da wurde Sartre, mit diesem Adlerblick, den er immer hatte, zu meinem Orakel. Ist das nicht zu komplex, was du dir da vornimmst?, fragte er, um dann fortzufahren, dass ich vorsichtig sein solle mit meinen Enthüllungen, die zu verschiedenen Interpretationen Anlass geben könnten. Denn das könne gefährlich für mich werden, sagte er, genauso wie der Fatalismus, den ich mit meiner kubanischen Elektra des zwanzigsten Jahrhunderts zum Ausdruck bringen wolle. Er habe gewisse Technokraten auf der Insel sagen hören, die kubanische Kunst müsse etwas anderes sein, und dieses Andere, fuhr er fort, gleiche in keinster Weise meiner *Electra Garrigó* und ihrer Alternative von Sein oder Nichtsein ... Doch es stand geschrieben, dass ich nicht auf ihn hören sollte. Meine Entscheidung war unumstößlich. So sagte ich es Plimpton in dem Interview, und so wurde es dann in der *Paris Review* abgedruckt.

Wir fuhren nach Hause, und um den intellektuellen und physischen Rauschzustand zu verlängern, den ich in jenem Pariser Frühling erlebte, liebten wir uns, der Ernste und ich, zum ersten und einzigen Mal nach fast zwanzigjähriger Freundschaft, während sich auf seinem Plattenspieler sehnsuchtsvolle Strauß-Walzer drehten. Alles war möglich, alles war erlaubt, alles war mein, das dachte ich am nächsten Morgen, als ich im Bett den arabischen Kaffee trank, den der Ernste zubereitet hatte, und plötzlich an die Tür geklopft wurde. Ich erinnere mich noch daran, dass ich mich daran erinnerte, dass ich mich die ganze Zeit über nicht an den Anderen erinnert hatte, und dass ich dachte, er sei es, der an die Tür klopfte, endlich zurück von seiner immer währenden Orgie. Doch der Ernste sagte, der Andere habe einen Schlüssel, und öffnete die Tür. Und davor stand, förmlich und massig, ein Beamter der kubanischen Botschaft mit der Nachricht, die er uns von der arroganten, beleibten Höhe eines korrekten Diplomaten herab verkündete: Der Andere sei wegen Erregens öffentlichen Ärgernisses, Körperverletzung und Widerstandes gegen die Staatsgewalt festgenommen und auf ein Kommissariat im Montmartre gebracht worden und die Botschaft könne weder die Kaution noch die juristische Vertretung in diesem persönlichen Fall übernehmen.

Wir mussten wieder einmal Sartre anrufen, der zum Glück sein Haus nicht verlassen hatte, und fuhren mit ihm zum Kommissariat, einem schrecklichen Ort, wo nichts an Maigret erinnerte und nicht ein Hauch des Frühlings wehte, der die übrige Stadt einhüllte. Dort saß die Harmonie in Einzelhaft, wartete vielleicht sogar auf die Guillotine. Aber Jean-Paul hatte vorher herumtelefoniert, und als wir eintrafen, wurde ihm der Andere übergeben, in Tränen und Rotz aufgelöst und mit zerrissenem Hemd. Von einer Kaution oder gar einem Prozess war nicht mehr die Rede, denn das Ganze stellte sich als ein etwas heftiger Streit zwischen dem Anderen und einem albanischen Transvestiten ohne Papiere heraus, in den er sich – versicherte er, schwor er, schrie er – verliebt hatte. Doch das Kind war schon in den Brunnen gefallen. Der Andere musste sich noch am selben Nachmittag auf der Botschaft melden, und dort wurde ihm mitgeteilt, er müsse mit der Maschine am darauf folgenden Morgen nach Kuba zurückfliegen. Die ganze Nacht hindurch redeten wir mit dem Anderen. Er weinte, verzweifelt wegen seiner verlorenen Liebe, um seine Zukunft als repräsentativer Schriftsteller Kubas bangend, die ebenfalls verloren schien, und bat uns um Verzeihung. Er zitterte schon im Voraus vor dem, was ihn in Havanna erwartete, wo er sich zwei Tage später bei der Führung des Nationalen Kulturrates melden sollte, der seine Reise nach Paris finanziert hatte. Ausgerechnet nach Paris, und ausgerechnet in jenem Frühling, in dem ich davon träumte, dass alles mein, alles möglich und ich das Theater sei.

»Willst du das Gespräch führen?«

»Ach, jetzt soll ich plötzlich das Gespräch führen … Du bist ja ’n ganz Pfiffiger, Mario Conde.«

»Willst du, oder willst du nicht?«, fragte der Teniente in schroffem Ton, und Sargento Palacios nickte stumm. Der ist zu sehr Bulle, um Nein zu sagen, dachte El Conde und öffnete das Gittertor, das zur Villa der Arayáns führte. Im Vorgarten warf ein Rasensprenger hauchdünne Wasserschleier über den frisch gemähten Rasenteppich, von dem ein Geruch nach feuchter Erde und geschnittenem Gras aufstieg. Mario Conde war gerührt. Dieser erdige, ursprüngliche Duft erinnerte ihn immer an seinen Großvater Rufino Conde, und auch jetzt sah er wieder sein Bild vor sich, wie er mit einem gut durchgekauten Zigarrenstummel zwischen den Zähnen das Sägemehl des Hahnenkampfplatzes wässerte, während im Radio ein Sängerwettstreit kubanischer Bauern übertragen wurde. Als Mario den Klingelknopf des Hauses drückte, in dem Alexis Arayán einmal gelebt hatte, wünschte er sich, er könnte noch einmal hinter dem Bretterzaun stehen, der den Kampfplatz eingrenzte, ganz in der Nähe seines Großvaters Rufino. Wie damals, als das Schicksal der ganzen Welt von den Sporen eines Hahns und dem Geschick seines Trainers abhing. Wette nie auf einen Hahn, wenn du nicht sicher sein kannst zu gewinnen, hatte ihn sein Großvater gelehrt und ihm mit diesem einen Satz eine ganze Lebensphilosophie vermittelt.

»Guten Tag«, sagte María Antonia, als sie die Tür öffnete.

Die beiden Polizisten grüßten ebenfalls, und El Conde sagte, dass sie mit ihr und mit Alexis' Eltern zu sprechen wünschten.

»Wozu?«, fragte die Frau, bei der sämtliche Warnlichter blinkten.

»Wegen des Medaillons.«

»Aber …«, stammelte sie, und nun heulten auch alle Sirenen auf: Gefahr im Verzug, mutmaßte El Conde.

»Haben Sie den Eltern nichts von Ihrem Fund erzählt?« Die schwarze Hausangestellte schüttelte den Kopf.

»Dann erfahren sies eben jetzt. Das Medaillon kann uns viel über Alexis' Tod verraten.«

María Antonia nickte resigniert und bat die Männer herein. »Aber es ist nur die Señora Matilde zu Hause.«

»Und der Genosse Faustino?«

»Der ist im Ministerium«, antwortete sie. »Montag sollte er nach Genf fliegen, aber die Señora hat sich immer noch nicht erholt.«

Die beiden Männer sahen María Antonia hinterher, die auf ihren Schwebefüßen ins Innere des Hauses entschwand, nachdem sie sie aufgefordert hatte, in den Ledersesseln im Salon Platz zu nehmen.

»Der machen wir Feuer unterm Arsch«, raunte Manolo dem Teniente zu.

»Abwarten, das schwarze Luder ist schlauer als du und ich zusammen …«

Matilde machte den Eindruck einer sehr kranken Greisin. In den drei Tagen, seit El Conde ihr den Tod des Sohnes mitgeteilt hatte, schien die Frau um zwanzig Jahre gealtert. Zwanzig verheerende Jahre, die Tag für Tag daran gearbeitet hatten, ihre Vitalität zu zerstören. Sie grüßte mit schläfriger Stimme und setzte sich in einen der Sessel. María Antonia blieb neben ihr stehen, wie es ihre Stellung als dienstbarer Geist verlangte. Wieder einmal hatte El Conde das Gefühl, sich mitten in einer Theatervorstellung zu befinden, die fatal an eine vorfabrizierte Realität erinnerte, in der jedem Einzelnen sein Platz und seine Rolle zugedacht war. *Das Große Welttheater,* dachte er. So ein Blödsinn! *Die Tragödie des Lebens.* Blödsinn hoch zwei. *Das Leben, ein Traum?*

»Nun, Señora Matilde«, begann Manolo, und man merkte ihm an, dass es ihm schwer fiel, die Unterhaltung in Gang zu bringen, »María Antonia hat uns etwas erzählt, was für unsere Ermittlungen sehr wichtig sein könnte. Vielleicht ist es aber auch völlig unwichtig … Verstehen Sie mich?«

Matilde bewegte kaum den Kopf. Natürlich versteht sie ihn nicht, dachte El Conde, aber er beschloss, sich zurückzuhalten. Manolo hatte den Instinkt eines Jagdhundes, der am Ende immer die richtige Spur findet.

Sargento Palacios erläuterte, was es mit María Antonias Fund auf sich hatte, und fuhr fort: »Wenn das Medaillon in dem Schmuckkästchen Ihres ist und Alexis es dort versteckt hat, dann ist das unwichtig. Aber wenn es Ihrem Sohn gehört, erklärt das so einiges. Glauben wir jedenfalls ...«

»Was denn?«, fragte die Frau, die endlich aus einem langen Winterschlaf zu erwachen schien.

»Na ja, das sind alles noch reine Vermutungen. Aber sollte er selbst sein eigenes Medaillon dort hineingelegt haben, dann vielleicht deshalb, weil er sich mit Selbstmordabsichten trug und nicht wollte, dass es verloren ging ... Und es gibt noch eine zweite Möglichkeit, die allerdings weniger wahrscheinlich ist. Irgendjemand anders könnte es dort versteckt haben ...«

»Wann?«

»Nach Alexis' Tod zum Beispiel.«

El Conde sah seinen Kollegen an. Leck mich am Arsch, Mann, sagte er sich überrascht, daran hab ich noch gar nicht gedacht. Der Mörder soll das Ding ins Kästchen gelegt haben? Nein, natürlich nicht, versuchte er sich zu überzeugen, wohl wissend, dass es genau so sein konnte. Warum nicht? Aber warum?

»Was ist das für eine Geschichte, Tonia?«, fragte Matilde, wobei sie ihre Haushälterin kaum ansah. María Antonia erzählte ihr, was sie in den frühen Morgenstunden entdeckt und dass sie danach Alberto Marqués angerufen hatte. Matilde drehte sich zu ihr um und sah sie lange an. Schließlich sagte sie: »Hol mir bitte das Medaillon.«

María Antonia glitt wieder ins Hausinnere, und Matilde wandte sich den beiden Polizisten zu: »Sie sind nämlich nicht völlig identisch. Ich jedenfalls kann sie voneinander unterscheiden. Unter dem linken Arm des Mannes auf meinem Medaillon befindet sich ein Strich, wie eine Leiste«, sagte sie, um sich dann wieder in tiefes Schweigen zu hüllen. Es folgten erwartungsvolle Minuten, bis María Antonia in den Salon zurückkehrte.

»Gib es mir«, forderte Matilde sie auf. Sie hielt sich den im Kreis gefangenen Universalmenschen näher vor die Augen und stellte fest: »Das ist das von Alexis.« In ihrer Stimme lag nicht die Spur eines Zweifels.

»Gott sei Dank«, stieß Manolo hervor, offensichtlich erleichtert über die Erfüllung seiner Wünsche. El Conde beeilte sich, den wachen Moment der Hausherrin zu nutzen: »Wir möchten Sie auch noch fragen, ob Sie mit Sicherheit sagen können, dass dies die Handschrift Ihres Sohnes ist.« Er hielt ihr die herausgetrennte Bibelseite hin.

Mechanisch streckte Señora Matilde die Hand aus, um nach ihrer Brille zu greifen, die auf dem Ecktischchen lag. María Antonia kam ihr zuvor und reichte sie ihr. »Ja, ich glaube, ja. Sieh dir das an, Tonia.«

»Es ist seine Handschrift«, entschied die Haushälterin ohne die Hilfe von Augengläsern und mit derselben Sicherheit, mit der sie bestimmt auch die Maler der bekannten italienischen Madonnen zu erkennen in der Lage war, vermutete El Conde. Er schielte auf den sauberen Aschenbecher, beherrschte sich diesmal aber. »Señora«, sagte er zu Matilde, wobei er beide Frauen ansah, »das Medaillon in dem Schmuckkästchen, die Bibelseite mit der handschriftlichen Anmerkung Ihres Sohnes, das Kleid, das er in jener Nacht trug, all das ist sehr merkwürdig. Hat Alexis Ihnen gegenüber einmal von Selbstmord gesprochen?«

Sie können sich nicht vorstellen, was eine Mutter fühlt, wenn sie erfährt, dass ihr Sohn homosexuell ist. Es ist, als würde das Leben still stehen, als wäre alles umsonst gewesen. Sie hat das Gefühl, betrogen worden zu sein. Doch dann denkt sie, nein, das geht vorbei, alles wird schließlich gut werden und ihr Traum, dass der Sohn heiratet und selbst Kinder hat, wird in Erfüllung gehen, er wird ein normaler Mann wie jeder andere sein. Und dann sieht sie die anderen jungen Männer und wünscht sich, sie könnte sie gegen ihren Sohn eintauschen, diesen Sohn, der immer noch so werden kann, wie sie ihn sich erträumt hat, sagt sie sich. Doch meine Illusionen hielten nicht lange an. Alexis würde sich nicht ändern, und so manches Mal hätte ich ihn lieber tot gesehen als endgültig homosexuell, gezeichnet, verachtet, verdammt … Wenn es einen Gott im Himmel gibt, werde ich keine Gnade vor ihm finden, das weiß ich. Deshalb kann ich das mit dieser Ruhe sagen … Später dann habe ich mich mit dem Unvermeidlichen abgefunden, denn er war ja mein Sohn, nicht wahr? Aber sein Vater nicht, Faustino hat es nie akzeptiert. Seine Enttäuschung über Alexis schlug in Verachtung um. Er beschloss, noch mehr Zeit im Ausland zu verbringen und unseren Sohn hier bei María Antonia und meiner Mutter zu lassen. Für Alexis muss das sehr hart gewesen sein. Können Sie sich vorstellen, wie das ist, sich verschieden zu fühlen, verachtet, in der Schule, auf der Straße und sogar zu Hause? Und dass sein eigener Vater ihn zurückstößt und ihn verleugnet? Einmal, als wir aus dem Theater kamen, standen Faustino und ich noch mit ein paar Freunden zusammen und unterhielten uns. Da kam Alexis an uns vorbei, in Begleitung eines anderen Jungen von ungefähr dreizehn Jahren. Faustino wandte ihm den Rücken zu, um ihm zu zeigen, dass er ihn nicht begrüßen wollte. Das war furchtbar grausam. All diese Erlebnisse ließen in Alexis nach und nach ein Schuldgefühl entstehen. Und das Schlimmste war, dass ich immer noch glaubte, man könnte seine Neigung zu anderen Männern heilen wie eine Krankheit. Ich schickte ihn zu mehreren Psychologen. Jetzt weiß ich, dass das ein Fehler war und dazu beigetragen hat, dass er sich noch unglücklicher fühlte, noch verachteter, noch verschiedener, was weiß ich, so als wäre er ein Aussätziger, auch in der Familie. Zu der Zeit fing er an, in die Kirche zu laufen. Dort wurde er von niemandem gedemütigt, so schien es jedenfalls. Und dann begegnete er Alberto Marqués, der damals in der Bibliothek im Marianao arbeitete. Von da an nahm sein Leben eine andere Wendung, fern von mir und seiner Familie … Am Schluss war er ein Unbekannter für mich. Seit dem letzten Streit mit seinem Vater, als Faustino ihm die Tür gewiesen hatte, kam er höchstens nur noch einmal pro Woche, um mit seiner Großmutter und mit María Antonia zu sprechen. Manchmal sprach er auch mit mir, aber er ließ mich nie teilhaben an seiner Welt. Mein Sohn war nicht mehr mein Sohn, verstehen Sie? Und mich traf daran eine große Schuld. Ich habe dazu beigetragen, dass er ein trauriger Mensch war, ohne Liebe, und dass er sagte, es wäre vielleicht besser, wenn er nie geboren worden wäre oder sogar, wenn er sich umbringen würde. So hat er es einmal wörtlich zu mir gesagt. War es das, was Sie von mir wissen wollten? Also, das hat er zu mir gesagt. Und sind Sie nach all dem überrascht, wenn ich Ihnen gestehe, dass auch ich am liebsten sterben würde? Wenn ich Ihnen sage, dass Alexis' Tod auch das Werk dieser Hände ist? Sagen Sie mir eins: Gibt es eine schlimmere Strafe?

»Endlich, Gott sei Dank, sieht nach Regen aus … Also, los, du Superbulle, erzähl mir mal, was haben wir bis jetzt in der Hand?«

»Tja, Conde …«

»Erstens wissen wir, dass das Medaillon Alexis gehört hat. Daraus ergeben sich zwei Möglichkeiten: Er selbst hat es in das Schmuckkästchen gelegt, oder jemand anderes hats getan, und das muss dann der Mörder gewesen sein. Wer kommt dafür infrage?«

»María Antonia nicht, denn dann hätte sie nicht Alberto Marqués angerufen. Und Matilde auch nicht, die ist nämlich die Einzige, die die beiden Medaillons auseinander halten kann.«

»Faustino?«

»Nein, Conde. Immerhin ist er sein Vater. Sie hatten Probleme miteinander, aber den Sohn ermorden ... Red keinen Scheiß, du bist gegen den Mann voreingenommen. Los, komm, gib mir 'ne Zigarette, mach schon.«

»Dann müssen wir annehmen, dass der Mörder nicht zur Familie gehört, quasi ein Fremder. Und der soll in das Haus eingedrungen sein, um das Medaillon zu verstecken?«

»So muss es gewesen sein, oder? Am Tag der Beerdigung war niemand in der Villa.«

»Jetzt redest du aber Scheiße, Manolo. Warum hätte er das tun sollen?«

»Um uns auf eine falsche Fährte zu locken. Gib mir endlich 'ne Zigarette.«

»Hier ... Aber der Mörder konnte doch nicht wissen, dass die beiden Medaillons nicht völlig identisch sind. Er wusste vielleicht nicht mal, dass es überhaupt zwei Medaillons gibt.«

»Stimmt, vielleicht wusste er das nicht. Aber wenn Alexis es nicht selbst ins Kästchen gelegt hat, dann hat es der Mörder sehr wohl gewusst.«

»Und was ist mit deiner Theorie, dass er die Leiche nicht in den Fluss geworfen hat, weil er sicher sein konnte, dass ihn kein Mensch mit dem Opfer in Verbindung bringen würde?«

»Ja, du hast Recht, das passt nicht zusammen ... Und wenn Alexis wusste, dass sich die Medaillons unterscheiden, und wenn er es Salvador erzählt hat oder irgendeinem anderen Liebhaber? ... Gut, dass es regnet, vielleicht lässt die Hitze dann etwas nach ...«

»Hör mal, Manolo, wer war in den letzten Tagen eigentlich in der Villa? Der Gärtner, der war gestern da. Der Handwerker, der am Donnerstag den Gasherd repariert hat. Matildes Arzt war dreimal da seit Alexis' Tod. Dazu fünf, sieben oder acht Angehörige der Familien von Matilde und Faustino, vor und nach der Beerdigung. Die beiden schwulen Freunde von Alexis, Jorge Arcos und Abilio Arango, ja? Das sind mindestens dreizehn Personen.«

»Zu viele für meinen Geschmack ... Das ist ja 'n richtiger Wolkenbruch!«

»Ja ... Dabei hatte der Arzt mehr Gelegenheiten als die anderen, meinst du nicht?«

»Klar, er war einen ganzen Tag bei Matilde, bis sie eingeschlafen war ... Aber warum hält sich Salvador K vor uns versteckt?«

»Ja, der ist im Moment der heißeste Anwärter.«

»Der Handwerker war mir neu, Conde. War das vielleicht Salvador?«

»Quatsch, Manolo, mach mich nicht fertig! Stell dir vor, wie viele Zufälle dafür zusammentreffen mussten: Salvador erfährt, dass der Gasherd repariert werden muss, er kommt anstelle des Handwerkers, legt das Medaillon ins Kästchen und repariert dann außerdem noch prima den Herd!«

»Man hat schon größere Zufälle erlebt, Conde. Aber wie dem auch sei, wenn er sich vor uns versteckt, dann hat er irgendeine Scheiße gebaut.«

»Davon kannst du ausgehen ... Und da ist noch die Seite aus der Bibel in Piñeras gesammelten Werken, mit Alexis' Anmerkung ... *Gottvater im Himmel, warum lässt du ihn so leiden?* ... Was fällt dir dazu ein?«

»Dazu fällt mir gar nichts ein.«

»Schwaches Bild, Manolo! Ist doch ganz einfach: Alexis leidet und solidarisiert sich mit jemandem, der ebenfalls leidet, oder?«

»Sehr hübsch, aber sag mir eins: Warum hat er die Seite rausgerissen und in das Buch gelegt?«

»Weil er sich da schon vorgenommen hatte, Electras Kleid zu tragen. Er wollte sein ganz persönliches Drama inszenieren. Hört sich doch schön schwul an, findest du nicht?«

»Darin kennst du dich ja bestens aus ... Und das mit den Pesostücken im Hintern des Toten? Hast du die vergessen?«

»Hab ich nicht, aber dazu fällt mir nun wirklich nichts ein. Dir etwa, du Genie?«

»Wie gesagt: Der Mörder hat ihn symbolisch für irgendetwas bezahlt.«

»Aber wofür denn, verdammt noch mal? Doch wohl nicht, weil er irgendjemanden denunziert hat?«

»Was weiß ich. Sag mal, was hältst du eigentlich von María Antonia?«

»Die schwarze Tonia mit dem leichten Fuß ... Ich weiß nicht, was ich von der halten soll. Aber eins ist klar: Die weiß mehr, als sie bis jetzt gesagt hat. Was meinst du, warum hat sie den Marqués angerufen und so viel Theater um das Scheißmedaillon gemacht?«

»Damit wir davon Wind bekommen sollten.«

»Das denk ich auch. Also weiß sie was, das ...«

»Sollen wir sie vorladen?«

»Nun mach mal halblang, Manolo! Du meinst, du könntest alles dadurch lösen, dass du die Leute unter Druck setzt. Wenn das so einfach wär, hätte sie ja gleich uns anrufen können und nicht den Marqués ... Das hört ja gar nicht mehr auf zu regnen, was?«

»Guck mal, der Himmel über deinem Viertel fällt gleich runter ... Also, was sollen wir machen, bis Salvador wieder auf der Bildfläche erscheint und uns sagt, dass er von zu Hause abgehauen ist, weil er seine Alte nicht mehr ertragen konnte?«

»Was wir machen sollen? Nachdenken natürlich, was sonst! Uns hinsetzen und nachdenken, wie zwei richtige Denker ... Los, fahr mich nach Hause.«

Er wünschte, der Regen würde nicht nur die Fensterscheiben vom Dreck befreien, sondern auch seinen Geist reinigen und ihm das Denken erleichtern. Er rief sich das verschwommene Bild des Gesichtes in Erinnerung, das er im Traum vor sich gesehen und doch nicht gesehen hatte. Vielleicht gelang es ihm ja, die Maske herunterzureißen, hinter der sich die Wahrheit verbarg. Die Wahrheit, immer wieder die verdammte Wahrheit, die sich verwandelte oder versteckte. Mal hinter Worten, mal hinter Verhaltensweisen, mal sogar hinter einem geheuchelten, retuschierten Leben. Und das nur, um sich zu verbergen. Aber jetzt wusste El Conde, dass sie sich dort hinter dem Gesicht versteckte. Ihm fehlte nur der zündende Gedanke, so etwas wie ein Scheinwerferlicht, das seinen Geist erhellen und diese verdammte Wahrheit zu Tage fördern würde. Die Wahrheit, dachte er plötzlich, die Wahrheit ist, dass ich Polys Spatzenhintern gerne wieder sehen würde, o Gott, krass, erinnerte er sich, und obwohl er Lust hatte zu onanieren, verweigerte er sich entschieden dieser selbstbefriedigenden, individualistischen Lösung seiner Probleme, jetzt, da Polys Po real zu haben war, konkret und griffig, zwar nicht heute Abend – »am Samstag geh ich zum Ballett, weißt du?« –, aber am Sonntag. Und wenn es heute irgendwann mal aufhören sollte zu regnen, würde er zu der Dichterlesung gehen und sich mit Eligio Riego unterhalten können. Den Dünnen hatte er auch schon eine Ewigkeit nicht mehr gesehen, fiel ihm jetzt ein, er musste ihm unbedingt von seiner Begegnung der ersten Art erzählen, von der Nacht mit dieser ausgeflippten Tussi, die ihm den gesamten Samen der letzten Monate aus dem Körper gesaugt und dabei immer wieder »Krass!« geschrieen hatte, so als hätte sie so etwas noch nie gemacht … Wie Dulcita jetzt wohl aussah, nach so vielen Jahren in Miami! Vielleicht war sie ja fett geworden, hatte ein Hausfrauengesicht und trug ein Glitzerkleid wie alle, die aus Miami zu Besuch kamen. Vielleicht aber auch nicht, vielleicht waren ihre Beine immer noch so hübsch, jene Beine, die er, wenn ihr Freund nicht hinsah, angestarrt und sich bis zur letzten Konsequenz vorgestellt hatte (die Pobacken waren hart und fest, der Dünne hatte es ihm erzählt). Und wenn sie noch immer so hübsch war, so nett, so vollkommen, war es dann richtig, dass sie den armen Carlos im Rollstuhl sah? Ach, wenn man doch die Zeit zurückdrehen und noch mal von vorn beginnen könnte und der Dünne wieder dünn wäre! Wenn es einen Gott gab, wo hatte er denn damals gesteckt, verdammt noch mal, an dem Tag, als der Dünne verwundet wurde, ausgerechnet der Dünne!? ... Wer war es? Salvador? Der Hausarzt? Faustino? Der Handwerker? Oder eine der weiteren zehn Personen, die sich in den letzten Tagen in der Villa aufgehalten hatten? Und warum denke ich eigentlich immer, dass Alberto Marqués mit der ganzen Geschichte nichts zu tun hat? Ein Geldeintreiber im Auftrag des Dramaturgen? Fang nicht an zu spinnen, Conde, sagte er sich. Fast hätte ich ihn gesehen, verdammte Scheiße ... Doch jetzt ließ er es sich erst einmal gut gehen. Er hatte zwei Fische gegrillt und ein Stück Brot dazu gegessen, hatte noch mehr Kaffee gekocht, ohne daran zu denken, dass er für Montagmorgen keinen mehr hatte, wenn er keinen kaufen würde. Alles sah gleich ganz anders aus, der Regen hatte ein wenig Abkühlung gebracht und schien gar nicht mehr aufhören zu wollen ... Was der dicke Contreras wohl gerade macht? Sieht er dem Regen zu und hängt seinen Gedanken nach? Armer dicker Contreras! Wenn ich doch nur mit ihm über den Fall reden könnte, bestimmt hätte er eine Idee, die mir weiterhelfen würde. Das ist wirklich ’n Superbulle, dachte El Conde. Ohne den Dicken und ohne Capitán Jorrín, den alten Wolf, dessen Tod er immer noch nicht verwunden hatte, würde die Arbeit noch schwerer werden und noch weniger Spaß machen. Wem sollte er seine Zweifel anvertrauen? Und wohin hatten sie Maruchi verfrachtet? Was war wohl zwischen Alberto Marqués und dem Anderen passiert, dem mit dem unaussprechlichen Namen, den man nach Havanna zurückgeschickt hatte, weil er nicht nur schwul, sondern auch noch saublöd war? Der Marqués musste ihm unbedingt das Ende der Geschichte erzählen, die mit jedem Kapitel persönlicher und handfester wurde. Würde der Dramaturg ihm endlich sagen, wer der Andere war? Und würde er ihm verraten, ob er ihm neulich beim Pinkeln tatsächlich zugeguckt hatte? Was er aber wirklich wissen musste, dachte er, während er den Regen an den Scheiben herabrinnen sah, noch einen Schluck Kaffee trank, eine weitere Zigarette anzündete und auf die Uhr sah (es war noch Zeit für ein paar Gedichte von Eligio Riego vor dem Schlafengehen), was er wirklich wissen musste, war das Ende der Geschichte von Alexis Arayán. In Frauenkleidern und tot auf der staubigen Erde des Stadtwalds von Havanna, auf der Suche nach einem Tod, den mit eigener Hand herbeizuführen er sich nicht getraut hatte, ein selbst ernannter Heiliger auf seinem sang- und klanglosen Leidensweg ohne Heilsversprechen, ein in das Theatergewand einer kubanischen Elektra gehüllter schwuler Sünder, der sein ganz persönliches Opfer vorbereitet hatte … O Gott, du fickst echt krass! War das die Wahrheit? Das hatte ihm vorher noch keine gesagt, jedenfalls nicht so. Und wie viel Wahrheit lag in dem, was Alberto Marqués ihm erzählte? Der dünne Carlos war der Einzige auf der Welt, der die Wahrheit sagte. Er selbst sagte seinem Freund auch nicht immer die Wahrheit. Sagte Faustino Arayán die Wahrheit? Und María Antonia? Und war es wirklich wahr, dass er, Mario Conde, dabei war, sich mit dem stockschwulen, theatralischen Alberto Marqués anzufreunden? Die Wahrheit konnte der Busfahrer mit dem Busfahrergesicht von heute Morgen sein, der mit seinem Ehering auf das Lenkrad getrommelt hatte, während er sich überlegte, ob er der jungen Frau, die vor seinem Bus herumhüpfte, die Tür öffnen sollte oder nicht. Was hatte sich wohl hinterher noch zwischen den beiden abgespielt, die sich nicht kannten und sich nie begegnet wären, wenn der Bus nicht vor der roten Ampel hätte halten müssen? War das der viel beschworene Zufall? … Der Regen ließ nicht nach, rann zäh über die Fensterscheiben wie die Gedanken durch Marios Kopf. Er schaute auf seine Hände und dachte, nachdem er bereits so viel gedacht hatte, dass dort und in dem Fluss, der alles mit sich fortriss, die einzig wahre Wahrheit verborgen lag.

Er stand auf und holte seine Schreibmaschine unter dem Bett hervor. Er sah sich das Farbband an. Es war halb verblasst von Staub, Schimmel und Untätigkeit. Er trug die Maschine in die Küche, stellte sie auf den Tisch und machte sich auf die Suche nach Schreibpapier. Ihm war, als hätte er einen Transvestiten gesehen, und das Licht der Vision drang in sein vom vielen Denken aufgeschrecktes Hirn. Er spannte den ersten Bogen ein und schrieb: »Während er wartete, verfolgte José Antonio Morales den wunderlichen Flug einer Taube.« Er brauchte einen Titel. Den such ich später, dachte er, denn er spürte in den Fingerspitzen die Dringlichkeit der Vision, die unbedingt schriftlich festgehalten werden wollte. Er rammte die Finger in die Tastatur und schrieb weiter: »Er beobachtete, wie der Vogel an Höhe gewann.«

Wie von Zauberhand hörte der Regen mit einem Schlage auf. Der Wind blies die Wolken in andere Niederschlagsgebiete, und eine grelle Abendsonne eilte beflissen herbei, um den Tagesvorhang zuzuziehen. Doch der Regenduft sollte die ganze Nacht hindurch auf der Haut der Stadt liegen und den Gasgeruch, den bestialischen Gestank getrockneter Pisse und überfüllter Pizzerias und sogar das Parfüm der Frau überdecken, die vor Mario Conde herging, in dieselbe Richtung und vielleicht sogar mit demselben Ziel. Schön wärs!

Strotzend vor Energie wegen der acht maschinengeschriebenen Seiten, die in seiner Hosentasche steckten, vergaß El Conde für einen Augenblick seine Eile auf dem Weg zur Dichterlesung und gönnte seinen Augen ein rauschendes Fest. Quer durch den öden Park vor dem Capitolio folgte er den wunderbaren Schritten jener wunderbaren Frau, die mit allen Vorzügen einer abenteuerlichen Kreuzung gesegnet war. Das lange blonde Haar fiel glatt, fast willenlos herab, reichte ihr bis auf den prächtigen Hintern, einen reinrassigen afrikanischen Po, dessen pralle, straffe Rundungen in zwei stämmige Schenkel übergingen, die sich in strammen Raubtierwaden fortsetzten und in kräftigen Fesseln endeten; das Gesicht stand – zu Marios größtem Entzücken – dem unübertrefflichen Po in nichts nach, war sozusagen seine würdige Entsprechung: Lippen wie eine reife Papaya beherrschten konkurrenzlos das runde Gesicht und die schmalen, eindeutig verrucht wirkenden und eindeutig asiatischen Augen, mit denen sie ihn vor dem Theater, wo Verfolgung und optische Leibesvisitation ein rasches Ende fanden, einen Moment lang mit orientalischer Herablassung musterte, wog und unwiderruflich für zu leicht befand. Das verdammte Biest weiß, dass sie super aussieht, dachte El Conde, und sie genießt es. Die ist so gut, die könnte ich glatt umbringen, zitierte er sich in Gedanken selbst, während er die hochherrschaftliche Treppe hinaufstieg, über die früher einmal, in anderen Zeiten, das große Geld von Havanna in die exklusivsten Spielsalons des Landes gegangen war, eingehüllt in Seide oder Leinen und manchmal sogar in Hermelin oder Fuchs, was man für ganz unmöglich hält in dieser tropenheißen Stadt, in der doch alles möglich ist.

Der Vortragssaal befand sich in der zweiten Etage des Gebäudes. El Conde schaute hinein. Anscheinend war die Lesung beendet. Der Dichter saß hinter einem erdrückend großen Tisch, auf dem neben ein paar Blättern und seiner Brille ein halb volles Wasserglas stand, und diskutierte mit den treuen Verehrern seiner lyrischen Kunst. Eligio Riego ging auf die siebzig zu, doch seine träge, leise, etwas schleppende Stimme war kein Zeichen von Alter oder Erschöpfung. Sie war Poesie.

Mit sentimentaler Neugier beobachtete El Conde ihn aus der Entfernung. Für viele, das wusste er, war dieser Mann mit dem unscheinbaren Dutzendgesicht und der angestaubten Leinenjacke einer der bedeutendsten Dichter, die die Insel hervorgebracht hatte. Auf seinem Weg durch die Zeit und die Poesie hatte er ein einzigartiges Bild des so seltsamen, so vielgestaltigen Landes entstehen lassen, und seine von vielen unbemerkte poetische Größe, die sich hinter einer äußeren Erscheinung verbarg, der niemand voller Bewunderung durch die Straßen Havannas gefolgt wäre, verdankte ihren bleibenden Wert einer beneidenswerten Sprachgewalt, die ihre Kraft allein aus dem Zauber der Wörter schöpfte.

Mit der Gier eines gefäßkranken Rauchers zog Eligio Riego an seiner rauchgeschwärzten Pfeife und ließ die kleinen Schweinsäuglein lächelnd übers Publikum wandern, bevor er fortfuhr: »Wir Katholiken gehen zu ernst mit den göttlichen Dingen um. Uns fehlt die ursprüngliche, vitale Heiterkeit der Griechen, der Yorubas oder Hindus, die mit den Göttern sprechen und sie an ihrem Tisch Platz nehmen lassen. Meiner Meinung nach ist es zum Beispiel falsch, den Humor zu ignorieren, der in den Heiligen Schriften enthalten ist, das heilige Lachen gering zu schätzen, das Gott uns nahe gebracht und zum Geschenk gemacht hat, oder zu vergessen, dass das erste große Wunder Jesu darin bestand, Wasser in Wein zu verwandeln. Ein überdeutliches Zeichen Gottes!«

»Und die Teufel, Eligio?«, fragte ein ganz Schlauer in der ersten Reihe.

»Schauen Sie, junger Mann«, erwiderte der Dichter, »die Existenz des Teufels bezeugt die Existenz Gottes und umgekehrt. Sie brauchen sich gegenseitig wie das Gute und das Böse. Deswegen ist auch der Teufel überall anzutreffen, in der Hölle und auf Erden, hier drin und dort draußen. Übrigens tauchten die Engel, wenn wir der talmudischen Tradition folgen wollen, am zweiten Tag der Schöpfungsgeschichte auf. Luzifer, der schönste aller Engel, existiert demnach bereits seit jenem frühen Zeitpunkt, nicht wahr? Später dann kommt es zu seinem Fall und zu dem der anderen abtrünnigen Engel, und wie ich mir habe sagen lassen, wird Luzifer seitdem dadurch charakterisiert, dass er jedes dritte Mal von unten nach oben blinzelt, nicht rückwärts gehen und sich nicht die Nase putzen kann. Er schläft nie, ist voller Ungeduld und hochfahrender Pläne und wirft keinen Schatten. Seine Lieblingsspeise sind Fliegen, doch isst er auch andere Dinge, vorzugsweise scharf gewürzt; nur gegen Salz hat er eine Abneigung. Was mich aber natürlich am meisten an den Teufeln interessiert, ist ihre nachgewiesene künstlerische Begabung. Der Böse, heißt es, ist ein exzellenter Musiker, und am liebsten spielt er auf Saiteninstrumenten. So versichert zum Beispiel Pater Juan Horozco y Covarrubias in seinem *Traktat über wahre und falsche Prophetie,* veröffentlicht 1588 in Segovia, dass er Beweise für die künstlerische Begabung des Teufels besitze. In seinem Buch berichtet der Pater, er habe mit eigenen Augen gesehen, wie Luzifer, der von dem Körper einer einfältigen Bäuerin Besitz ergriffen hatte, wunderschöne Verse verfasst und sie, wie man heute sagen würde, vertont habe, um sie dann zur Laute vorzutragen, die er mithilfe der armen Frau ›aufs Geschickteste zu spielen wusste‹ … Nun, junger Mann, mehr als die Teufel in der Hölle interessieren mich die auf Erden, die ›dämonischen Menschen‹. Wie zum Beispiel Max Beerbohm, der englische Romancier, mit seinem Buch *Zuleika Dobson.* Das ist die faszinierende Geschichte der schönsten Frau des Planeten, die alle Studenten von Oxford, die ihren teuflischen Reizen verfallen, in den Liebestod treibt und, wie man den letzten Seiten des Romans entnehmen kann, gleichermaßen von den Studenten von Cambridge geliebt wird. Es ist die dämonischste Geschichte, die ich je gelesen habe«, versicherte Eligio Riego, und seine kleinen Äuglein verengten sich zu Schlitzen.

El Conde beschloss, ein ruhiges Plätzchen für seine Unterhaltung mit dem Dichter zu suchen, und ging ins Café ›El Louvre‹, um einen Tisch zu reservieren. Habt ihr *Añejo?,* fragte er den Kellner. Ja, wir haben sogar *Carta Oro.* Nein, nein, zwei doppelte *Añejo,* ohne Eis. Halt mir bitte den Tisch frei, ich bin gleich wieder da. Und er eilte zu Eligio Riego zurück. Der stand, die Pfeife in der Hand, an der Tür des Vortragssaals und unterhielt sich mit einer jungen Frau, die in der Hitze seiner Worte dahinzuschmelzen schien. Ist *er* vielleicht der Teufel in Person? Tut mir Leid, Alter, ich muss dich stören, dachte El Conde und trat auf ihn zu. »Entschuldigen Sie, Meister ... Ich bin der Freund Ihres Freundes Rangel.«

Junger Mann, eine unglaubliche Geschichte, das mit dem toten Transvestiten im Gewand der Electra Garrigó. Ziemlich dämonisch, finden Sie nicht? Wie fast alles, was in Zusammenhang mit Alberto Marqués steht, der noch schrecklicher ist als dieser Max Beerbohm ... Schauen Sie, junger Mann, er und ich, wir sind Freunde, kennen uns seit den Vierzigerjahren, seit der Zeit, als wir zusammen die Zeitschrift gemacht haben. Manchmal trafen wir uns bei Lezama Lima. Und ich habe mir immer gesagt, ein Glück, das wir einen wie Alberto haben! Einen, der sich über alles lustig macht und damit die weihevolle Atmosphäre auflockert, die im Hause des Dicken immer herrschte. Für uns andere war die Poesie etwas vollkommen Ernstes, Klares, Tellurisches, wie man damals sagte. Für ihn dagegen war es stets ein Mittel, um Scharfsinn, Esprit und Talent zum Ausdruck zu bringen. Alberto Marqués ist nämlich einer der intelligentesten Menschen, die ich kenne. Auch wenn ich ihm immer vorgeworfen habe, dass er bereit ist, für einen guten Scherz, für eine erotische Safari, wie er es nennt, oder für eine seiner dämonischen Schandtaten alles aufs Spiel zu setzen. Sein Bruch in den Fünfzigern mit dem Dicken und der Zeitschrift war eine seiner spektakulärsten Schandtaten, aber selbst das verstand ich. Er brauchte es, für sich zu sein und einsam zu glänzen. So war er schon immer, ein Freischärler und unermüdlicher Sucher. Deswegen bedauerte ich die übermäßige Härte, mit der man ihn behandelte, ihn von allem ausschloss, um ihn für sein respektloses Verhalten und seine künstlerische Aufsässigkeit zu bestrafen. Es war furchtbar traurig, junger Mann. Die zehn Jahre, die sie brauchten, um ihren Fehler einzusehen und zu korrigieren, waren eine zu lange Zeit für ihn. Doch das Außergewöhnliche an Albertos dramatischem Talent zeigte sich ausgerechnet in jenen schwierigen Jahren. Er legte eine einfach beneidenswerte Würde an den Tag, hörte auf zu schreiben, ja, an das Theater überhaupt zu denken, was bei jemandem wie ihm, der auf den Bühnen der Welt zu Hause war, umso mehr erstaunte ... Hat er Ihnen noch nicht erzählt, dass er ein Exhibitionist ist? Also, seien Sie vorsichtig! Alberto ist der geborene Schauspieler, einer der besten, die ich je gesehen habe. Es macht ihm Spaß, seine persönlichen Komödien und Tragödien zu inszenieren. Er übertreibt, was ist, und lässt anklingen, was nicht ist. Und am Ende weiß niemand wirklich, was ist und was nicht ist. Das sei seine Art, sich zu schützen, sich zur Wehr zu setzen, sagt er. Möglicherweise ist sein Charakter der Grund dafür, dass unsere Freundschaft am besten aus der Ferne gedeihen kann. Wir respektieren uns lieber aus der Distanz, als dass wir uns gegenseitig die Luft zum Atmen nehmen. Ich glaube, Sie verstehen mich ... Nein, nein, bei mir war das anders. Ich bin immer Katholik gewesen, wenn auch kein Mystiker wie Ihr Transvestit und alles andere als fromm oder gar asketisch. Wie Sie sehen, trinke ich Rum in beachtlichen Mengen und rauche Pfeife, und ich war immer für die Schönheit eines blühenden Mädchens empfänglich, denn ich bin überzeugt davon, dass es keine andere Schönheit auf Erden gibt, die dem Feuer der Jugend gleichkäme. Letztlich sind wir alle Kinder der Zeit und des Staubes, und selbst die Poesie kann uns nicht davor bewahren. Vor anderen Dingen, ja, vielleicht, aber vor der Zeit, die für jeden von uns einmal abläuft, davor nicht. Deswegen glaube ich, dass man das Leben in den Grenzen eben dieses Lebens genießen sollte, solange wir damit dem Nächsten keinen Schaden zufügen, nicht wahr? Es gab jedoch eine Zeit, in der die Sicht der Welt und des Lebens, die wir katholischen Schriftsteller vertraten, für falsch erachtet und uns vorgeworfen wurde, dass unsere Treue durch spirituelle Bindungen notwendigerweise beeinträchtigt werde und wir deshalb nicht vertrauenswürdig seien. Außerdem seien wir rückschrittlich und Anhänger der idealistischen Philosophie. Und so wurden wir unauffällig aus dem Verkehr gezogen. Nein, nicht so wie Alberto und einige andere. Man spielte gesellschaftliche Verpflichtung gegen geistige Individualität aus und nahm sich vor, uns die positiven Werte zu vermitteln. Ideologisch waren wir ›unrein‹ und für manche sogar schädlich und reaktionär. Jemand mit Moskau-Mentalität war der Überzeugung, Uniformität sei möglich in einem so heißblütigen, so heterodoxen Land wie dem unseren, wo nichts jemals ›rein‹ gewesen ist, und daraufhin begann gegen die Literatur eine hysterische Hetzkampagne, die so manche Leiche auf ihrem Weg zurückließ und viele Verletzte, deren Wunden noch heute nicht vernarbt sind … Mein Abschied von der Bühne war jedoch freiwillig. Ich konnte nicht etwas kritisieren, an das ich immer geglaubt hatte (eine liebe Gewohnheit, würde Alberto sagen), und wollte das Wesentliche nicht gegen das Flüchtige eintauschen. Ich wäre mir selbst untreu geworden, wenn ich mich vom Vergänglichen hätte hinreißen lassen oder wenn ich gar einen Meinungswandel vorgetäuscht hätte, wie so viele … Ich wählte also das

Schweigen, hörte aber nicht auf zu schreiben. Der Marqués ist anders, wie Sie ja wissen werden, wenn Sie sich schon mehrmals mit ihm unterhalten haben. Sein radikales Opfer hat etwas – ich würde sagen, viel – von einer Tragödie. Aber lassen Sie sich nicht von dem täuschen, was er sagt, sondern suchen Sie die Wahrheit in dem, was er gemacht hat. Er hat all die Erniedrigungen und Beleidigungen ertragen, ist aber auf der Insel geblieben, wenn auch nur, wie er sagt, um zu sehen, welches Schicksal jene Niederträchtigen, die ihn angefeindet hatten, am Ende ereilen würde. Er will zumindest die Genugtuung der Rache, auch wenn er nicht im Stande ist, sie in physische Akte oder öffentliche Beleidigungen umzusetzen. Schauen Sie, junger Mann, ich gebe Ihnen den Rat, sich wenn möglich nicht durch all die unappetitlichen Abenteuer und die Geschichten, die Sie über uns gehört haben, beeinflussen zu lassen. Schriftsteller und Künstler sind nicht so diabolisch, wie manchmal geglaubt oder glauben gemacht wird. Haben Sie nie von den Gemeinheiten und Machenschaften gehört, die unter Bankangestellten üblich sind? Oder unter Arbeitern einer Fabrik für unschuldige Babynahrung oder unter den aalglatten Angehörigen des diplomatischen Korps? Kommt so etwas bei Ihnen nie vor, unter Polizisten? Was ich damit sagen will, ist, dass wir nicht das Monopol auf üble Nachrede, Opportunismus und Karrieredenken besitzen. Wie überall gibt es Gute und Böse, und sogar in jedem Einzelnen sind das Gute und das Böse enthalten … Was bleibt mir noch zu sagen, junger Mann, außer Ihnen für den *Añejo* zu danken, den niemand als dämonisch einstufen würde und mit dem wir unser Gespräch an diesem so angenehmen Ort belebt haben … Möglicherweise sind Sie beruflich enttäuscht von mir, vielleicht haben Sie bei mir eine andere Meinung vermutet; aber ich halte in meinem Leben zwei unerschütterlichen Prinzipien die Treue: der Poesie und der Freundschaft. Solange ich lebe, werde ich Gedichte schreiben, egal ob sie veröffentlicht werden oder nicht, ob sie bei den *Juegos Florales* einen Preis gewinnen oder nicht, ob ich mit ihnen Anerkennung finde oder nicht. Und die Freundschaft ist für mich eine Verpflichtung, die man freiwillig eingeht, und wenn man eine Verpflichtung eingeht, muss man sie erfüllen. Auch wenn wir über viele Dinge verschiedener Meinung sind, ist Alberto Marqués mein Freund, und wenn mich jemand, wie Sie zum Beispiel oder sonst irgendjemand, nach ihm fragt, dann ist das Erste, was ich antworte: Er ist mein Freund. Ich glaube, damit habe ich alles gesagt. Meinen Sie nicht, junger Mann?

Während er wartete, verfolgte José Antonio Morales den wunderlichen Flug einer Taube. Er beobachtete, wie der Vogel an Höhe gewann, fast senkrecht aufsteigend, dann die Flügel anlegte und ins Taumeln geriet, so als überkäme ihn das Schwindel erregende Gefühl, ins Leere zu fallen. Dann nahm er wieder seinen Flug auf und verschwand hinter einem hohen Gebäude, um kurz darauf in dem kleinen Ausschnitt des Himmels aufzutauchen, der vom Innenhof aus zu sehen war, wo José Antonio auf die Abrechnung der Tageseinnahmen wartete. Da wurde ihm bewusst, dass er in den achtundzwanzig Jahren als Busfahrer nie eine Taube gesehen hatte, während er auf die Abrechnung wartete, und er verspürte deutlicher denn je die Gewissheit, dass er die Frau umbringen würde.

Bis zu diesem Tag war José Antonio ein ausgeglichener, verantwortungsbewusster Mann gewesen, der nie daran gedacht hatte, jemanden umzubringen, jedenfalls nicht vorsätzlich und kaltblütig. Manchmal jedoch, wenn er am Steuer seines Busses gesessen und gesehen hatte, wie fahrlässig und rücksichtslos sich manche Autofahrer verhielten, war er so außer sich gewesen, dass er am liebsten eine doppelläufige Flinte (aus irgendeinem Mafia-Film) durchgeladen und den Rowdy, der ihm die Vorfahrt genommen hatte, durchs offene Seitenfenster zur Strecke gebracht hätte. Doch auch solche imaginären Hinrichtungen waren mit den Jahren immer seltener geworden, denn José Antonio hatte gelernt, mit den unvorsichtigen Fahrern zu leben, deren Existenz ihm inzwischen so normal vorkam wie die von Ameisen im Zucker oder Rosen in einer Rosenhecke. Oder wurde er womöglich so langsam alt?

Deswegen überraschte ihn seine plötzliche Eingebung so sehr. Er würde die Frau umbringen, jene ganz bestimmte Frau, und nichts auf der Welt würde ihn davon abhalten können. Das Bedürfnis war so übermächtig, dass José Antonio fürchtete, es handle sich um die Fallstricke einer Liebe auf den ersten Blick. Es konnte gar nicht anders sein, sagte er sich, während er das Blatt mit der Aufstellung der Tageseinnahmen unterschrieb. Wenn er siebenundvierzig Pesos und fünfunddreißig Centavos eingenommen hatte, rechnete er, dann bedeutete das, dass an diesem Tag neunhundertsiebenundvierzig Personen an der »Spardose« vorbeigegangen waren, nicht mitgerechnet die Angestellten des Unternehmens, die nur ihren Ausweis vorzeigten, sowie die üblichen Arschlöcher, die mit allen Tricks versuchten, gratis mitzufahren, statt Geld Blechmarken und Unterlegscheiben in den Schlitz warfen oder sich manchmal sogar der schwarzen Magie zu bedienen versuchten. Rund gerechnet also eintausend Fahrgäste, und nur das eine Gesicht hatte sich ihm eingeprägt, das Gesicht jener Frau von dreißig oder fünfunddreißig Jahren, recht hübsch, etwas zu dünn vielleicht, sauber und adrett, aber ohne Schick gekleidet und kaum geschminkt, dieses Gesicht hatte sich seinem Gedächtnis eingeprägt, zusammen mit einem Gedanken, der ihm wie ein Befehl vorkam: Er würde sie umbringen.

Zu Hause angekommen, folgte José Antonio einer Routine, in der die tägliche Arbeitsroutine des Busfahrers ihre Fortsetzung fand. Er ging seitlich am Haus vorbei direkt nach hinten auf die Terrasse, legte sein Busfahrerkissen auf einen Stuhl und wusch sich, gewissenhaft wie ein Chirurg, die Hände, wobei er sich bis zu den Ellbogen einseifte. Er hatte das Gefühl, nur so den gefährlichen Dreck loswerden zu können, den all die Leute in seinem Bus hinterließen: Saubere und Schmutzige,

Kranke und Gesunde, Leute, die sich wer weiß wo angesteckt hatten, und Neugeborene, die nach Kölnischwasser rochen. Nach dem Händewaschen nahm er sein Sitzkissen und betrat pfeifend durch die Hintertür das Haus, wo seine Frau wie jeden Tag um diese Zeit zwischen Spülbecken und Herd hantierte. Er gab ihr einen Kuss auf die Wange, bekam einen zurück, fragte sie, ob Toñito schon aus der Schule zurück sei, und atmete genüsslich den Geruch nach Gebratenem ein, während sie ihn fragte, wie es ihm ergangen sei, und er »Gut« antwortete. Sie aßen, sprachen über das Übliche – das Geld, das hinten und vorne nicht reichte, die Verkehrsmittel, die so schlecht waren, die Hitze, die nicht nachlassen wollte, die Möglichkeit, dass sie wieder in der Fabrik arbeiten würde –, und dann hielt er seinen Mittagsschlaf. Nach zwei Stunden stand er auf, schlüpfte in seine Badelatschen, trank den von seiner Frau frisch zubereiteten Kaffee und setzte sich mit der Tageszeitung auf die Terrasse, wo er wieder an die von ihm zum Tode verurteilte Frau dachte. Und er versuchte zu vergessen, dass er sie ganz bestimmt umbringen würde.

Am darauf folgenden Morgen erschien die Frau nicht. José Antonio Morales erinnerte sich, dass sie gestern auf seiner dritten Runde (Abfahrt vom Busbahnhof: 8.16 Uhr) an der Haltestelle Ecke San Leonardo und 10 de Octubre (8.29 Uhr) eingestiegen war. Er verspürte weder Erleichterung darüber, dass sie nicht kam, noch machte er sich übermäßig große Sorgen. Er würde sie auf keinen Fall vergessen können, das wusste er, und er war entschlossen, sie zu töten. Auch an den sechs folgenden Tagen kam die Frau nicht. Erst am Dienstag (am selben Tag vor einer Woche hatte er sie zum ersten Mal gesehen) stieg sie wieder ein, adrett, aber nicht elegant, kaum geschminkt, unter dem Arm eine mit Büchern und Papieren voll gestopfte Aktentasche, die José Antonio bei ihrer ersten Begegnung nicht bemerkt hatte. Sie warf ihr Fahrgeld in den Schlitz der Büchse, ohne den Busfahrer, der beschlos-

sen hatte, sie umzubringen, auch nur anzusehen. Er dagegen sah sie an, so wie er alle Fahrgäste ansah, schloss die Tür und fuhr los, um sich in den fließenden Verkehr der breiten, ziemlich schmutzigen Calzada del 10 de Octubre, ehemals Jesús del Monte, einzufädeln.

Abends bei der Tagesschau sagte sich José Antonio, dass seine Vermutung, er kenne sie von früher und wolle sie deshalb umbringen, absurd war. Tatsächlich hatte er sie bis zu jenem Dienstag noch nie gesehen, und vielleicht hätte er sie in seinem ganzen Leben niemals gesehen, wenn er drei Wochen zuvor bei der Verteilung der Routen für das zweite Halbjahr nicht den (für sich selbst, seine Frau und die anderen Busfahrer) überraschenden Entschluss gefasst hätte, die Linie 4 gegen die 68 zu tauschen, die zwei Minuten früher als seine bisherige Tour begann und drei Minuten später, um 13 Uhr 27, endete. Der Entschluss war so spontan wie unwiderruflich gewesen, und später erst hatte José Antonio versucht, eine Rechtfertigung dafür zu finden. Er verdiente jetzt zweiunddreißig Centavos mehr pro Tag, vielleicht hatte er sich auf der Route 4 gelangweilt, die Fahrgäste der 68 unterschieden sich ein wenig von denen der 4, die Strecke durch das Apolo-Viertel war sehr hübsch, vielleicht war es an dem Tag, an dem die Routen neu verteilt wurden, im Versammlungsraum sehr heiß gewesen und er hatte sich mit seinen noch ungewaschenen Händen unbehaglich gefühlt … Oder wurde er womöglich so langsam alt? Er war jetzt siebenundvierzig. Als er direkt nach dem Militärdienst als Busfahrer angefangen hatte, war er gerade mal neunzehn gewesen. Und die ganzen Jahre über war er die Linie 4 gefahren. Jeden Tag fünf Mal quer durch Havanna, elf Monate im Jahr, immer dieselben Straßen, zur selben Zeit, mit denselben Haltestellen und zum Teil sogar mit denselben Fahrgästen, mit denen er sich im Laufe der Monate und Jahre angefreundet hatte. Er war auf so manchen Hochzeiten, Geburtstagen und sogar Beerdigungen gewesen und hatte den einen oder anderen ins Krankenhaus begleitet, und nie war es ihm in den Sinn gekommen, einen seiner Fahrgäste zu töten.

Nichts hatte den voraussehbaren und viel weniger noch den logischen Ablauf seines Lebens gestört. Mit einundzwanzig hatte er geheiratet, hatte einen Sohn bekommen, dem er seinen Namen gegeben hatte; seine Mutter war kurz nach ihrem zweiundsechzigsten Geburtstag gestorben, friedlich, im Schlaf; und er hatte das Glück gehabt, nicht für den Angolakrieg eingezogen zu werden, auch wenn er 1975 einmal aufs Wehramt vorgeladen worden war, wo man ihm mitteilte, dass er der Artilleriereserve 2154 angehöre, und ihn fragte, ob er bereit sei, als Soldat der Internationale zu kämpfen, wohin die Revolution ihn auch schicke, und er mit Ja geantwortet hatte.

In jener Nacht von Dienstag auf Mittwoch schlief José Antonio tief und fest, nachdem er seine Frau in ihrer Lieblingsstellung geliebt hatte (sie saß rittlings auf ihm und führte sein Glied ein, und so konnte sich José Antonios von all den Busfahrerjahren malträtierte Wirbelsäule auf der Matratze erholen, während ihre Vagina auf seinem Penis kreiste). In den übrigen Nächten der Woche schlief er ebenfalls gut, nur in der Nacht von Montag auf Dienstag glaubte er eine leichte Unruhe zu verspüren wegen der Begegnung, die ihn am darauffolgenden Morgen erwartete. Doch er schloss die Augen, und nach vier Minuten versank er im Strudel des Schlafes, wie die wunderlich taumelnde Taube.

Wenn man achtundzwanzig Jahre als Busfahrer arbeitet, beherrscht man alle Tricks, die nötig sind, um in diesem Beruf zu überleben: Die Ausreden für den Inspektor, der einen ein paar Minuten früher als fahrplanmäßig vorgesehen erwischt; die verschiedenen Arten, einem wütenden Fahrgast zu begegnen, wobei man wissen muss, wann man aggressiv reagiert oder lieber eine Entschuldigung murmelt oder besser so tut, als hätte man die Beleidigung nicht gehört; wie man sich an einem bestimmten Verkaufsstand, der auf der Route liegt, einen Kaffee besorgt, ohne Schlange stehen zu müssen; oder wie man, je nach Geschlecht, Alter und Interessenslage, mit jemandem ins Gespräch kommt.

José Antonio sah sie mit ihrer Aktentasche zusammen mit drei weiteren Fahrgästen an der Haltestelle stehen. Er hielt zehn Meter vor den Wartenden und zwang sie so, die paar Schritte zum Bus zu gehen. Sie stieg als Letzte ein, und als sie, bestimmt verärgert über die Schikane, ihr Fahrgeld in den Schlitz werfen wollte, sagte er: Ich glaub, Sie müssen alle in einen anderen Bus umsteigen. Wenn er einen bestimmten Grund dafür angegeben hätte, wie zum Beispiel: Die Bremsen sind defekt, oder: Wir haben 'ne Panne, oder etwas Ähnliches, wäre es nur dann zu einem Gespräch gekommen, wenn sie eine sehr geschwätzige Person gewesen wäre. Doch seine vage Bemerkung erwies sich als eine geschickte Methode. Die Frau blieb neben ihm stehen, hielt sich an der Haltestange fest und fragte: Warum? Und er erklärte ihr, dass mit der Scheibenbremse am rechten Vorderrad etwas nicht in Ordnung sei, bot ihr an, ihr die Aktentasche abzunehmen und sie auf die Ablage zu legen, und erfuhr ganz nebenbei, dass sie Englischlehrerin am Gymnasium von Luyanó war und ihr Unterricht am Dienstag erst nach der ersten Pause begann, um fünf vor neun, und dass der Bus normalerweise gerade rechtzeitig dort ankam (um 9 Uhr 42), aber wenn sie jetzt alle umsteigen müssten …

Bis Ende September und den ganzen Oktober hindurch stieg sie jeden Dienstagmorgen in seinen Bus. Er verstaute ihre Aktentasche über dem Armaturenbrett, und sie unterhielten sich dreizehn Minuten miteinander. Und in diesen dreizehn Minuten erzählte sie ihm, dass sie Isabel María Fajardo hieß, einunddreißig Jahre alt war, geschieden, ohne Kinder, dass sie schon sehr lange Lehrerin war und sich für eine langweilige Frau hielt. Dann, eines Morgens, gab sie ihm ihre Privatadresse, und am dritten Dienstag im Oktober lud sie ihn zum Kaffee zu sich nach Hause ein. Nach sechs bin ich immer da, sagte sie.

José Antonio dachte schon daran, einen Psychiater aufzusuchen, verwarf diesen Gedanken aber sogleich wieder. Er war alles andere als verrückt, und sein Entschluss, Isabel María Fajardo umzubringen, war weniger ein von ihm selbst gefälltes Todesurteil, sondern folgte einem Befehl, den er erhalten zu haben glaubte. Von wem? Vielleicht konnte ihm ein Priester oder ein Geisterbeschwörer, ein babalao, *eine Antwort darauf geben, ein Psychiater jedoch nicht. Das einzige Problem bestand darin, dass er sich als totalen Atheisten betrachtete, ohne Hoffnung auf ein Jenseits. Am meisten aber beschäftigte ihn die Frage, warum seine Wahl ausgerechnet auf Isabel María gefallen war. Wenn er schon einen Menschen umbringen musste, warum dann nicht jemanden, der sich besser dafür eignete? Jemanden, den er hasste oder der ihm zumindest unsympathisch war, oder einen Todkranken, der ihm für diesen Akt der Barmherzigkeit dankbar gewesen wäre, oder besser noch ein schädliches Element, über dessen Hinrichtung durch einen anonymen, freiwilligen Henker sich die Gesellschaft hätte freuen können. Von solchen »unerwünschten Personen« kannte er einige. Warum also Isabel María? Nach sieben Dienstagen und ungefähr einundneunzig Gesprächsminuten hatte diese Frau noch kein besonderes Gefühl in ihm geweckt, weder Hass noch Liebe, weder Abneigung noch Begierde. Nichts, was das Vorhaben (den Befehl?), sie umzubringen, gerechtfertigt hätte. Wie er gehörte sie zu den Millionen einfacher Menschen, die die Erde bevölkerten, die ihre Tage auf dieser Insel anständig zu verbringen versuchten, ohne übermäßige Begeisterung oder Groll, nicht im größeren Widerspruch zur Gesellschaft oder zu der Zeit, in der sie lebten, ohne eine bestimmte politische Meinung oder ehrgeizige persönliche Pläne. Isabel María arbeitete, aß, schlief, litt ein wenig an ihrer Einsamkeit, ohne sich allerdings sehr deswegen zu grämen, und hörte gerne, wie sie ihm bereits gestanden hatte, stundenlang Musik, Klassik oder Folklore. Warum also sie? Vielleicht aus genau diesem Grund, dachte er, weil sie nichts Besonderes war. Aber hatte er es schon gewusst, bevor er sie kennen gelernt und beschlossen hatte, sie umzubringen?*

Das Seltsamste daran, sagte er sich, als er daran dachte, sie umzubringen, war jedoch, dass er keine Eile damit hatte und auch keinen genauen Plan. Er überlegte sich, sie weder heimtückisch noch vorsätzlich zu töten, sondern durch einen Unfall, den er mit seinem Bus herbeiführen würde. Doch dann wurde ihm wieder klar, nein, er musste sie mit seinen eigenen Händen umbringen, eines vielleicht gar nicht mehr so fernen Tages.

José Antonio war ein eifriger Zeitungsleser. Jeden Nachmittag widmete er den Nachrichten und Kommentaren mehr als eine Stunde und nahm sich vor, möglichst nichts zu vergessen. Tag für Tag geschahen so viele Dinge auf der Welt, dass sie einem kaum vierundzwanzig Stunden im Gedächtnis blieben, um dann Platz für neue Nachrichten, neue Ereignisse zu machen. An jenem Donnerstag las er mit großem Interesse einen Bericht über Aids und die geringen Hoffnungen, in nächster Zeit ein Mittel dagegen zu finden, trotz der Bemühungen tausender von Wissenschaftlern in aller Welt. Und er dachte: Wenn es einen Gott gibt, dann ist Aids eine Strafe Gottes. Aber wenn es ihn nicht gab, warum geschahen dann solche Dinge? Er, der sich sonst nicht so viele Gedanken machte, kam zu dem Schluss, dass diese Seuche, wo immer sie auch herkam, eine Strafe gegen die Liebe sein müsse. Der Gedanke gefiel ihm so sehr, dass er ihn seiner Frau mitteilte, während er duschte. Dann sagte er: Ich schau mal kurz bei Tante Angelina vorbei, dabei hatte er vor, zu Isabel María zu gehen, die ihn schon zweimal, an den letzten beiden Dienstagen, zum Kaffee eingeladen hatte.

Er klingelte, und während er wartete, dachte er darüber nach, wie er sich gerade fühlte. Ich bin nicht nervös, ich habe keine Angst, ich weiß nicht, ob ich sie schon heute umbringen werde, sagte er sich, als sie die Tür öffnete. Dünn und kaum geschminkt wie immer, aber noch sauberer als sonst, mit soeben gewaschenen, noch feuchten Haaren, schien sie nicht sehr überrascht, ihn zu sehen, und bat ihn herein. Sie trug einen sehr dezenten Bademantel, und irgendwo in der Wohnung spielte eine düstere Musik, jene Art Musik, die José Antonio noch nie hatte auseinander halten können. Später sollte sie ihm sagen, dass es das Requiem von Mozart war. Sie gingen in die Küche, denn er sagte, er sei gekommen, um den versprochenen Kaffee zu trinken. Sie stellte die gusseiserne Kanne aufs Feuer, und sie setzten sich an den Tisch. Die Küche war sauber und hell, José Antonio fühlte sich wohl, ganz entspannt, so als wäre er hier zu Hause. Während er den Kaffee schlürfte, wurde ihm klar, dass er nicht wusste, was in den nächsten Minuten passieren würde. Würde er versuchen, mit ihr zu schlafen? Oder würde er fortgehen, nachdem er den Kaffee ausgetrunken hätte? Würde er ihr vielleicht sogar erzählen, dass er sie umbringen wollte? Er sah sie an. Isabel María hielt seinem Blick stand. Ihre Augen waren die einer erwachsenen Frau, die auf alles gefasst ist, und er hörte sie fragen: Bist du hergekommen, um mit mir zu schlafen? Und er antwortete: Ja.

Unter dem Bademantel war Isabel María nackt. Als sie sich aufs Bett fallen ließen, er auf den Rücken, setzte sie sich rittlings auf ihn, führte sein Glied ein und ließ ihre Vagina kreisen, so als wüsste sie, dass sich José Antonios von all den Busfahrerjahren malträtierte Wirbelsäule in dieser Position am besten erholen konnte. Es war ein ordentlicher, gut aufeinander abgestimmter Geschlechtsakt, der sie beide befriedigte.

Und dann fing sie an zu erzählen: Schon als ich dich das erste Mal sah, zwei Wochen bevor wir miteinander gesprochen haben, wusste ich, dass wir im Bett landen würden. Ich weiß nicht, woher und warum mir dieser Gedanke gekommen ist, aber ich wusste, dass du mich ansprechen und irgendwann hierher zum Kaffeetrinken kommen würdest. Es war schon ziemlich seltsam, denn als ich dich ansah, habe ich nichts gefunden, was mir besonders an dir gefallen hätte, und außerdem habe ich geglaubt, ich wär immer noch in Fabián verliebt, den

Direktor meiner Schule. Aber ich hatte so ein Vorgefühl, wie ein starkes, nicht zu unterdrückendes Bedürfnis, fast wie ein Befehl, was weiß ich, sagte sie und küsste ihn auf die Lippen, auf die Brustwarzen, auf den Bauch und auf die dunkelrote Eichel. Und nun bist du hier. Was mich am meisten beschäftigt hat, fuhr sie fort, war die Frage, warum ausgerechnet du … Bei mir war es ähnlich, gestand er ihr und verspürte plötzlich das Bedürfnis, noch etwas Kaffee zu trinken. Ich trink noch etwas Kaffee, sagte er.

Er stand auf, und bevor er in der Küche verschwand, betrachtete er einen Moment lang Isabel Marías nackten Körper. Zwei kleine Brüste mit dunkelroten Brustwarzen, ein schwarzes Dreieck aus fast glattem, strähnigem, wie ungekämmtem Haar. Er ging in die Küche, trank einen Schluck Kaffee, zündete sich eine Zigarette an und ging rauchend zurück ins Schlafzimmer. In der Hand hielt er ein Messer. Er stach es ihr in den Brustkorb, unterhalb der linken Brust. Sie bewegte sich kaum. Warum sie?, fragte er sich wieder, bevor er die Zigarette in dem Aschenbecher ausdrückte, der neben dem Bett stand. Er beschloss, sie anzukleiden, damit man sie nicht nackt finden würde. Als er das Kopfkissen zur Seite schob, berührte er das kalte Messer, das sie vielleicht selbst bereitgelegt hatte, um ihrer eigenen Eingebung zu folgen und dem Befehl zu gehorchen. In diesem Moment fiel José Antonio ein, dass er sich beeilen musste, denn seine Frau hasste es, ohne ihn zu Abend zu essen.

Mario Conde
9. August 1989

»Fehlt nur noch der Titel, Kleiner.«

»Später, Dünner, später. Sag mir erst mal, wie du die Geschichte findest.«

»Affengeil.«

»Sonst nichts?«

»Untergründig.«

»Und anrührend?«

»Das auch.«

»Und sie gefällt dir?«

»Furchtbar.«

»Furchtbar gut oder furchtbar schlecht?«

»Furchtbar gut, du, ehrlich, furchtbar gut. Lass dich umarmen, du alter Spinner. Leck mich am Arsch, Mann, endlich hast du wieder angefangen zu schreiben!«

Mario Conde beugte sich über den Rollstuhl, ließ sich in die offenen Arme seines Freundes fallen und von ihm an die verschwitzte Brust drücken. Zu wissen, dass er wieder schreiben konnte und das Geschriebene dem Dünnen gefiel, war eine zu explosive Mischung für den sentimentalen Teniente. Er fühlte, dass er den Tränen nahe war, nicht nur weil es ihn so freute, sondern auch, weil er an die Zukunft denken musste, die er sich ohne den dünnen Carlos unmöglich vorstellen konnte, seinen einzig-besten Freund seit zwanzig Jahren, den das Leben mit so viel Güte ausgestattet hatte, mit so viel Intelligenz, so viel Optimismus und Freude am Leben mit einer Kugel im Rücken, die aus einem nie identifizierten, hinter irgendeinem Sandhügel in der Namibwüste lauernden Gewehr gekommen war.

»Glückwunsch, Kleiner! Aber morgen hab ich 'ne Kopie, oder du lässt dich hier nicht mehr blicken, klar? Ich kenn dich doch, du, eines schönen Morgens stehst du auf, hältst das Ganze für Affenscheiße und zerreißt die Blätter.«

»Schon gut, Alter.«

»Hör mal, das muss gefeiert werden, oder? Du nimmst dir jetzt zwanzig Pesos aus der Schublade, legst noch zehn drauf und holst zwei Flaschen *Legendario.* Den solls heute in der Bar ›Santa Catalina‹ geben.«

»Zwei Flaschen?«

»Ja, klar, für jeden eine, oder?«

»Das ist ja krass!«, rief Mario.

»Krass? Was soll das denn? Ich glaub, dir bekommt der Umgang mit den Schwulen nicht, mein Junge. Wie du schon redest in letzter Zeit ...«

»Stimmt, etwas fällt immer ab. Ein Spatzenhintern zum Beispiel.«

»Spatzenhintern?«

»Ach, lass, erzähl ich dir später. Ich besorg erst mal den Rum. Aber rühr dich bloß nicht vom Fleck, hörst du?«

»Sehr witzig! Ich geb die Geschichte inzwischen der Alten zum Lesen. Und wenn sie ihr gefällt, gibts 'n Superessen.«

»Und wenn nicht?«

»Reis mit Omelett.«

Josefina schnäuzte sich die Nase und sagte: »Ach, Condesito, das arme Mädchen! Sie einfach umzubringen, nur so. Du hast aber auch Ideen! Und dieser Busfahrer ... Ich bin richtig gerührt. Mein Sohn da meint, das wär die beste kubanische Geschichte der Welt, hat er wörtlich gesagt, und deswegen hab ich mir überlegt, was kann ich denen zu essen machen, damit sie 'ne Grundlage haben und den Rum nicht auf leeren Magen trinken. Am Ende hab ich nichts Besonderes gemacht, irgendwas, was mir so eingefallen ist. Aber ich glaub, es wird euch schmecken: Gefüllter Puter mit Reis und schwarzen Bohnen.«

»Puter?«

»Gefüllt?«

»Ja, ist ganz einfach. Gestern hab ich den Puter gekauft und eingefroren. Heute hab ich das Gefrierfach auftauen lassen und den Puter in Knoblauch, Pfeffer, Kümmel, Oregano, Basilikum und Petersilie eingelegt. Und natürlich bittere Orangen und Salz. Von außen und von innen. Dann hab ich schön viel Zwiebeln draufgelegt, so, in großen Scheiben, und den eingelegten Puter weiter auftauen lassen. Eigentlich soll man das Ganze ja ein paar Stunden ziehen lassen, aber wenn ich mir eure hungrigen Gesichter angucke … Die schwarzen Bohnen hatte ich schon auf dem Feuer, jetzt musste ich nur noch einen guten Sud auslassen: zwei Scheiben fetten Speck, in kleine Würfel geschnitten und scharf angebraten, dazu Zwiebeln, aber diesmal klein gehackt, gepresster Knoblauch und Peperoni und zack!, den Sud über die Bohnen gießen, wenn sie schon fast gar sind, und dazu noch eine Tasse trockenen Wein, damit das Ganze leicht säuerlich bleibt, so wie ihrs am liebsten mögt, oder?«

»Ja, ja, genauso mag ichs!«

»Ich auch, ich auch!«

»Und dann?«

»Na ja, dann hab ich den Reis aufgesetzt, mit Lorbeerblättern, noch etwas Oregano, nur so 'n klein bisschen, dazu 'ne Prise Salz und jede Menge Zwiebeln, wieder klein gehackt. Ich hab gewartet, bis der Reis fast trocken war, aber noch nicht verkocht, klar, und damit, mit dem Reis und den Bohnen und dem Sud, hab ich den Puter gefüllt und die Füllung im Puter fertig kochen lassen, ja? Aber wisst ihr, was ich nicht hatte? Zahnstocher, um den Puter zu schließen! Ich hab dafür die Stängel der Orangen genommen, die sind ja lang genug und ziemlich hart … Ja, und dann natürlich ab in den Ofen! Also, Jungs, keine Panik, das dauert noch 'ne Weile. Könnt noch ruhig was trinken, so gegen halb zehn wirds so weit sein … Komm, gieß mir auch 'n Schlückchen ein, Condesito … Ja, ja, das reicht, ich werd noch betrunken …«

»Und wie viele Personen werden davon satt, Jose?«

»Der Vogel war rund acht Pfund schwer, also müsste es für zehn oder zwölf reichen. Aber mit euch beiden … Hoffentlich bleibt noch was für morgen Mittag übrig … Ich geh mal nachsehen …«

»Hast du das gehört, Kleiner? Die Alte ist der helle Wahnsinn.«

»Das Einzige, was sie nicht hatte, waren Zahnstocher! Frag mich nur, woher zum Teufel sie den Rest hat …«

»Hör auf, den Bullen zu spielen, du! Gib mir lieber was zu trinken … Mit diesem *Legendario* kann man sich so richtig schön den Arsch voll saufen und alles vergessen.«

»Was ist los mit dir, Dünner?«

Carlos trank einen großen Schluck und schwieg.

»Immer noch wegen Dulcita?«

Carlos sah seinen Freund lange an. »Riechst du was? Der Puter wird langsam gar«, sagte er. »Hör mal, weißt du, was nach so einem Essen gut kommen würde? Eine gute Zigarre, eine Montecristo oder so, was?«

»Scheiße, ja, natürlich, eine Montecristo!«, rief Mario Conde und leerte sein Glas in einem Zug. »In der Montecristo liegt die Wahrheit«, rief er und sah endlich das Gesicht aus dem Traum deutlich vor sich. Ein schmutziger, plötzlich reißender Fluss hatte die Maske aus tausend Lügen fortgespült, hinter der sich die Wahrheit versteckt hatte. »Ja«, wiederholte er, »in der Montecristo liegt die Wahrheit!«

5

Kein Verbrechen zahlt sich aus. Das war die philosophisch tiefsinnige Schlussfolgerung, zu der er gelangen konnte, als er das kalte Wasser der Dusche auf dem Rücken spürte. In seinem Mund hielt sich noch der bittere Nachgeschmack einer Flasche Legendario, eine lebhafte Erinnerung an den Vorabend. Er war jedoch überrascht, dass er nur leichte Kopfschmerzen hatte und ein Hungergefühl verspürte. Wie war das möglich? Nachdem er zwei Duralginas geschluckt hatte, musste er mit Entsetzen feststellen, dass seine letzten Kaffeereserven im Einsatz der Kanne verschwanden. Während der Kaffee durchlief, zog er sich seine alte Jeans an – auch du brauchst unbedingt 'ne Dusche, sagte er zu ihr, als sein Blick auf die schmutzstarrenden Stellen an Oberschenkeln und Taschen fiel – und ging vor die Tür, um auf Sargento Palacios zu warten und sich, wie jeden Sonntagmorgen, voller Nostalgie das Leben eines Viertels ins Gedächtnis zu rufen, das sich ebenfalls verwandelt, transformiert und für immer verändert hatte. Hier war er an vielen Sonntagen seines Lebens glücklich und unglücklich gewesen (zu gleichen Teilen), seit er denken konnte. Die Glocken der Pfarrkirche läuteten seit vielen Jahren für niemanden mehr, und von der nahe gelegenen Bäckerei war schon seit Ewigkeiten nicht mehr der intensive Duft frisch gebackenen Brotes herübergeweht. Wie und woraus wird jetzt das Brot gemacht, fragte er sich, dass ich gar nichts mehr rieche? Doch er musste zugeben, dass es trotz allem ein ganz einfach wunderschöner Morgen war. Der heftige Regen vom Vortag hatte Himmel und Erde vom Schmutz gereinigt, und das strahlende Sonnenlicht erhellte auch den finstersten Gedanken. Ein schöner Tag für ein schönes Baseballspiel (vielleicht um Geld?), dachte El Conde und ging ins Haus, um eine große Morgentasse Kaffee zu trinken und mit der belebenden, bitteren Flüssigkeit die

Gespenster des Schlafes und die letzten Alkoholreste zu vertreiben. Als er sich danach die erste Zigarette des Morgens anzündete, vernahm er das Hupen, das ihn nach draußen rief. Mit flatterndem Hemd eilte er an die Straße, öffnete die Beifahrertür des Dienstwagens und begrüßte den Sargento.

»Also, wohin?«, brummte Manolo resigniert.

»Hab ich dir etwa den Sonntag versaut?«

»Ach was, natürlich nicht.«

El Conde grinste. Das hat mir grade noch gefehlt, dachte er. Auch er hätte es vorgezogen, heute nicht zu arbeiten und zu Hause zu bleiben, zu schlafen, zu lesen oder sogar zu schreiben, jetzt, da er wieder mit dem Schreiben begonnen hatte. Laut sagte er: »Wir fahren in die Zentrale, zum Alten … Sag mal, gibts was Neues von Salvador?«

»Nein, immer noch nichts.«

Der Sargento fuhr los, ohne seinen Chef eines Blickes zu würdigen. Auf Höhe der Kirche gab sich El Conde geschlagen. »Mir ist nämlich was eingefallen, Manolo«, sagte er, »das könnte die ganze Geschichte mit einem Schlag beenden. Deswegen hab ich dich angerufen.«

Er wartete auf eine Frage seines Kollegen. Vergeblich. »Erinnerst du dich«, fuhr er fort, »dass man am Tatort unter anderem den Stummel einer Montecristo gefunden hat?«

Wieder wartete er auf eine Reaktion, aber diesmal musste er nicht lange warten.

»Scheiße, Conde, das stimmt! Glaubst du …? Nein, das gibts doch nicht … Der eigene Vater?«

»Mal sehen, ob noch was übrig ist von der Montecristo, die ich an den Alten weitergereicht habe. Das Labor wird uns dann schon sagen können, ob die beiden Zigarrenstummel aus derselben Kiste stammen. Und wenn sie auch nur entfernt miteinander verwandt sind, dann hat Faustino Arayán die längste Zeit dicke Zigarren geraucht, das schwör ich dir!«

Manolo ließ sich vom Enthusiasmus des Teniente anstecken und drückte das Gaspedal bis zum Anschlag durch. Das verschreckte Auto tat einen Satz nach vorn.

»Sachte, Manolo, sachte, wir haben Zeit genug.«

»Je schneller wir damit fertig sind, desto schneller bin ich wieder zurück. Du müsstest die Kleine sehen, die ich gestern aufgerissen hab ...«

Während der Sargento die Vorzüge seiner neuen »Verlobten« pries – manchmal nannte er sie so, obwohl niemand niemandem etwas gelobt hatte, nicht mal im Traum, und nach Marios Berechnungen war dieses tolle Weib die Nummer sechzehn des laufenden Jahres –, versuchte sich El Conde vorzustellen, was am Abend der Verklärung Christi im Stadtwald von Havanna geschehen war. Doch bald ließ ihn seine armselige Fantasie im Stich. Was für ein Film ist da abgelaufen? Ein Vater, der seinen Sohn tötet? Und die beiden Pesostücke?, fragte er sich, und schon fuhr Sargento Palacios auf den Parkplatz der Kripozentrale, der leer und friedlich in der Sonne dalag wie alles an diesem Sonntagvormittag im August.

El Conde beschloss, die Ruhe im Gebäude auszunutzen und den Fahrstuhl zu nehmen, um sich wenigstens einmal in der Woche das Treppensteigen in die oberste Etage zu ersparen. Doch als sich die Metalltür öffnete, traf ihn fast der Schlag: Drei Männer in Felduniform, aber ohne militärische Rangabzeichen, hefteten ihre Augen auf ihn. Sein Gehirn musste sich in Sekundenschnelle entscheiden. Es riet ihm, einen guten Morgen zu wünschen und den Eisenkäfig zu betreten, anstatt davonzulaufen und doch die Treppe zu nehmen, wie er es am liebsten getan hätte. Die Männer grüßten zurück. El Conde drehte ihnen den Rücken zu und starrte auf die kleine Tafel, die das jeweilige Stockwerk anzeigte. Auf seiner Haut brannten die musternden Blicke. Vielleicht waren diese drei Männer dieselben, die Manolo befragt und unter Beweis gestellt hatten, dass sie alles, aber auch alles über ihn wussten. Vielleicht waren es dieselben, die die Suspendierung seines Freundes Contreras verfügt und die arme Maruchi aus dem Vorzimmer des Alten verbannt hatten. Die Boten einer neuen Apokalypse. El Conde stellte sie sich als Inquisitoren vor, wie sie in langen Mänteln grausame Foltermethoden anwandten oder Scheiterhaufen anzündeten. In ihnen fand das widernatürliche Gesetz, das Polizisten andere Polizisten überwachen ließ, seine ungeliebten, gnadenlosen Vollstrecker. El Conde bedauerte es, etwas mit ihnen ausgetauscht zu haben, wenn auch nur so etwas Selbstverständliches wie den Morgengruß. Der Aufzug hielt in der dritten Etage, die Männer gingen mit einem »Entschuldigung« an ihm vorbei und sagten: Bis dann, Teniente, und während er die Hand ausstreckte, um die 4 zu drücken, befahlen ihm sein Stolz und seine Würde, ihnen die Antwort schuldig zu bleiben.

Als er den verwaisten Vorraum des Büros von Mayor Rangel betrat, spürte er, dass sein Gesicht brannte, so als hätte man ihn geschlagen. Eine Mordswut stieg in ihm hoch. Er fühlte sich wie ein wilder Stier, der jeden Augenblick angreift. Er wartete, bis er ein wenig Dampf abgelassen hatte, dann ging er zu der Glastür, hinter der er die Stimme seines Chefs vernahm. Der telefoniert, schloss er, als er keine zweite Stimme antworten hörte, und klopfte leise an die Scheibe.

»Komm rein, Conde«, sagte Mayor Rangel.

Woher weiß der immer, dass ich es bin?, fragte sich El Conde. Er trat ein, grüßte mit einer Handbewegung und wartete, bis der Alte das Telefonat beendete. Der Mayor sagte zwei-, dreimal »Ja«, dann legte er den Hörer behutsam auf die Gabel, so als hätte er Angst, ihn zu beschädigen. Auch heute am Sonntag trug er Uniform, stellte El Conde fest. Irgendetwas war im Busch.

»Man kriegt hier einfach keine Ruhe, Conde«, sagte Rangel und schaute zum Fenster hinaus. »Und du, was machst du heute hier? Hast du gestern mit Eligio gesprochen? Und dein Fall, hast du den inzwischen gelöst?«

»Ich glaub, ich steh kurz davor.«

»Wie viele Tage hampelst du jetzt schon mit diesem Scheißfall rum?«

»Vier.«

»Vier Tage, und jetzt glaubst du, du stehst kurz vor der Lösung!?«

»Ich brauch deine Hilfe, Chef ... Keine Angst, nichts Kompliziertes«, beruhigte er ihn, als er ein skeptisches Grinsen auf seinen Lippen sah. »Hast du die Montecristo schon geraucht, die ich dir neulich geschenkt hab?«

»Ja, warum?«, fragte Rangel zurück und sah seinen Untergebenen überrascht an.

»Und wo ist die Kippe?«

»Was soll das denn jetzt, Mario? Außerdem heißt das nicht Kippe, sondern Stummel.«

»Von mir aus auch Stummel. Genau den brauch ich. Mir ist da so 'ne Idee gekommen ...«

»Du und 'ne Idee? Ist ja ganz was Neues ... Vielleicht im Papierkorb, der ist gestern nicht geleert worden.« Er hob den Korb hoch, schaute hinein und rief: »Da ist er ja! Unverkennbar der Rest einer Montecristo ... Und was willst du damit, Conde?«

Der Mayor hatte die Zigarre weiter aufgeraucht, als es sonst seine Art war. Mario besah sich den völlig zerkauten Stummel und schloss daraus, dass sein Chef die Montecristo genossen hatte. Obwohl ... Um derart darauf herumzukauen, muss er beim Rauchen ziemlich gereizt oder nervös gewesen sein, dachte er. »In einer halben Stunde weiß ich mehr, das versprech ich dir«, sagte er und verließ das Büro mit dem Zigarrenrest in der Hand.

»Versprich nicht zu viel, Mario!«, hörte er den Mayor rufen.

»Also, Conde, mit letzter Sicherheit lässt sich das nicht sagen, aber einiges deutet darauf hin, dass die beiden Zigarren denselben Ursprung haben … Moment, das heißt nur, dass sie aus einem ähnlichen Blatt gemacht sind, allerdings nicht von derselben Hand. Die hier, die aus dem Stadtwald, die längere, ist etwas fester gerollt, und offenbar wurde sie nur einmal angezündet. Der Rest am Mundstück weist nämlich weniger Teer- und Nikotingehalt auf als die andere. Außerdem wurde sie nur halb geraucht, was vielleicht der Grund dafür ist, dass die Bauchbinde nicht entfernt wurde … Nein, keine Spuren, nur etwas Erde, sonst nichts … Vergiss nicht, dass sich in ein und derselben Kiste die Zigarren von verschiedenen Arbeitern befinden können. Sie werden zusammengelegt, wie sie gerade kommen. Aber eins kann ich mit Sicherheit sagen: Die beiden Zigarren sind von derselben Tabakqualität, ich würde sogar sagen, sie stammen von derselben Ernte. Obwohl … Das heißt noch gar nichts.«

»Dann kann ich also nicht davon ausgehen, dass die beiden Scheißzigarren Brüder sind?«

Der Mann aus dem Labor grinste den Teniente an. »Aber warum willst du sie denn unbedingt verbrüdern? Sie haben denselben Ursprung, Punkt! Aber verlang nicht von mir, dass ich dir sage, sie sind Brüder oder stammen von demselben Strauch oder so.«

»Und wenn ich eine andere Zigarre aus derselben Kiste besorge? Glaubst du, du kannst mir dann mehr sagen?«

Der Mann musterte die beiden Zigarrenstummel, die vor ihm auf dem Tisch lagen, geöffnet wie bei einer Obduktion.

»Das könnte uns weiterhelfen, allerdings.«

»Dann bring ich dir eine. Wie lange arbeitest du heute?«

»Keine Sorge, ich bin bis vier Uhr hier, aber wenns sein muss, warte ich auf dich. Dafür sind Freunde schließlich da, oder?«

El Conde trat auf den Korridor hinaus und stieg die Treppe zu seinem Büro hinunter. Seine Vorurteile nagten an ihm, und er wollte sie so schnell wie möglich bestätigt sehen. In seinem Kabuff wartete der Sargento bereits auf ihn, in der Hand einen Zettel. »Schau dir das an, Conde! Sie haben Salvador K gefunden.«

»Ach, den Vogel hatte ich ganz vergessen. Und wo steckt er?«

»Im Cerro. Erlebt 'ne neue Romanze.«

»Mit 'ner Frau?«

»Nicht ganz, Conde, nicht ganz … El Greco hat mit ihm gesprochen. Salvador meint, wo doch alle Welt weiß, dass er und Alexis was miteinander gehabt hätten, da will er sich jetzt nicht mehr verstecken und sein wahres Leben leben. El Greco sagt, Salvador sei der glücklichste Mensch der Welt, jetzt, nachdem er sich geoutet hat und in aller Öffentlichkeit schwul sein kann. Wie findest du das?«

»Ich glaub, der Maler ist der einzige Sieger in diesem traurigen Spiel, oder?«

»Und was machen wir mit ihm? Soll ich ihn herkommen lassen?«

»Lass ihn erst mal sein neues Leben genießen, Manolo. Wenn wir ihn brauchen, können wir ihn uns ja immer noch holen. Aber er soll weiter überwacht werden.«

»Der Meinung bin ich auch.«

Der Sargento schob den Zettel mit der Adresse in die Akte, die auf dem Tisch lag. In roter, ungelenker Schrift stand auf dem Deckel: Alexis Arayán / Mord / Offen.

»Und jetzt spielen wir unsere letzte Karte aus. Gib mir mal das Telefon rüber.«

Manolo reichte Mario Conde den Apparat und sah zu, wie der Teniente eine Nummer wählte und sich eine Zigarette anzündete.

»María Antonia? … Ja, ich bins, Teniente Conde. Wie geht es Ihnen? … Hören Sie, María Antonia, wir brauchen Ihre Hilfe … Nein, nein, nichts weiter … Wir möchten nur mit Ihnen reden … Nein, nein, ich hab gesagt: reden, über Alexis. Wir wissen, dass er und Sie sich sehr mochten und dass Sie ihn häufiger gesehen haben als Faustino oder Matilde, nicht wahr? … Ja, am besten hier, das wär mir auch lieber … Ich schick einen Wagen, ja? … Wo? … Aha, Ecke 2. und 30. Straße, okay … Ach, María Antonia, darf ich Sie um einen Gefallen bitten? Könnten Sie mir eine Montecristo aus der Kiste mitbringen, die auf dem Tischchen im Salon steht?«

»Danke, María Antonia«, sagte El Conde, als die Haushälterin ihre Handtasche öffnete und ihm die Montecristo gab. Er betrachtete die Zigarre ausgiebig, wie verwundert über die blassbraune Schönheit der erstklassigen Havanna aus Vueltabajo. Lächelnd gab er sie Sargento Palacios, der sich eilig davonmachte. »Kommen Sie herein«, forderte El Conde die Frau auf. Ihr Schritt war schwerer als sonst. Argwöhnisch wie ein gehetztes Tier schaute sie noch einmal zur Tür, um sich zu vergewissern, dass sie auch wirklich geschlossen war. El Conde stellte sich vor, welche Ängste in ihrem Kopf umherspukten, und wieder schämte er sich für sie. Er bot ihr einen Stuhl an, redete über die Hitze, über den schönen, friedlichen Ausblick, den er von seinem Fenster aus habe, weshalb er dieses winzige Büro den großen Räumen im anderen Flügel des Gebäudes vorziehe. Schließlich fragte er sie, ob sie verheiratet sei.

»Nein, ledig«, antwortete die Frau. Mit ihrem geblümten Sonntagskleid, dem Handtäschchen auf den Knien, dem unter einem seidenen Kopftuch verborgenen Haar und den blutrot angemalten Lippen schien sie dem Film *Die Farbe Lila* entsprungen zu sein.

»Und seit wann kennen Sie die Familie Arayán?«

»Seit 1956, als ich bei ihnen angefangen hab zu arbeiten. Matilde und Faustino waren frisch verheiratet, damals wohnten sie in Santos Suárez, zusammen mit Matildes Mutter, die schon Witwe war. Nach der Revolution wollte ich weg von ihnen. Ich wollte mir ein eigenes Leben aufbauen, mir eine andere Arbeit suchen. Aber da war der Junge schon geboren, ich hatte ihn lieb gewonnen und so hab ich es immer wieder hinausgeschoben, bis heute. Besser gesagt, bis vor vier Tagen, als das passiert ist … Jetzt werd ich tatsächlich gehen, glaub ich. Ich weiß nur nicht, wohin. Ich habe immer in ihrem Haus gewohnt und gearbeitet, und deswegen hab ich jetzt weder eine eigene Bleibe noch einen Anspruch auf Rente. Ich müsste zu meinem Bruder ziehen, aber das ist die Hölle da, mit seiner Frau, drei Kindern und wer weiß wie vielen Enkelkindern.«

»Haben Sie sich bei den Arayáns wohl gefühlt?«

»Ja. Mit Fabiola, Matildes Mutter, bin ich immer gut ausgekommen, und den Jungen hab ich geliebt wie einen eigenen Sohn. Viele Jahre lang haben wir drei sozusagen alleine in dem Haus gewohnt, vor allem in Miramar, als Faustino immer häufiger ins Ausland geschickt wurde. Der Junge verbrachte mehr Zeit mit mir und seiner Großmutter als mit seinen Eltern. Wir sind oft weggegangen, ins Kino oder ins Theater oder ins Museum. Fabiola war eine sehr gebildete Frau, sie hat auf der Universität unterrichtet, war Professorin. Faustino behauptet, Alexis wär durch unsere Schuld so geworden, na ja, Sie wissen schon, aber ich schwöre Ihnen, ich hab ihn erzogen, wie ich meinen eigenen Sohn erzogen hätte … Der Junge war eben so, so hilflos und schüchtern, so liebebedürftig. Und Faustino hat ihm immer so zugesetzt, ihm gedroht, sogar geschlagen hat er ihn, mehr als einmal … Ich glaube, Alexis wollte sich auf diese Weise an seinem Vater rächen. Ihre Beziehung war schwierig. Sie haben sogar mehrere Jahre nicht miteinander gesprochen …«

»Wie denken Sie über Faustino?«

María Antonia holte ein Taschentuch aus ihrem Handtäschchen und wischte sich den Schweiß von der Oberlippe. Im Büro verbreitete sich der Duft ihres Parfüms. Die Frau tat dem Teniente noch ein bisschen mehr Leid. Sie hatte sich die Bewegungen einer Aristokratin perfekt angeeignet, was nicht zu ihrer unterwürfigen Rolle im Hause Arayán passte. Wie viele Wünsche hatte sie in all den Jahren unterdrückt, wie viele Fähigkeiten verborgen gehalten, ihr Leben hintangestellt, nur um an der Seite des fremden Kindes zu sein, das sie fast als ihr eigenes angesehen hatte?

»Ich glaube, das kommt mir nicht zu«, war ihre Antwort auf die Frage des Teniente.

»Sagen Sies mir trotzdem«, ermunterte er sie. »Das bleibt alles unter uns.«

»Tja, was soll ich Ihnen sagen? Er genießt viel Vertrauen in der Regierung, das wissen Sie ja, deswegen reist er so viel ins Ausland und war Botschafter und so. Er hat mich immer gut behandelt, auch wenn er zu mir nie so war wie Fabiola oder Matilde, Sie wissen schon. Aber ich habe ihm nie verziehen, wie er den Jungen behandelt hat. Der Ärmste hatte richtige Angst vor ihm, seinem eigenen Vater. Deswegen hat es mich für ihn so gefreut, als er ausgezogen ist. Wir hatten ausgemacht, dass ich zu ihm ziehen sollte, sobald er eine eigene Wohnung hatte.«

Als El Conde Tränen über María Antonias schwarze Wangen laufen sah, merkte er, dass dieses traurige Ende der Endlosserie seine sonntägliche Mitleidsquote zu übersteigen drohte. Er machte sich Vorwürfe, weil er das Gesicht der Liebe mit der Maske der Unterwürfigkeit verwechselt hatte, und versuchte sich die unermessliche Einsamkeit dieser Frau vorzustellen. Ein Leben zur falschen Zeit am falschen Ort, dessen einziger Sinn der erwürgte Transvestit gewesen war, den sie wie ihren eigenen Sohn großgezogen hatte. Der Teniente stand auf und ließ die Frau weinen.

Ihr Schmerz muss so unendlich groß sein wie ihre Einsamkeit, dachte er. Da hörte er sie eine Entschuldigung murmeln, genau in dem Moment, als er auf die Uhr sah und sich ausrechnete, dass Manuel Palacios gleich zurückkommen müsste. Mehr denn je wünschte er sich, dass der Sargento das Siegeszeichen machen würde. Wegen María Antonia, wegen dem unglücklichen Alexis, auch wegen Alberto Marqués und wegen ihm selbst und seinen heiß geliebten Vorurteilen. Er wünschte es sich so sehr, dass sich kurz darauf die Tür seines Kabuffs öffnete und Manolos Knochengestell im Rahmen stand, mit zwei Fingern der rechten Hand das ersehnte V formend.

»María Antonia«, sagte er und setzte sich der Frau gegenüber, die ihr Taschentuch inzwischen wieder verstaut hatte, »ich hab schon lange das Gefühl, dass Sie uns etwas sagen wollen, was mit Alexis' Tod in Zusammenhang steht. Oder täusche ich mich?«

Die Frau sah ihn an.

»Ich weiß nicht, was Ihnen ein solches Gefühl gibt«, erwiderte sie.

»Es ist mehr als ein Gefühl, es ist eine Gewissheit, vor allem seit gestern, nachdem Sie Alberto Marqués angerufen und ihm erzählt haben, dass das Medaillon in Alexis' Schmuckkästchen aufgetaucht ist. Ich weiß nicht, warum, aber ich bin außerdem davon überzeugt, dass Sie wussten, dass es sich dabei um Alexis' Medaillon handelt, und dass Sie Alberto Marqués angerufen haben, damit er uns anruft. Täusche ich mich?«

»Na ja, ich war mir nicht sicher …«

»María Antonia, Sie sind die Einzige, die uns im Moment weiterhelfen kann. Falls Sie also etwas wissen, wie ich glaube … Hören Sie jetzt gut zu: Ganz in der Nähe der Leiche wurde eine angerauchte Montecristo gefunden, die, wie im Labor festgestellt wurde, mit hoher Wahrscheinlichkeit aus der Zigarrenkiste von

Faustino Arayán stammt. Das und das Medaillon im Schmuckkästchen sind noch keine Beweise, können aber viel zur Lösung des Falles beitragen. Verstehen Sie mich?«

Mit jedem Wort des Teniente war María Antonias Kopf weiter herabgesunken, so als laste das ganze Gewicht der Wahrheit auf ihr und als hätte sie nur den einen Wunsch, das Handtäschchen anzusehen, das ihre knochigen Finger kneteten. El Conde wartete auf eine Antwort. Er spürte, wie ihre von Angst zerstörten Hoffnungen nun endgültig zunichte gemacht wurden. Dann sah er, wie das Gewicht der Wahrheit plötzlich von ihr wich. María Antonia hob das Gesicht und sah in die fragenden Augen des Teniente. Ihre Augen glänzten, doch es sah nicht so aus, als würde sie von neuem zu weinen beginnen. »An der Hose, die er in jener Nacht angehabt hatte, waren zwei rote Seidenfasern. Er hat sie in die Waschmaschine getan, aber ich hab sie wieder rausgeholt, weil es eine blau melierte Hose ist und auf die andere Wäsche abgefärbt hätte. Ich hab mich noch gewundert, denn unten an den Rändern war sie ganz verdreckt, und deswegen hab ich sie mir näher angesehen … Der verdammte Scheißkerl!« Den Teniente überraschten die Wut in ihrer Stimme, das gefährliche Blitzen in ihren Augen und die verkrampften Hände der Frau mit dem leichten, schwebenden Gang. »Er wars also! Der verdammte Scheißkerl!«, rief sie wieder, und dann brach sie in Tränen aus, aristokratisch, verzweifelt.

»Ich hab dir ein Geschenk mitgebracht, aber nicht zum Rauchen«, verkündete El Conde und legte drei Zellophantütchen, in denen zerbröselte Zigarrenreste zu sehen waren, vor Mayor Rangel auf den Schreibtisch.

»Was soll das denn sein?«

»Beweisstück Nr. 2 für den Prozess gegen Faustino Arayán wegen Mordes an seinem Sohn Alexis Arayán.«

Der Mayor schlug mit der flachen Hand auf die Tischplatte. »Was erzählst du da?«

»Du hast ganz richtig gehört. Der große Faustino hat seinen Sohn im Stadtwald von Havanna umgebracht. Hast dus jetzt verstanden?«

Damit Mayor Rangel endgültig verstand, musste Mario Conde ihn über die Unterhaltung mit María Antonia Galarraga, über die Tatsache, dass Vater Arayán Blutgruppe AB hatte, über die Geschichte mit den nicht ganz identischen Medaillons und die beiden roten Seidenfasern an der verdreckten Hose des Dreckskerls Faustino Arayán informieren.

»Das erklärt aber immer noch nicht, warum er ihn umgebracht hat«, beharrte der ungläubige Mayor.

»Das wissen nur er und Alexis, der nicht mehr reden kann. Und der liebe Gott, der immer seltener erscheint, aber ständig durch diese Geschichte geistert ... Soviel ich weiß, Chef, ist davon auszugehen, dass Alexis seinem Vater irgendetwas gesagt hat, etwas von ihm verlangt oder ihn an etwas erinnert hat, das so furchtbar gewesen sein muss, dass Faustino beschloss, ihn umzubringen. Offenbar war der Junge völlig von der Rolle und dachte daran, Selbstmord zu begehen. Die Schuld an seiner persönlichen Tragödie gab er seinem Vater. Sehen Sie, was er auf diese Bibelseite geschrieben hat ... An dem verhängnisvollen Abend hat er sich als Frau verkleidet und sich mit seinem Vater getroffen. Es gab Streit, und Faustino hat ihn erwürgt. Einfach so.«

»Aber ist denn das ganze Land verrückt geworden?«, rief der Mayor, und El Conde dachte: Das ist die Gelegenheit.

»Sieht ganz so aus«, erwiderte er. »Muss an der Hitze liegen. Was die mit Maruchi und mit dem dicken Contreras gemacht haben ...«

Der Alte stand auf.

»Fang nicht davon an, Conde, fang bloß nicht davon an«, sagte er, und seine Stimme klang müde und verbittert. »Was die mit dem Dicken gemacht haben? Weißt du, warum ich heute hier sitze? Genau! Wegen Capitán Contreras. Weil der saubere Capitán Contreras nämlich Scheiße gebaut hat, Mario Conde, und jetzt haben sie ihn am Arsch!«

Der Teniente lächelte gequält. Mayor Rangel war ein schlechter Witzeerzähler, und deshalb zog er es im Allgemeinen vor, keine Witze zu erzählen. Aber das jetzt, das musste ein Witz sein. »Was soll der Quatsch, Chef?«

»Das ist kein Quatsch, Conde. Devisenvergehen, Bestechlichkeit im Amt und Strafvereitelung. Dazu noch Erpressung und Schmuggel. Es gibt jede Menge Beweise dafür. Was sagst du jetzt?«

Mario Conde suchte in seiner Tasche nach Zigaretten, doch obwohl seine Finger das Päckchen berührten, schaffte er es nicht, es herauszuholen. Capitán Contreras, sein Freund, einer der besten Polizisten, die er kannte! Nein, dachte er, das darf nicht wahr sein. »Die wollen ihm irgendeine Scheiße anhängen«, sagte er. Er konnte es einfach nicht glauben.

»Die Scheiße hat er sich selbst eingebrockt, und mir auch! Durch seine Schuld wird hier bei mir in allen Ecken rumgeschnüffelt. Ach, was solls, am besten, ich sag gar nichts mehr.« Doch er schwieg natürlich nicht, und seine Stimme klang immer müder und verbitterter. »Er hat Scheiße gebaut, Conde, richtige Scheiße, und dafür gibts keine Entschuldigung … Heute Morgen hat der Staatsanwalt Haftbefehl beantragt, sie sind schon zu Contreras unterwegs. So siehts aus … Du kennst mich doch, Mario, ich hab Capitán Contreras immer vertraut, genauso wie ich dir vertraue. Ich hab die Hand für ihn ins Feuer gelegt, bis zu den Ellbogen! Zweimal konnte ich verhindern, dass gegen ihn ermittelt wurde. Hab alles in die Waagschale geworfen, meinen Rang, meine Stellung hier, alles, sogar meine Eier hätte ich auf den Tisch gelegt, um zu verhindern, dass er auch nur verdächtigt wird ... Aber am Ende haben sie Recht behalten, Conde, und ich hatte Unrecht. Also bin ich jetzt dran, weil ich Contreras gedeckt habe. Weißt du, was das bedeutet? Dass es mir an den Kragen geht, das bedeutet das!«

»Ich geh nach Hause, Chef«, sagte El Conde und drehte sich um.

»Du gehst jetzt nirgendwohin! Du bleibst schön hier und löst deinen Fall. Verdammt noch mal, was ist mit dir los? Bist du Polizist, ja oder nein? Also, dann benimm dich auch wie 'n Polizist. Kapiert?«

Endlich brachte Mario es fertig, die Zigaretten herauszuholen. Er zündete sich eine an. Sie schmeckte nach Scheiße. Er setzte sich. Eine unendliche Müdigkeit überkam ihn, lähmte seine Muskeln und seinen Geist. Der Alte war und blieb einer, den er bewunderte und respektierte und der es nicht verdiente, dass man sich wie ein kleiner Junge benahm. Werden sie auch den Mayor an den Arsch kriegen?, fragte er sich. Nein, also das will ich mir nun wirklich nicht vorstellen.

»Und wo du dich schon mal so sehr dafür interessierst, was mit Maruchi passiert ist«, fuhr der Mayor fort, »musst du dir auch das noch anhören: Sie gehört zu den internen Ermittlern und ist hier eingeschleust worden, um von ihrem Scheißbüro aus mit den Untersuchungen zu beginnen. Vor meinen Augen, direkt vor meiner Tür! Wie gefällt dir das?«

»Eine wirklich untergründige und anrührende Geschichte«, stellte der Teniente kopfschüttelnd fest. Noch eine Maske, die jemandem abgerissen worden war! »Also gut, Chef, lass uns das hier zu Ende bringen. Wie lösen wir den Fall? Soll ich diesen Faustino einlochen und ihn so lange in den Arsch treten, bis er mir sein Märchen aus Tausendundeiner Nacht erzählt? Oder musst du erst jemanden anrufen und ihm alles erklären?«

Mayor Rangel betrachtete gierig die Zigarrenreste in den Tütchen. Dann öffnete er eine Schublade und holte eine von den schwarzen, grobnervigen Stumpen heraus, die er schon seit einigen Tagen zu rauchen gezwungen war.

»Lass mich erst anrufen, Mario. Das ist eine Bombe, und das weißt du. Die kann sogar in Genf platzen, wenn Arayán nicht auf der Menschenrechtskonferenz erscheint … Ja, dieses Land ist verrückt geworden. Schau dir das an, Zigarren in Holguín herstellen und obendrein noch ›Auslese‹ draufschreiben … Dieser verdammte Contreras!«

Was der Ermittlungsbeamte der Mordkommission Teniente Mario Conde am meisten bedauerte, war, dass er das Gesicht von Faustino Arayán im Moment seiner Festnahme verpassen würde, angeklagt des Mordes an seinem Sohn und lange vor dem Prozess dazu verurteilt, all sein Ansehen zu verlieren, seine Auslandsreisen, seine glänzende Leinenjacke und seine weiße Weste, seine exquisiten Zigarren, seine Botschaft ganz in der Nähe des Himmels und seine Villa in Miramar mit den zwei Limousinen in der Garage, den Geschmack von Kaviar und Whisky – den ich doch so gerne mag und nie trinken kann –, die einflussreichen Freunde und die Haushälterin, die zu seinem Pech die Wäsche für ihn wusch und sie immer kontrollierte, um offensichtliche Beweise für seine immer flüchtigeren erotischen Abenteuer zu sammeln, jene Haushälterin, die dieses eine Mal ihren Pflichten nicht nachgekommen war und die vom Uferschlamm verdreckte Hose nicht gewaschen, sondern aufbewahrt hatte, zusammen mit den beiden durch Feuchtigkeit und lange Jahre der Repression morschen Fasern aus roter Seide. El Conde fragte sich, ob sie ihn in ein Gefängnis für gewöhnliche Verbrecher bringen würden. Nein, sicher nicht. Schließlich war er Faustino Arayán, und zum Ärger des Teniente würden sie ihn nicht zu Mördern aller Art und verschiedener Neigungen in den Knast sperren, Leuten, die ihn dazu zwingen würden, ihre Zellen sauber zu machen und ihren sexuellen Notstand zu lindern, sodass sein Hintern blühen würde wie ein Frühlingsstrauß, ohne allerdings seine Dienste mit zwei Pesostücken zu entlohnen ... Davon abgesehen war El Conde froh, die Ermittlungen abgeschlossen zu haben und sich wieder seiner unerschütterlichen Melancholie und seiner ewigen Angst, dass der Kaffee nicht mehr bis zum nächsten Morgen reichen würde, hingeben zu können. Er betrachtete das Chaos in seiner Wohnung und dachte an Poly, an die nächste Erzählung, die er schreiben wollte, an den Geburtstag des Dünnen in vier Tagen und daran, dass alles anders hätte sein können. Sogar der dicke Contreras hätte anders sein können. Was wird mit dem Mayor geschehen?, fragte er sich, wollte aber lieber nicht an die mögliche Antwort denken.

Zwei Beamte in Zivil waren gegen Mittag in der Zentrale erschienen. El Conde hatte sie über die Einzelheiten des gelösten Falles informiert und ihnen die belastenden Beweise vorgelegt: drei zerpflückte Zigarren, ein Medaillon mit dem eingravierten Universalmenschen von Leonardo da Vinci, zwei gelbliche Pesostücke und eine Seite aus der Bibel mit dem Kapitel, in dem den Menschen das göttliche Wesen des untergeschobenen Sohnes von Joseph, dem Zimmermann, offenbart und sein übermenschliches Opfer im Reiche dieser Welt angekündigt wurde. Dann zeigte Mario ihnen den Weg zum Labor, wo immer noch die Seidenfasern und der Schlamm des Almendares analysiert wurden. Die Beamten gratulierten ihm zu der raschen Lösung des Falles und der Effizienz, mit der er die Ermittlung geführt hatte, und versicherten ihm, dass seine zeitweilige Suspendierung überprüft werde. Man brauche Leute wie ihn, erklärten sie, und – »aber das ist überflüssig zu erwähnen, als Polizist wissen Sie das ja« – sein Fall sei besonders gelagert, was man besonders berücksichtigen müsse. Sie hörten, wie El Conde »Ja« sagte, sahen, wie er die Tür öffnete und hinausging;

aber sie konnten nicht wissen, dass er am meisten bedauerte, das Gesicht von Faustino Arayán im Moment seiner Festnahme zu verpassen, wenn man ihm die Maske herunterreißen würde, die zu seinem wirklichen Gesicht geworden war. Würde er weinen? Um Vergebung bitten? Würde er auf die Knie fallen und seine unbeugsame Arroganz ablegen? Ja, dieser Szene hätte er liebend gerne beigewohnt, der gnadenlosen Demontage des Mannes, der sich angemaßt hatte zu richten und zu verurteilen, einzuteilen und auszusortieren, Menschen wie lästige Fliegen zu zerquetschen und Leben zu zerstören mit seinen strengen moralischen und politischen Maßstäben. Menschenrechte? Verrecken sollst du, dachte El Conde. Und wieder bedauerte er, dass er die letzte Szene verpassen würde, nachdem er so hart an der Inszenierung gearbeitet hatte ... Doch das war nicht das Einzige, was er bedauerte. Zum Beispiel hätte er gerne gewusst, was Alexis zu seinem Vater gesagt, welche Worte Faustinos tödlichen Zorn heraufbeschworen hatten. Und er hätte auch gerne gewusst, was in Alexis Arayán vor sich gegangen war, als er in der Selbstmordnacht, die zur Mordnacht werden sollte, das Gewand von Electra Garrigó angelegt hatte. All das war für immer verloren, zusammen mit den Ängsten, dem Hass und dem Leben des Gelegenheitstransvestiten. Vor allem aber hätte Mario gerne gewusst – und natürlich bedauerte er es, das nicht zu wissen –, wie solche schrecklichen Dinge, die ihn in seinem Beruf umgaben wie ein weites Theatercape, überhaupt passieren konnten. Und der dicke Contreras? Nur ein korrupter Bulle, der seinen Posten, seine Uniform und seine Dienstmarke dazu nutzt, andere Leute unter Druck zu setzen? Nein, das darf nicht wahr sein, dachte Mario Conde, immer noch eine Wahrheit leugnend, die zu leugnen allem Anschein nach nicht möglich war.

Als er auf den Parkplatz der Zentrale hinaustrat, schlug ihm die geballte Mittagshitze entgegen. So muss es einem ergehen, wenn man die schwarzen Wasser des Styx durchquert hat und die Pforte zur schwefligen Unterwelt ohne Rückkehr durchschreitet, dachte er. »Hast du María Antonia zurückgebracht?«, fragte er Manolo, als er in den Dienstwagen stieg.

»Ja, sie wollte nach Miramar, ihre Sachen abholen. Heute Abend noch will sie bei ihrem Bruder einziehen, sagt sie.«

»Zumindest hat sie das Glück, bei der Demaskierung ihrer Herrschaft dabei zu sein. Hoffentlich kann sies genießen ... Bring mich nach Hause, Manolo, ich glaub, ich muss 'ne Runde schlafen ... Vielleicht träumen«, zitierte er. Er zündete sich eine Zigarette an und spuckte auf die Straße. »So eine verdammte Scheiße, was?«

»Ja, Conde, 'ne richtige Affenscheiße ... Hör mal, ich möchte mich für das dumme Zeug entschuldigen, das ich neulich zu dir gesagt hab. Oder hört sich das jetzt blöd an?«

Als er aufwachte, war er schweißgebadet. Er fühlte sich wie ein marinierter Aal. Er suchte die roten Leuchtziffern der elektrischen Uhr, aber das kleine schwarze Rechteck war blind. Auch der Ventilator drehte sich nicht mehr. Wieso ist denn der Strom weg, um diese Zeit?, schimpfte er, als er endlich seine Armbanduhr gefunden und festgestellt hatte, dass es erst kurz vor vier war. Grelles Sonnenlicht drang durch die Vorhänge in sein Zimmer. Ein Himmelsgeschenk, gegen das man sich nicht wehren kann. Eigentlich hatte er vorgehabt, erst bei Einbruch der Dunkelheit wieder aufzuwachen. Er stand auf und suchte nach den sterblichen Überresten des Morgenkaffees. Während er trank, starrte er aus dem Fenster und dachte über die Aussichten seiner unmittelbaren Zukunft nach. Zum ersten Mal seit mehreren Monaten erschienen sie ihm nicht gar so trübe. Er rauchte in aller Ruhe eine Zigarette, und als er unter die Dusche gehen wollte, klingelte das Telefon.

»Mario? Ich bins.«

»Ja, Mayor, was gibts?«

»Er ist jetzt hier, hat schon ein Geständnis abgelegt.«

»Und der Tathergang?«

»Also, er sagt, sein Verstand müsse ausgesetzt haben, er habe nie daran gedacht, dass er so etwas tun könnte. An allem gibt er Alexis die Schuld. Er kam aus dem Hotel ›Riviera‹, sagt er, wo er sich mit einem italienischen Abgeordneten getroffen hatte, einem persönlichen Freund von ihm. Da sieht er neben seinem Wagen eine Frau stehen. Erst erkennt er sie nicht, aber dann schaut er genauer hin, weil sie irgendwie merkwürdig aussieht, und da merkt er, dass es Alexis ist.« Mario Conde versuchte sich die Geschichte vorzustellen, Szene für Szene, bis zum tragischen Ende. Der große, kräftige, bis zu diesem Sonntagmorgen gesichtslose Mann bekam nun das Gesicht von Faustino Arayán. »Er ist entsetzt, seinen Sohn als Frau verkleidet vor dem Hotel zu sehen«, fuhr der Mayor mit sachlicher Stimme fort. »›Was machst du denn hier, in Frauenkleidern?‹, fragt er ihn.

›Nichts, ich hab auf dich gewartet, um mit dir nach Hause zu fahren. Tonia hat mir gesagt, dass du hier bist. Kannst du mich in deinem Wagen mitnehmen, oder schämst du dich, dich mit mir sehen zu lassen?‹

Alexis kriegt keine Antwort. Sein Vater steigt ein und öffnet ihm die Tür auf der Beifahrerseite. Gereizt zündet er sich eine von seinen Montecristos an, deren Rauch sich im Wageninnern ausbreitet. Sie fahren los.

›Und was willst du zu Hause, in diesem Kleid? Bist du nun endgültig übergeschnappt? Schämst du dich nicht, so rumzulaufen, auf offener Straße? Woher kommst du eigentlich?‹

›Ich hab mich auf der Hoteltoilette umgezogen ... Nein, ich schäme mich nicht, ganz im Gegenteil. Heute hab ich gespürt, dass sich mein Leben verändern wird. Ich hatte eine Erleuchtung, und mir wurde befohlen: Tu, was du tun musst, und geh zu deinem Vater.‹

›Du bist verrückt.‹

›Ich war noch nie so klar.‹

›Sag mir endlich, was du willst, und hör auf zu nerven.‹

›Lass uns in den Stadtwald fahren, da können wir uns in aller Ruhe unterhalten.‹

Faustino denkt wieder, dass sein Sohn verrückt geworden ist, dass er ihn provozieren will und dass es vielleicht besser wäre, es hinter sich zu bringen, bevor sie nach Hause kämen. Er biegt links ein in Richtung Stadtwald, wo in dieser frühen Abendstunde ein leichter Wind weht, der die Hitze ein wenig erträglicher macht.

›Lass uns zum Fluss fahren, bitte. Ich möchte den Fluss sehen.‹

›Okay, okay … Also, was wolltest du mir sagen?‹

Und Alexis sagt ihm, dass er ihn hasse, ihn verachte, dass er ein Opportunist und ein Heuchler sei. Plötzlich stürzt er sich auf seinen Vater, will ihm ins Gesicht schlagen. Faustino lässt seine Zigarre fallen und stößt Alexis zu Boden. Doch der springt auf und geht wieder auf ihn los. Auf einmal hält Faustino, er weiß nicht wie, die rote Seidenschärpe der falschen, wie rasenden Frau in der Hand, jetzt ebenfalls wie rasend, wie wahnsinnig, und als er wieder zur Besinnung kommt, liegt Alexis tot auf dem Boden, die Lungen leer von Sauerstoff … Wie findest du das?«

»Nicht schlecht, aber das ist nicht alles. Alexis muss noch etwas anderes zu seinem Vater gesagt haben, etwas, das ihn erst richtig wütend gemacht hat. Er hat ihm gedroht, irgendetwas zu erzählen oder zu tun, was weiß ich … Und deshalb hat Faustino ihm dann die beiden Geldstücke in den Hintern gesteckt, glaub ich.«

»Jetzt fantasierst du, Conde.«

»Nein, Chef, ich fantasiere nicht. Opportunist und Heuchler hatte er ihn schon tausendmal genannt, und dass er ihn hasste, war auch nicht neu. Ihr müsst rauskriegen, was Alexis wusste, das für den Vater so gefährlich werden konnte … Und er hat es ihm offen ins Gesicht gesagt, weil er voraussah, dass er so darauf reagieren würde … Die ganze Geschichte muss ans Tageslicht, und ich garantiere, da kommen schreckliche Dinge zum Vorschein, so wahr ich Mario Conde heiße. Ihr müsst ihn unter Druck setzen, Chef, wie jeden Gewaltverbrecher.«

»Ganz deiner Meinung.«

»Apropos, was sagt er eigentlich zu den Pesostücken?«

»Er sagt, er habe plötzlich Angst gekriegt, und da sei ihm das mit den Pesostücken eingefallen. Wir sollten glauben, dass der Mord was mit der Schwulenszene zu tun hatte.«

»So ein Arschloch, was? Und wie erklärt er das mit dem Medaillon?«

»Er dachte, wenn er Alexis das Medaillon abnimmt, wird es schwerer, ihn zu identifizieren. Dabei hat er leider vergessen, dass Alexis einen Personalausweis bei sich haben könnte.«

»Ja, daran hätte ich auch nicht gedacht. Kam mir wirklich komisch vor, ein toter Mann in Frauenkleidern, der seinen Personalausweis bei sich hat. In dem Punkt sind Faustino und ich uns einig, so ungern ich das auch zugebe.«

»Er hat das Medaillon noch in derselben Nacht in dem Kästchen versteckt, sagt er … Und jetzt gibt er natürlich Alexis die Schuld an allem. Behauptet, er wisse nicht, wie es dazu kommen konnte. Na ja, du weißt ja, wie so was läuft.«

»Ja, Chef, ich weiß, wie so was läuft. Aber vergesst eins nicht: Der Kerl ist ein Schwein der ganz besonderen Art. Man muss schon ein ziemliches Arschloch sein, um seinem eigenen Sohn, den man gerade erwürgt hat, das Medaillon abzunehmen, damit er nicht so leicht identifiziert werden kann, und ihm außerdem noch Geldstücke in den Arsch zu schieben, nur um die Polizei auf eine falsche

Fährte zu locken. Und warum hat er die Leiche nicht in den Fluss geworfen? Hat er auch dafür 'ne Erklärung?«

»Er sagt, ein Motorrad sei vorbeigekommen, und da habe er dann Panik gekriegt und sei abgehauen.«

»Der Ärmste! Fehlt nur noch, dass du Mitleid mit ihm hast, Chef.«

»Keine Sorge, Mario, wir behandeln ihn so, wie man Mörder behandeln muss.«

Die Stimme von Mayor Rangel klang jetzt warm und mild. Ach, wenn doch alles so warm und mild wäre, dachte El Conde, und er nahm sich vor, das rot gewandete Gespenst von Alexis Arayán ein für alle Mal loszuwerden.

»Also gut«, sagte er, »dann kümmert euch mal um den Mörder. Übrigens, Chef, gibst du mir 'ne Woche Urlaub?«

»Wieso? Erzähl mir jetzt bloß nicht, du willst wieder schreiben!«

»Nein, natürlich nicht, wer denkt denn an so was? Es ist nur so … Ich fühl mich müde und kaputt. Und du, wie fühlst du dich?«

Die Leitung blieb länger stumm, als man es bei dem Mayor gewohnt war.

»Angewidert, Conde. Und enttäuscht. Ich glaub, ich schmeiß den ganzen Kram hin … Ach, vergiss es! Mach 'ne Woche frei, und wenn dus schaffst, fang an zu schreiben. Du musst lernen, dir selbst zu helfen, anstatt dich immer zu bedauern … Und nächsten Montag trittst du wieder an, klar? Wenn ich dich vorher brauche, melde ich mich. Okay?«

»Okay, Chef. Und pass auf dich auf … Mal sehn, vielleicht kann ich dir ein paar anständige Zigarren besorgen«, fügte er hinzu und legte auf.

Während er duschte, dachte er, dass ihm noch genug Zeit blieb, sich mit Poly zu treffen. Außerdem wollte er Alberto Marqués gerne das letzte Kapitel der schmutzigen Geschichte erzählen, von der man nie die ganze Wahrheit erfahren würde. Er schuldete dem alten Regisseur das Ende des Dramas. Er malte sich aus, wie er ihm alles erzählen würde, und dabei wusste er, dass er von dem eigentlichen Grund des geplanten Besuches nur abzulenken versuchte: Er würde dem Marqués seine Erzählung zu lesen geben. Wird sie ihm gefallen?, fragte er sich ängstlich, während er sich anzog. Er fragte es sich erneut, als er das Haus verließ, und er fragte es sich immer noch, als er zum dritten Mal den Türklopfer auf das Holz der Eingangstür fallen ließ und darauf wartete, dass sich der Theatervorhang zur Welt des Alberto Marqués hob.

»Sie sind ein erstaunlicher Mann, mein Freund und Polizist. Inzwischen frage ich mich sogar, ob Sie vielleicht ein falscher Polizist sind. Das wäre eine ganz andere Art der Transfiguration, nicht wahr? Mit dem Unterschied, dass Sie sich hier vollkommen entblößen … und man alles sehen kann.« Der Marqués wedelte mit den Seiten der Erzählung wie mit einem Fächer.

»Und … was halten Sie davon?«, fragte Mario Conde schüchtern, beinahe demütig in seiner ganzen Nacktheit.

Der Regisseur lächelte, bekam aber keinen Schluckauf. Heute, am Sonntagnachmittag, trug er einen Hausrock aus Samt, der etwas weniger abgetragen zu sein schien als der Seidenkimono. Um die Erzählung zu lesen, hatte er alle Fensterläden des Salons geöffnet und das Geschriebene ganz dicht an die Augen gehalten, so als müsste er es mit seinen Pupillen abtasten. Endlich konnte sich der Teniente ein genaueres Bild von der Kulisse machen, vor der sie in den letzten Tagen gesessen hatten. Es war das Bild, das man sich von einer Dachkammer oder einem Mansardenzimmer macht, verstaubt und modrig, das passende Szenario für einen Horrorfilm. So sieht es in keinem kubanischen Haus aus, dachte er, und schon gar nicht in einem mit so einem hohen Giebel. Während der Marqués las, rauchte Mario zwei Zigaretten und schaute sich im Salon um. Er fragte sich, was von dieser surrealistischen Sammlung seltener Gegenstände wohl noch zu gebrauchen war. Außer den zwei Schaukelstühlen, in denen sie saßen, hielt er nur Weniges für einigermaßen verwendbar: den dunklen Holztisch, den Bronzefuß, der möglicherweise einmal Teil einer Tiffanylampe gewesen war, und ein paar Teller, die noch heil zu sein schienen und vielleicht sogar aus Porzellan waren. Alles andere roch nach exquisiten Leichen ohne Hoffnung auf Wiedererweckung. Utensilien für die Selbstinszenierung, die der Marqués in seinem eigenen Haus zur Aufführung brachte.

»Was ich von der Erzählung halte, sage ich Ihnen später. Zuerst möchte ich Sie etwas fragen: Haben Sie in letzter Zeit Camus oder Sartre gelesen?«

El Conde nahm sich eine weitere Zigarette. »Nein, in letzter Zeit bin ich fast überhaupt nicht zum Lesen gekommen. Warum?«

»Kennen Sie den *Fremden*?« Mario bejahte, und sein Gastgeber lächelte erneut. »Nun, Ihr Busfahrer erinnert mich an Meursault aus *Der Fremde* … Eine schöne Metapher, finden Sie nicht? Der französische Existenzialismus und die kubanischen Busse, verbunden durch die glühend heiße Sonne.« Wieder lächelte er. Mario hätte ihn am liebsten an der Gurgel gepackt und gewürgt. Der Arsch macht sich über mich lustig! »Dann finden Sie meine Erzählung also lächerlich.«

»Aber sie hat noch keinen Titel«, fuhr Alberto Marqués fort, so als hätte er Marios resignierte Feststellung nicht gehört. Der Teniente schüttelte den Kopf. Nein, einen Titel hatte die Erzählung noch nicht. »Also, mir fällt da einer ein. Wenn ich mir die Figuren ansehe, die tot sind, bevor sie sterben … *Tod in der Seele,* wie finden Sie das?«

»Ich weiß nicht … Gut, glaube ich.«

»Wenn Sie mögen, schenke ich Ihnen den Titel. Übrigens ist er von Sartre ...«

Danke, hätte Mario eigentlich sagen müssen. Es hat wohl keinen Sinn, dachte er, ihn noch einmal nach seinem abschließenden Urteil über die bereits abgeurteilte Erzählung zu fragen.

»Es ist seltsam, wieder solche Erzählungen zu lesen. Früher hätte man Sie sicher beschuldigt, eine bürgerliche, antimarxistische Ästhetik zu vertreten. Stellen Sie sich folgende Analyse vor: In Ihrer Geschichte gibt es weder eine logische noch eine dialektische Erklärung für den Irrationalismus Ihrer Figuren, die offensichtlich nicht in der Lage sind, die Desorganisation der menschlichen Existenz zu analysieren, wobei die naturalistisch detaillierte Schilderung das Elend des Mannes, dem von wer weiß woher eine Erleuchtung für seine Existenz zuteil geworden ist, nur noch deutlicher zu Tage treten lässt. Eine derartige Ästhetik, hätte man damals sagen können – und hat man damals häufig gesagt –, ist nichts als das Abbild der geistigen Degeneration der modernen Bourgeoisie. Außerdem bietet Ihre Erzählung keinerlei Lösung für die gesellschaftlichen Konflikte an, die sie aufzeigt, um nicht zu sagen, was noch offensichtlicher ist: sie vermittelt ein klägliches Bild vom Menschen in einer Gesellschaft wie der unseren. Wie gefällt Ihnen diese Analyse? Armer Existenzialismus! Und was machen wir dann mit den entsetzlich schönen Werken von Camus und Sartre und Simone de Beauvoir? Und mit dem armen Scott Fitzgerald und dem eschatologischen und skatologischen Henry Miller, mit den lichten Gestalten eines Carpentier und der düsteren Welt eines Onetti? Sollen wir die Geschichte der Kultur und der Zweifel des Menschen hinrichten? ... Aber wissen Sie, was mich am meisten überrascht? Nun, Ihre Erfindungsgabe. Sie schreiben nicht wie ein Anfänger, mein Freund und Polizist, sondern wie ein gestandener Schriftsteller. Auch wenn ich ein anderes Ende gewählt hätte: die Frau bringt den

Busfahrer um, nicht er sie … Aber sagen Sie, wie sind Sie überhaupt auf die Idee gekommen, ausgerechnet diese Geschichte zu schreiben? Mich interessiert nämlich immer das Geheimnis des schöpferischen Aktes …«

»Ich weiß nicht … Weil ich einen Busfahrer mit einem Busfahrergesicht gesehen habe, glaub ich. Und weil ich in letzter Zeit immer gesagt kriege, dass ich das Gesicht eines Polizisten habe.«

Der Marqués brach in schallendes Gelächter aus, das in ein lang anhaltendes Keuchen überging, eine Art Schluckauf, der ihm endgültig die Luft zu nehmen drohte. El Conde war drauf und dran, aufzustehen und das Haus zu verlassen.

»Und das haben Sie mir geglaubt, mein Freund und Polizist? Das war doch nur ein Scherz. Oder eine Schutzbehauptung, ich weiß es nicht. Ich wollte eine gewisse Distanz schaffen. Ängste und Argwohn, verstehen Sie? Wenn man nämlich schon einmal einen Schlag abgekriegt hat, lernt man, die Fäuste zu heben, bevor man erneut geschlagen werden kann. Wie der pawlowsche Hund. Aber ich glaube, bei Ihnen bin ich wirklich zu weit gegangen. Ich bin weder so lasterhaft noch so ironisch oder so … so schwul, wie ich Sie glauben gemacht habe. Nicht ganz so. Deswegen möchte ich Sie jetzt um Entschuldigung bitten, falls ich Ihnen zu nahe getreten sein sollte. Ein Mensch mit Ihrer Empfindsamkeit, der fähig ist, eine so aufrührende und anrührende und dabei so gut geschriebene, so ehrliche Geschichte zu schreiben, der verdient es nicht, dass man ihn so behandelt. Ich bitte Sie also tausendmal um Verzeihung wegen meiner ironischen Bemerkungen.«

»Wollen Sie damit sagen, dass Ihnen die Erzählung gefallen hat?«, fragte Mario. Er wollte eine klare Antwort hören, ohne jeden rhetorischen Schnörkel.

»Aber hören Sie mir denn nicht zu? Das habe ich doch gerade gesagt … Und ich will Ihnen noch etwas sagen: Ich bewundere Sie auch als Polizist. Das mit der Zigarre war genial! Mir wäre diese Lösung des dramatischen Knotens nie eingefallen. Denn ich weiß nicht, ob Sie bemerkt haben, dass all das einer griechischen Tragödie im Stile des Sophokles ähnelt, voller Täuschungen und Parallelgeschichten, die zwanzig Jahre zuvor beginnen und an ein und demselben Tag zusammenlaufen, mit Personen, die nicht die sind, die zu sein sie vorgeben, oder die verbergen, was sie sind, oder die sich so sehr verändert haben, dass niemand mehr weiß, wer sie wirklich sind, und die sich in einem unerwarteten Moment auf dramatische Weise erkennen. Und alle sehen sich einem übermächtigen Schicksal gegenüber, das sie bezwingt und zum dramatischen Akt treibt. Nur dass hier Laios seinen Sohn Ödipus ermordet oder Ägisth Orest zuvorkommt. Wie soll man das nennen? Sohnesmord? Und all das wird durch die Hybris ausgelöst. Es kommt zu maßloser Leidenschaft, Machtgier, tödlichem Hass, und das pflegt hart bestraft zu werden. Das einzig Bedauerliche an unserem Theaterstück hier ist nur, dass die Götter Alexis für das schaurige Opfer seines Schicksals auserwählt haben. Der dramatische Akt des armen Jungen schmerzt mich sehr. Ich habe in meinem Leben schon viele, zu viele Leute sterben sehen, dutzende von Freunden, meine gesamte Familie, und jeder Tod eines nahe stehenden Menschen ist wie eine Alarmglocke, eine Mahnung, dass mein eigener Tod der nächste sein kann. Und je älter ich werde, desto mehr fürchte ich mich vor ihm ... Doch jetzt freue ich mich erst einmal darüber, dass Sie jenen Herrn entlarvt und hinter Schloss und Riegel gebracht haben ... Und ich möchte Ihnen noch etwas erzählen. Wollen Sie wissen, wo sich die Linien dieser Tragödie zu schneiden begonnen haben? In Paris, in jenem Frühling 1969. Faustino Arayán war nämlich der Botschaftsangehörige, der an jenem Morgen an die Tür des Ernsten klopfte, um uns mitzuteilen, dass der Andere auf dem Kommissariat war. Und er war es auch, der die Entscheidung traf, den Anderen nach Kuba zurückzuschicken, zusammen mit einem Bericht, in den er all den Scheiß schrieb, den er wollte, über den Anderen und selbstverständlich auch über mich. Und Alexis wusste das natürlich alles …

Das Fest war zu Ende. Ich verließ Paris im Regen. Denn so zerbrechlich ist der Frühling in Paris: Der letzte Flügelschlag des Winters kann ihn – rachgierig, widerwärtig, straflos – aus buchstäblich heiterem Himmel überfallen. Von einer Stunde auf die andere begann das schlechte Wetter, und die Fenster, die wir tagsüber geöffnet hielten, um die angenehmen Gerüche und Geräusche des Frühlings hereinzulassen, mussten geschlossen werden. Hinter den Scheiben konnten wir beobachten, wie der eisige Regen die jungfräulichen Knospen der Bäume auf dem nahen Platz misshandelte. Zwei Tage zuvor hatte ich meine Studien über Artaud abgeschlossen, und auch die Kurse der Meisterklasse des Théâtre des Nations waren beendet. Dort hatte ich meine Ideen für die Inszenierung von *Electra Garrigó* auf der Basis dessen, was ich eine »Transvestiten-Ästhetik« nannte, zum ersten Mal der Öffentlichkeit vorgestellt. Es war ein Erfolg gewesen, tatsächlich mein letzter großer öffentlicher Erfolg. Von Sartre bis Grotowski über Truffaut, Néstor Almendros, Julio Cortázar und Simone Signoret, alle lobten mich privat und öffentlich, und ich wurde eingeladen, das Werk in der darauf folgenden Spielzeit in sechs französischen Städten aufzuführen. Ich sah mich am Ziel meiner Träume, als es in Paris zu regnen begann, wie es noch nie geregnet hatte. Daher beschloss ich, in die unbarmherzige, aber sichere Sonne Havannas zurückzukehren, fieberhaft danach lechzend, mich in die Arbeit zu stürzen. Der Ernste brachte mich nach Orly, und wir hätten es nicht für möglich gehalten, dass unsere Umarmung und der Kuss, den er mir auf den Hals gab, unser letzter körperlicher Kontakt sein würde. Wir haben uns nie wieder gesehen.

Gleich nach der Ankunft in Havanna begann ich mit der Arbeit. Die anderen Regisseure kümmerten sich um das laufende Repertoire, ich schloss mich zu Hause mit Virgilios Text ein und machte mich daran, die Inszenierung auszuarbeiten. Im Dezember hatte ich das Skript fertig: Bühnenbild, Kostüme, die szenische Aufteilung des Werkes in Akte und Szenen, dazu die vorläufige Rollenbesetzung mit Schauspielern aus verschiedenen Truppen, denn ich konnte auf das Beste zurückgreifen, was die kubanischen Bühnen zu bieten hatten. Doch zu der Zeit hatte gerade die berühmte Zuckerrohrernte von 1970 angefangen, und das ganze Land war damit beschäftigt, Zuckerrohr zu schneiden und zu pressen. Bis hin zu den Schauspielern und den Bühnenarbeitern. Ich musste also bis Juli warten, um mit den Proben beginnen zu können. Ich schrieb nach Paris und legte die Gründe für die Verzögerung dar. Netterweise verschoben sie die Tournee auf das Schicksalsjahr 1971. Ich nutzte die Zeit, um die spanische Ausgabe von *Das Theater und sein Double* von Artaud vorzubereiten, die beste Übersetzung, die je auf Spanisch herausgebracht wurde.

Endlich, am 6. September, versammelte ich alle, mit denen ich arbeiten wollte, im Theater, und wir gingen zum ersten Mal das Skript durch. Ich erläuterte meine Regieanweisungen zur Beleuchtung, zu den Kostümen und zur szenischen Darstellung. Der Applaus am Ende, alle waren aufgestanden und es kam zu *standing ovations,* überzeugte mich endgültig davon, dass ich vor der Pforte des Himmels stand. Ich musste nur noch anklopfen, und der gute Petrus würde mich mit offenen Armen empfangen … Wir begannen mit der Arbeit. Obwohl sich alles sehr schwierig gestaltete – die Stoffe für die Kostüme, das Material für das Bühnenbild, für die zweiunddreißig Masken und das weiße Kostüm des Zentauren-Pädagogen –, konnten wir nach und nach alles besorgen, was wir für die Aufführung benötigten, und im Januar gingen wir von den

Stellproben zu den Proben mit fertigen Kostümen und Bühnenbild über. Die Aufgabe der Schauspieler war wirklich höchst kompliziert, und ich verlangte absolute Perfektion. Sie mussten die Masken so tragen, als wären sie ihr wirkliches Gesicht. Das war sehr mühsam und musste lange geübt werden. Stundenlang sahen wir uns Filmaufzeichnungen japanischer Theateraufführungen an. Dann begann ich damit, bestimmte Leute zu den Proben einzuladen. Alle waren begeistert. Nur Virgilio sagte etwas zu mir, das ich in meiner Euphorie nicht verstehen wollte. Marqués, sagte er, das ist besser als das, was ich geschrieben habe, eindringlicher, provozierender. Du siehst mich bewegt-erregt, um nicht zu sagen, ganz fickrig. Aber das wird 'ne Menge Staub aufwirbeln, Alter, ich sags dir, zu viel vielleicht, und davor hab ich einen Riesenschiss ... Und in der Tat, es zogen düstere Wolken auf wie vor einem Gewitter, aber ich konnte oder wollte die Gefahr nicht erkennen, die uns von allen Seiten drohte. Ich habe noch nie an Wettervorhersagen geglaubt. Ich lasse mich von der Leidenschaft fortreißen und schließe Augen und Ohren vor allem, was meinen Vorstellungen im Wege steht ... Wir setzten also das Datum der Premiere in Havanna auf April fest und den Beginn der Tournee durch Frankreich auf Mai. Und hier beginnt der letzte Akt der Geschichte, die mit dem Auftritt der Bürokraten hinter dem Seziertisch auf unserer Theaterbühne ihr dramatisches Ende finden sollte. Eines Tages rief man mich wegen des Zwischenfalls in Paris an. Sie hätten einen Bericht vorliegen, wurde mir gesagt, wonach es während meines letzten Frankreichaufenthaltes sehr ernste Probleme moralischer Art gegeben habe. Man wisse, dass ich mich sogar im Hause des Ernsten einquartiert hätte, der bekanntermaßen eine ambivalente Haltung gegenüber dem revolutionären Prozess einnehme und verdächtig herzliche Beziehungen zu bestimmten pseudorevolutionären, revisionistischen Kreisen französischer Intellektueller unterhalte; dass ich mich mit Néstor Almendros und anderen Personen getroffen habe, die kritische Positionen bezögen, unter ihnen Cortázar, der gute, treue Julio Cortázar … Und dann sprachen sie von Dingen, die nur zwei Menschen wissen konnten: der Ernste und der Andere. Sie sagten, in der kubanischen Botschaft in Paris sei man über die Geschichten bestens informiert, und bei der Gelegenheit wurde mir klar, wie sich Wahrheit und Lüge miteinander verweben. Die Ereignisse beruhten auf realen Tatsachen, und kein anderer als der Andere konnte ihnen davon erzählt haben, denn er hatte allem seinen vulgären Stempel aufgedrückt. Aber bei ihrer Einschätzung der Ereignisse hätte ich mich bepinkeln können vor Lachen, wenn das Ganze nicht so traurig und ernst gewesen wäre. Offenbar ließ sich hier jeder über meine Person aus, über mein Werk, meine Moral, meine Einstellung, meine Ideologie und sogar über meinen schlechten Atem. Aber ich gab mich nicht geschlagen. Ich schrieb dem Ernsten nach Paris und bat ihn, er möge seine Beziehungen dort spielen lassen, um das mit der Tournee voranzutreiben und mir die Einladung so schnell wie möglich zuschicken zu lassen, auf dem offiziellsten Weg. An der Premiere im April hielt ich fest. Doch dann holten sie zum großen Schlag aus. In einer einzigen Woche musste ich mit ansehen, wie mir Orest, der Pädagoge, Klytämnestra und sogar Electra Garrigó buchstäblich von der Bühne und aus meinem Werk davonliefen. Ich dachte, ich müsste sterben, gab mich jedoch immer noch nicht geschlagen und machte mich auf die Suche nach neuen Schauspielern. Bis zu jenem besagten Tag, an dem sie uns alle ins Theater zitierten und mit vierundzwanzig Ja-Stimmen und zwei Enthaltungen beschlossen wurde, mich *in absentia* aus der Gruppe auszuschließen.

Zwei Monate darauf veröffentlichte der Andere einen Text über das zeitgenössische kubanische Theater, in dem er weder meinen Namen noch meine Werke erwähnte, so als hätte ich nie existiert oder als wäre es unmöglich, dass ich je wieder existieren würde. Da begriff ich, dass man nichts mehr tun konnte oder, besser gesagt, dass ich nichts mehr tun konnte, außer mich in mein Schneckenhaus zurückzuziehen wie eine Schnecke, die sich bedroht fühlt. Ich ließ den Vorhang fallen. Ich gab mich geschlagen und akzeptierte alle Strafen: zuerst in der Fabrik und dann in der Bibliothek arbeiten, das Theater und weitere Veröffentlichungen vergessen, keine Reisen und Interviews mehr, nichts. Ich verwandelte mich in ein Nichts. Ich spielte meine Rolle als lebendes Gespenst, mit Maske und allem, so gut, dass Sie es jetzt mit eigenen Augen sehen können: Mein Gesicht ist eine weiße Maske.

»Nicht wahr?«, fragte ihn der Marqués abschließend, und dann forderte er ihn auf: »Kommen Sie mit.«

Mario Conde folgte ihm durch den Salon in den Korridor und dann in das Zimmer, das nach Feuchtigkeit, dem Staub vieler Jahre und altem Papier roch. Der Regisseur machte Licht, und der Teniente sah sich von Büchern in Regalen umgeben, die vom Boden bis unter die hohe Decke reichten. Unzählige Bücher von außerordentlicher Qualität, unterschiedlich groß und dick, verschiedenfarbig und verschieden gebunden. Bücher.

»Sehen Sie gut hin. Was sehen Sie?«

»Na ja … Bücher.«

»Bücher, ja, aber Sie als Schriftsteller sollten wissen, dass Sie noch mehr sehen. Sie werfen einen Blick ins Ewige, ins Unauslöschliche, ins Wunderbare, in etwas, gegen das nichts und niemand ankommt, nicht einmal das Vergessen. Schauen Sie, das da ist die Ausgabe von *Das verlorene Paradies,* die ich damals geklaut habe. Der Autor ist, wie Sie wissen, der Dichter John Milton, und die Illustrationen sind von Gustave Doré. Und jetzt frage ich Sie: Wer wüsste noch, wie Miltons Nachbar hieß, jener steinreiche

Mann, sehr gefürchtet zu seiner Zeit, der ihn einmal irgendeiner Ungeheuerlichkeit beschuldigt hat? Sie wissen es nicht? Natürlich nicht! Das weiß niemand, und das ist auch gut so. Dagegen erinnert sich alle Welt an den Namen des Dichters. Und Dante? War er für oder gegen den Papst? Auch das wissen Sie nicht, stimmts? Aber Sie wissen, dass er *Die Göttliche Komödie* geschrieben hat und bekannter ist als alle Politiker seiner Zeit. Nun, das ist das, was ich das Unbesiegbare nenne … Und jetzt werde ich Ihnen sagen, warum ich mit Ihnen hierher gekommen bin.«

Er ging zu einem der Regale und nahm einen roten Aktenordner heraus, der von ehemals weißen, jetzt schmutzig grauen Bändern zusammengehalten wurde. »Ich werde es Ihnen erzählen, mein Freund und Polizist, weil ich glaube, dass ich es Ihnen schuldig bin, wie ich Ihnen eine Entschuldigung für meine ironischen Bemerkungen schuldig war … Also, hier in diesem Ordner befinden sich acht Theaterstücke, geschrieben in den langen Jahren des Schweigens. Und in dem anderen Ordner da liegt ein Essay von dreihundert Seiten über die Wiedererschaffung der griechischen Mythen im westlichen Theater des 20. Jahrhunderts. Was sagen Sie dazu?«

El Conde schüttelte ungläubig den Kopf. »Und warum halten Sie das zurück? Warum versuchen Sie nicht, es zu veröffentlichen?«

»Wegen dem, was ich Ihnen eben gesagt habe. Meine Person muss dieses Schweigen bis zum Ende erdulden. Der Schauspieler in mir hat getan, was er tun musste, er hat geschwiegen. Der Schriftsteller dagegen hat weitergeschrieben, denn eines Tages wird man sich an ihn erinnern, wie an Milton, aber niemand wird in der Lage sein, den Namen des erbärmlichen Beamten zu nennen, der ihn angefeindet hat. Man hat mir verboten, zu veröffentlichen und als Regisseur zu arbeiten. Niemand jedoch konnte mich daran hindern, zu denken und zu schreiben. Diese beiden Aktenordner sind meine Rache. Verstehen Sie mich jetzt?«

»Ich glaube, ja«, murmelte El Conde und strich liebevoll über die Blätter mit seiner Erzählung. In diesem Augenblick wurde ihm klar, dass er nicht wusste, was er mit ihr anfangen sollte. Vielleicht war sie ja nur für drei Leser bestimmt: für ihn selbst, für den dünnen Carlos und für Alberto Marqués. Im Grunde genügte ihm das. Nein, es war gar nicht nötig, sie zu veröffentlichen. Er durfte nichts von der Literatur erwarten. Einfach nur schreiben. Alberto Marqués hatte Recht: Diese Blätter enthielten das Unbesiegbare.

»Auch ich wollte mich entschuldigen, Alberto. Ich war bestimmt manchmal zu ruppig zu Ihnen, stimmts?«

»Ach, Schätzchen, du bist doch der reinste Engel! Du kannst dir gar nicht vorstellen, was es heißt, ruppig zu mir zu sein! Wenn ich davon erst anfange ... Besser nicht, vergiss es.«

Mario grinste. Er musste an die Geschichten denken, die er über die erotischen Abenteuer des Marqués, hier in diesem Haus, gehört hatte. Wie dem auch sei, dachte er, er ist schwul, das jedenfalls ist nicht gelogen. Aber ich mag ihn, auch das ist nicht zu leugnen.

»Sollen wir uns nicht besser wieder setzen?«, schlug der Hausherr vor.

Sie gingen zurück in den Salon, und noch im Korridor zündete Mario sich eine Zigarette an. »Ich muss gestehen, dass ich jetzt derjenige bin, der bewegt-erregt ist«, sagte er, als er seinen Platz auf der Bühne im Salon wieder eingenommen hatte. »Unsere gegenseitigen Geständnisse haben mich in einem Verdacht bestärkt, der mir seit drei oder vier Tagen nicht mehr aus dem Kopf geht: Sie haben mir etwas verschwiegen, das den Tod von Alexis Arayán besser erklären könnte. Wollen Sie es mir freiwillig erzählen, oder muss ich Sie vernehmen?«

»Dann glauben Sie also, dass noch mehr dahinter steckt ... Sie sind mir ja ein rechter Schnüffler, Herr Polizist. Sie wollen also noch mehr von mir hören?« Ohne eine Antwort abzuwarten, hob er einen Arm. Wie ein Zauberer, der etwas Sensationelles aus dem weiten Ärmel seines Mantels hervorzaubert, dachte Mario. »Wollen Sie wissen, was Alexis gesagt haben muss, dass sein Vater auf diese Weise reagiert hat? Also, gut ... Ach, was habe ich nur für eine lose Zunge! Nein, ich darf es Ihnen nicht sagen! Als Alexis es nämlich erfahren hatte und es mir erzählte, ließ er mich auf die Bibel schwören, das ich es, geschehe, was wolle, niemandem erzählen würde. Und ich habe es niemandem erzählt. Auch Ihnen nicht, verstehen Sie?«

Der Teniente lächelte. »Glauben Sie neuerdings an heilige Schwüre? Selbst wenn Ihr Schweigen Alexis' Mörder retten oder das Ausmaß seiner Schuld verbergen würde?«

Alberto Marqués strich sich über den fast kahlen Schädel und grinste diabolisch. »Stimmt, ich glaube an nichts, und jener Herr ... Aber lassen Sie mich Ihnen sagen, dass ich auch deshalb geschwiegen habe, weil ich mir nicht vorstellen konnte, dass jener Herr zu so einer Tat fähig wäre ... Also gut, Herr Polizist, Alexis hat ihm sicherlich gesagt, dass er von dem Betrug wusste, den sein Vater im Jahre 1959 begangen hat. Faustino Arayán hat Dokumente gefälscht und sich falsche Zeugenaussagen besorgt, um zu beweisen, dass er im Untergrund gegen Batista gekämpft hat. So konnte er auf den Zug der Revolution aufspringen, und seine gefälschte Vergangenheit garantierte ihm, dass man ihn als einen vertrauenswürdigen Mann ansah, der für seinen Kampf entschädigt werden musste. Können Sie sich vorstellen, was passiert, wenn das bekannt wird? Na ja, Sie wissen schon: Das Fest wäre für ihn zu Ende.«

El Conde wollte lachen, konnte aber nicht. Das ist bestimmt wieder nur so eine Geschichte von diesem schwulen Alten, sagte er sich. »Deswegen hat er Alexis *post mortem* mit zwei Pesos bezahlt«, stellte er fest, »sozusagen als Erpressungsgeld ... Wie hat Alexis eigentlich von dem Betrug erfahren? Wer konnte ihm das erzählt haben?«

»María Antonia.«

»Und warum hat sie es ihm erzählt?«

»Keine Ahnung. Vielleicht meinte sie, Alexis sollte etwas gegen seinen Vater in der Hand haben.«

Jetzt lachte El Conde doch. »María Antonia also ... Wie viel diese Frau wusste! Und ich hab am Anfang geglaubt ...«

»Ja, Sie sind ein leichtgläubiger Mensch, mein Freund und Polizist. Aber besser leichtgläubig als zynisch. Deswegen möchte ich Ihnen noch etwas gestehen: Viele der Beschuldigungen gegen mich sind berechtigt. Ich bin selbstgefällig, hochmütig, experimentier- und risikofreudig. Und seit meinem zwölften Lebensjahr, als mir klar wurde, dass ich in den Freund meiner Schwester verliebt war, wusste ich, dass es für mich keine andere Möglichkeit gab, als meine Sexualität mit Männern auszuleben. Was ich seitdem auch immer und überall getan habe, bis heute. Denn so bin ich nun mal und werde es immer bleiben, jetzt und immerdar, wie es geschrieben steht.«

Der Teniente hätte es nie für möglich gehalten, dass er sich jemals so etwas anhören und auch noch eine gewisse Sympathie dafür empfinden könnte, ohne daran zu denken, aufzustehen und diesem Paradiesvogel einen kräftigen Tritt in den Hintern zu versetzen. Allerdings hielt er es für geboten, sich bei der nächsten Gelegenheit zu verabschieden. Vorher wollte er aber noch die letzten Fäden der Geschichte miteinander verknüpfen.

»Der Bericht aus Paris, hat Arayán den geschrieben?«

»Wer denn sonst? Faustino war schon immer eine miese Ratte, skrupellos und intrigant.«

»Und was ist aus dem Ernsten geworden?«

»Ach, das ist alles ganz furchtbar! Ich habe gehört, dass es ihm schlecht geht, sehr schlecht. Es heißt, er hat nur noch ein paar Monate zu leben. Der Ärmste! Er hat sehr unter dem gelitten, was man mir angetan hat. Vielleicht sogar mehr als ich.«

Der Teniente stand auf.

»Ich muss jetzt gehen. Aber vorher möchte ich Ihnen noch zwei letzte Fragen stellen.«

»Es ist immer dasselbe: zwei letzte Fragen.«

»Wer ist der Andere?«

»Haben Sie das denn noch nicht erraten? Dann sind Sie doch kein so guter Polizist. Dabei habe ich Ihnen alle möglichen Hinweise gegeben. Jetzt ist es an Ihnen, es herauszufinden. Zumal Sie doch ein Schriftstellerkollege sind, nicht wahr. Und die zweite Frage?«

»Als ich neulich Ihre Toilette benutzt habe, haben Sie mich da beobachtet?«

Alberto Marqués bekam wieder jenen erstaunten Gesichtsausdruck, den Mario bereits an ihm kannte. Sein Mund formte ein stummes O, und er legte die rechte Hand auf die Brust wie zum Schwur. »Ich? Trauen Sie mir so etwas zu, mein Freund und Polizist?«

»Ja.«

Der Alte lachte, doch das stoßweise Keuchen blieb aus. »Sie denken immer nur das Schlechteste von den Menschen, Señor Conde, stimmts?«

»Wenn Sie es sagen …«

»Natürlich sage ich das … Hören Sie, ich möchte Sie um einen Gefallen bitten. Ich möchte Sie bitten, mein Geheimnis für sich zu behalten. Sie sind mir sympathisch, und wenn mir jemand sympathisch ist, neige ich zu Geständnissen. Aber nur drei Personen wissen, was sich hier in diesen beiden Ordnern befindet. Und Sie gehören dazu.«

»Keine Sorge. Ich werd Sie nicht mal fragen, wer neben dem Ernsten die dritte Person ist … Also, ich muss jetzt wirklich gehen. Und vielen Dank für alles.«

»Wann sehe ich Sie wieder?«

»Wenn ich die nächste Erzählung geschrieben habe. Oder wenn der nächste Transvestit ermordet wird ... Hier, das Buch, das Sie mir geliehen haben. Jetzt schulde ich Ihnen nichts mehr, oder? Na ja, fast nichts ...«

Er streckte dem Regisseur die Hand hin, und der legte seine feingliedrige, knochige Hand hinein. Wenn dich der dicke Contreras in die Finger kriegen würde, dachte der Teniente und drückte behutsam die Hand des Alten, ließ sie aber gleich wieder los. Er glaubte ein gefährliches Glitzern in den Augen des Marqués zu sehen. Will er mir einen Kuss geben? Nein, was zu viel ist, ist zu viel, dachte er und eilte hinaus auf die Straße, wo eine purpurrote Sonne den langen, samtenen Todeskampf des Sonntagnachmittags begleitete, der wärmer gewesen war als selbst Alberto Marqués.

Während Mario durch Havannas Altstadt strich, musterte er jede Frau, die ihm entgegenkam. Ob das wohl ein Transvestit ist?, fragte er sich jedes Mal und suchte nach einem verräterischen Hinweis im geschminkten Gesicht, an den Händen, an der Form der Brüste und des Hinterns. Zwei junge Mädchen, die Arm in Arm und Hüften schwingend an ihm vorbei schlenderten, kamen ihm ziemlich verdächtig vor, doch die Abenddämmerung erlaubte kein abschließendes Urteil. Da wurde ihm bewusst, dass er darauf aus war, einem Transvestiten zu begegnen. Warum?, fragte er sich, wozu? Er wusste keine Antwort darauf. Als er die Treppe zu Polys Wohnung hinaufstieg, nahm er sich vor, seinen Kopf von diesem ganzen Ballast freizuschaufeln, um zur Besinnung zu kommen und wieder er selbst zu werden, es zu genießen, einer Frau hinterher zu sehen – am besten einer kubanischen, am besten auf einer Straße in Havanna – und sich auszumalen, dass die tanzenden Brüste, die ausladenden Pobacken und der feuchte Saugmund für ihn ganz allein bestimmt waren.

Poly empfing ihn an der Tür, in einem weißen Kittel, durch den die dunklen Brustwarzen und, weiter unten, das noch dunklere Dreieck hindurchschimmerten. Bevor er etwas sagen konnte, fiel sie ihm um den Hals und stieß ihm ihre Zunge zwischen die Lippen wie eine ausgehungerte Schlange. »Krass!«, rief sie, als sie ihre Mundesvisitation beendet hatte und die Schwellung in Marios Jeans betastete. »Ein heterosexueller Bulle!«

Voller Mannesstolz fragte er sie: »Hast du auf mich gewartet?«

»Was denkst du denn, du Machist-Stalinist ... Und was hast du da in der Tüte?«, fragte sie zurück und versuchte, einen Blick in die Plastiktüte zu werfen, was Mario zu verhindern wusste.

»Warte, zuerst möchte ich dich etwas fragen: Kann ich drei Tage hier bei dir bleiben, ohne auf die Straße zu gehen und die Sonne zu sehen?«

Sie lächelte und zeigte ihre spitzen Spatzenzähnchen.

»Um was zu machen?«

»Etwas, das nie langweilig wird.«

»Ich glaube, ja.«

»Gut, dann bring die Tüte in Sicherheit. Zehn Eier, eine Dose Ölsardinen, zwei Flaschen Rum, fünf Päckchen Zigaretten, Brot und Makkaroni. Damit wir groß und stark werden und den Belagerungszustand überleben. Hast du Kaffee? ... Gut, dann sind wir unbesiegbar. Wie Milton.«

»Wer ist das denn?«

»Ein brasilianischer Musiker. Aber jetzt muss ich erst mal telefonieren«, sagte er und zog sein Hemd aus. Er wählte die Nummer von Rangels Büro und war nicht überrascht, dass der Mayor immer noch in der Zentrale hockte. »Hör dir das an, Alter, da fällst du auf den Arsch!«, versprach er seinem Chef. Und dann brachte er ihn auf den neusten Stand über die Masken des Faustino Arayán. »Und, wie findest du das?«

»Wie gesagt: Dieses Land ist verrückt geworden!« Rangels Stimme klang weder überrascht noch erschöpft. Es war eine hohle, leere Stimme, und Mario Conde dachte wie schon so oft: Seine Stimme ist der Spiegel seiner Seele. »Hab ich mir die freie Woche verdient, ja oder nein?«

»Ja, hast du. Sehr sogar. Vielleicht wird ja doch noch irgendwann mal 'n richtig guter Polizist aus dir … Apropos, willst du mir nicht endlich verraten, warum du überhaupt Polizist geworden bist, Conde?«

»Werd darüber nachdenken, Chef, und dann erzähl ichs dir. Aber eins kann ich dir schon jetzt verraten: Du bist der beste Chef der Welt, egal was die Arschlöcher sagen oder tun.«

»Danke, Mario. Das tut gut zu hören, auch wenn es nichts nützt.«

»Doch, Alter, es nützt, und du weißt es. Pass gut auf dich auf, wir sehen uns Montag.«

Mario legte auf und wählte die Nummer des Dünnen. Es klingelte nur dreimal. »Dünner, ich bins.«

»Hallo, Kleiner! Kommst du gleich?«

»Nein, ich kann nicht. Heute nicht und morgen nicht und übermorgen auch nicht. Hab den Spatzenhintern um ein Dreitagevisum gebeten.«

»Sag mal, du, bist du etwa in die ausgeflippte Tussi verknallt?«

»Weiß ich noch nicht, Dünner. Vom Kopf her nicht, glaub ich. Und das ist auch besser so.«

»Hoffentlich weiß das auch der andere Kopf. Wenn der erst mal auf den Geschmack kommt …«

»Apropos, schreib dir folgende Nummer auf: 613456. Die ist nur für dich und Josefina, für den Notfall. Gib sie bloß nicht weiter, nicht mal an den Tod, wenn der danach fragen sollte. Auch nicht an die Guggenheim Foundation oder an Salinger, falls der mich in Havanna besuchen kommt, klar? Ach ja, dem roten Candito kannst du sie geben, wenn er mich sprechen will ...«

»Und wenn die von der internen Ermittlung nach dir fragen?«

»Die sollen mich mal kreuzweise, Dünner, kreuzweise! Von mir aus können die ihre Fahndungsbullen auf mich hetzen. Bei der Gelegenheit können wir dann gleich die kubanische Version von *Auf der Flucht* drehen ... Ach, das Wichtigste hab ich bei dem ganzen Scheiß glatt vergessen! Besorg zwei Flaschen Rum für Mittwoch, das Geld kriegst du von mir. Ist mein Geburtstagsgeschenk. Ich ruf Andrés und den Hasenzahn an, ja? Mal sehen, wie wir den Tag rumkriegen ...«

»Gebongt! Weißt du, was die Alte zu meinem Geburtstag machen will? Eine argentinische Grillpfanne, mit Chorizo, Innereien, Lendchen, Filets ... Ach, und denk dran, Kleiner, ich hab immer noch keine Kopie von deiner Erzählung, du!«

»Bring ich dir am Mittwoch mit ... Sag mal, was ist eigentlich jetzt mit der Dulcita?«

Mario wusste, dass er diesmal etwas länger auf eine Antwort warten musste. Und er wartete mit all seiner Engelsgeduld.

»Nichts, Conde, was soll schon sein? Wenn sie kommen will, soll sie kommen. Dann werd ich zu ihr sagen: So ist das Leben, *darling.*«

»Das ist ja die Kacke, Dünner! Dass das Leben so ist. Aber darüber reden wir noch ... Also dann, lass dich umarmen, Bruder«, sagte Mario und legte auf.

Poly erwartete ihn auf der Bettkante sitzend, in jeder Hand ein Glas. El Conde fühlte sich nicht recht wohl dabei, hier glücklich zu sein, während der dünne Carlos, der schon lange nicht mehr dünn war, zum Krüppel geschossenes Bauernopfer eines geopolitischen Krieges, keine Möglichkeit mehr hatte, seine Triebe zu befriedigen, jedenfalls nicht mit einer ausgeflippten Tussi. Und der unter der

Vorstellung litt, seine ehemalige Freundin könnte ihn so sehen, ganz tief unten.

Mario strich Poly zärtlich über den Pony und nahm das vollere Glas. So wie er war, mit nacktem Oberkörper, trat er auf den kleinen Balkon und in die Nacht hinaus, um Körper und Geist abzukühlen. Er ließ seinen Blick über die antennengespickten Dächer der vom Zerfall bedrohten Häuser Alt-Havannas wandern, in denen sich unendlich viele Dramen abspielten. Warum, zum Teufel, muss alles so sein, wie es ist?, fragte er sich. Weil alles genau so und nicht anders ist, Conde. Ist es möglich, noch einmal von vorn anzufangen und Ungerechtigkeiten, Fehler und Irrtümer zu korrigieren? Nein, Conde, das ist nicht möglich. Obwohl du immer noch unbesiegbar sein kannst, sagte er sich, während er in der Dunkelheit den wunderlichen Flug einer Taube beobachtete, die aus einem Traum zu stammen schien und ganz gegen ihre Gewohnheit als Tagtier durch die tropische Nacht flog, an Höhe gewann, fast senkrecht aufsteigend, dann die Flügel anlegte und ins Taumeln geriet, so als überkäme sie plötzlich das Schwindel erregende Gefühl, ins Leere zu fallen. Dann nahm sie wieder ihren Flug auf und verschwand hinter einem von den Jahren zerfressenen Gebäude. Ich bin wie diese Taube, dachte Mario, und wie sie, dachte er, habe ich nichts anderes zu tun, als den Flug wieder aufzunehmen, an Höhe zu gewinnen und mich am Himmel und in der Nacht zu verlieren.

Mantilla, 1994–1995

Leonardo Padura

Eigentlich hatte der 1955 in Havanna geborene Autor Leonardo Padura seine Karriere als Journalist begonnen: Nach dem Abschluss des Lateinamerikanistik-Studiums in Havanna schrieb er zunächst für die Zeitschrift *El Caimán Barbudo.* Drei Jahre später wurde er wegen »ideologischer Probleme« strafversetzt zur Zeitung *Juventud Rebelde.* Bald gehörten seine Reportagen zu den meistgelesenen in Kuba, vielleicht auch deshalb, weil er sich nicht scheute, auch entlegene und unbequeme Themen aufzugreifen. Nach 1989 folgten sechs Jahre als Chefredakteur bei der Kulturzeitschrift *La Gaceta de Cuba.*

Die Kriminalromane seines »Havanna-Quartetts« sind für Leonardo Padura denn auch nur ein Vorwand, um von der kubanischen Gesellschaft zu erzählen und das Gewissen seiner Generation einer Prüfung zu unterziehen. Vor dem »Havanna-Quartett«, das ihn international bekannt machte, veröffentlichte Padura einen Roman sowie mehrere Bücher mit Erzählungen und Reportagen, für die er in Kuba verschiedene Preise erhielt. Das »Havanna-Quartett« wurde sowohl in Kuba als auch international ausgezeichnet, unter anderem mit dem Premio de América insular y de la Guayana, dem Premio Internacional de Novela Negra, dem Premio Hammett und dem Premio Café de Gijón.

Bibliografie

Romane und Erzählungen:

Das »Havanna-Quartett«: *Pasado perfecto* (1991; dt. *Ein perfektes Leben,* 2003); *Vientos de cuaresma* (1994; dt. *Handel der Gefühle,* 2004); *Máscaras* (1997; dt. *Labyrinth der Masken,* 2005); *Paisaje de otoño* (1998; dt. *Das Meer der Illusionen,* in Vorbereitung).

Weitere Werke: *Fiebre de caballos* (Roman, 1988); *Según pasan los años* (Erzählungen, 1989); *El cazador* (Erzählungen, 1990); *La puerta de Alcalá y otras cacerías* (Erzählungen, 1998); *La novela de mi vida* (Roman, 2002).

Literaturwissenschaft, Essays, Reportagen: *Con la espada y con la pluma: Comentarios al Inca Garcilaso* (1984); *Colón, Carpentier, la mano, el arpa y la sombra* (1987); *Lo real maravilloso: creación y realidad* (1989); *El alma en el terreno* (Interviews, zusammen mit Raúl Arce, 1989); *Un camino de medio siglo: Carpentier y la narrativa de lo real maravilloso* (1994); *El viaje más largo* (Reportagen, 1994); *Los rostros de la salsa* (Interviews, 1997); *Modernidad, posmodernidad y novela policial* (2000).

Der Übersetzer

Hans-Joachim Hartstein, geboren 1949, studierte Romanistik in Köln und Münster und übersetzt seit 1980 französisch- und spanischsprachige Literatur. Seit 1988 ist er zudem Lehrbeauftragter an der Universität Düsseldorf am Institut für Literaturübersetzer. 1989 war er Stipendiat des Freundeskreises literarischer und wissenschaftlicher Übersetzer. Zu den von ihm übersetzten Autorinnen und Autoren gehören Georges Simenon, Léo Malet, Luis Goytisolo, Juan Madrid, Marina Mayoral und Ernesto Che Guevara.

Die Revolution und ihre Außenseiter

Nachwort von Thomas Wörtche

Labyrinth der Masken von Leonardo Padura ist ein sehr kubanischer Kriminalroman. *Labyrinth der Masken* ist ein sehr globaler Kriminalroman, denn sein Originaltitel *(Máscaras)* schließt ihn – wie der deutsche Titel auch – ganz eng an das berühmte Diktum von Gilbert Keith Chesterton an, der Kriminalroman sei recht eigentlich ein Maskenball, bei dem nichts so sei, wie es ist, und das Spiel mit der Darstellung im Vordergrund stehe. Und die Bedeutung von Chesterton im lateinamerikanischen Raum kann man – via Jorge Luis Borges – gar nicht überschätzen, sie ist schlichtweg enorm.

Labyrinth der Masken ist aber auch deswegen ein Kriminalroman *sui generis,* weil er ein Roman über Außenseiter ist. Und das hat wiederum sehr kubanische Gründe. »Die Legislation und Propaganda Fidel Castros gegen Homosexuelle als Agenten des amerikanischen Imperialismus ist bekannt«, notierte lakonisch Hans Mayer in seinem entscheidenden Buch zum Thema, *Außenseiter.*

Gemeint ist damit die Zuordnung von Homosexualität zu anderen Parametern (deswegen spricht man oft von »Parametrisierung«) unsozialistischen Verhaltens: Intellektualismus, Habgier, mangelnde Begeisterung für den Aufbau des Sozialismus, Individualismus, Einzelgängertum etc. Kulturpolitisch gesehen gehörte Homosexualität zu dem Sündenzusammenhang »Formalismus«, »Dekadenz« und andere gegen den einzig wahren sozialistischen Realismus (im Gefolge von Lukács) gerichtete Untugenden, die zugleich politische Subversion bedeuteten und als konterrevolutionär geahndet wurden – mit härtesten Bandagen.

Homosexuelle und homosexuelle Künstler wurden Ziel von Repression und Isolation. Schwule Intellektuelle, die, so das Standardargument, die Jugend verführen könnten, wurden aus öffentlichen Positionen entfernt und der körperlichen Arbeit, der »Produktion« zugeführt. Exil oder Unsichtbarkeit waren ihre einzigen Alternativen. Prominente Fälle wie Reinaldo Arenas, Severo Sarduy oder José Lezama Lima produzierten internationale Skandale, die in den Sechziger- und Siebzigerjahren allerdings gerne unter nebenwidersprüchliche Kinderkrankheiten des revolutionären Großprojekts Kuba verbucht wurden. Und insofern millimetergenau Hans Mayers Beobachtung bestätigten, dass eine »Denkrichtung, die eine jede so genannte ›Personalisierung‹ verachtet, um allein die Kollektivität anzuerkennen ... eine unmenschliche Praxis befördert«.

Eine der Hauptfiguren und -opfer der Parametrisierung war der Dramatiker Virgilio Piñera, dessen Porträt Padura in der Gestalt des Alberto Marqués zeichnet und damit einen erheblichen Beitrag zu dessen menschlicher und künstlerischer Rehabilitation auf Kuba selbst leistet. Juan Goytisolo erzählt eine Anekdote, der zufolge Che Guevarra ein Buch von Piñera wütend und erbost durchs Zimmer geworfen und gebrüllt habe: »Schwuchtelkram«.

Das revolutionäre Pathos dieser wahren oder zumindest gut erfundenen Episode hat seine Logik: Wie alle Revolutionen hatte auch die kubanische einen gewissen puritanisch tugendwahnhaften Kern. Das Kuba der Batista-Zeit war die Lasterhöhle der Cosa Nostra; Meyer-Lansky und seine Jungs versorgten eine zahlungsfähige Klientel im schicken Havanna mit allen menschlichen Bedürfnissen, nach denen Nachfrage bestand: Sex in allen Spielarten, Glücksspiel, Drogen. Homosexualität galt als Laster, als abartige Praxis einer reichen Elite – so wie die sexuelle Toleranz und Libertinage des Ancien Régime nicht als kleines Stück menschliche Utopie, sondern als Ausweis von Verrottung und Dekadenz gewertet wurde. Denselben Reflex finden wir in der sozialistisch/sozialdemokratischen Empörung über die »ungeheuerlichen« Vorgänge am Kaiserhof Wilhelms II., oder die schwulen Umtriebe eines Krupp-Erben auf Capri, als Liquidationsvorwand für die SA-Gruppierung um Röhm auf nationalsozialistischer Seite, verknüpft mit dem Antisemitismus zu Stalins Zeiten und so weiter und so traurig fort.

Die Ikonografie der kubanischen Revolution – prächtige, bärtige Mannsbilder, die dicke Zigarren rauchen, mit Schusswaffen hantieren, blanken

Uniformfetischismus treiben und durch das Charisma ihres *machismo* weibliche Zuhörerscharen erregt erbeben lassen – fügt sich nahtlos nicht nur in das traditionelle Geschlechterbild Lateinamerikas, sondern in einen globalen Zusammenhang fragwürdiger Gewissheiten, die angeblich »normales Geschlechtsverhalten« mit »Natur« verwechselt. Wer will, kann diese Denkfigur bis Platon zurückverfolgen. Die, laut Hans Mayer, an ihren Außenseitern gescheiterte Aufklärung setzt sich in ihrem Scheitern in den Revolutionen des zwanzigsten Jahrhunderts fort.

Weil aber gerade erstens Kriminalromane in der Tradition von Dashiell Hammett (nicht von Chandler, *by the way)* den Blick der Außenseiter auf die Welt in besonders wirkmächtige Literatur verwandelt haben, und zweitens angeblich »schwule Kriminalliteratur« auf Kuba als besonders verächtlich galt (man hielt von offizieller Seite zum Beispiel Hercule Poirot für eine Schwuchtel und spekulierte degoutiert über die wirkliche Beziehung zwischen Nero Wolfe und seinem Adlatus Archie Goodwin, von Sherlock Holmes und seinem Watson ganz zu schweigen), darf man es ruhig als besondere Ironie sehen, dass 1972 anlässlich des *Concurso Aniversario del Triunfo de la Revolución* ausgerechnet das Innenministerium einen sozialistischen Kriminalroman forderte, in dem der Delinquent grundsätzlich der Außenseiter zu sein hatte. Entweder als ruchloser CIA-Agent, meistens mit jüdischen Namen, oder als asoziales Element – eben zum Beispiel als Homosexueller, den man, Lombroso lässt grüßen, an gewissen Parametern erkennen kann.

Selbst bei avancierterer literarischer Technik sind diese Grundmerkmale noch bei kubanischen Autoren wie Daniel Chavarría oder Luis Rogelio Nogueras zu finden; ästhetische Positionen des sozialistischen Realismus sind also anscheinend leichter suspendabel als Homophobie und Antisemitismus (wobei noch Sexismus und Rassismus hinzukommen, aber das ist ein anderes, schlimmes Kapitel) – auch in der internationalen Rezeption.

In diesen einerseits spezifischen, andererseits globalen Zusammenhang gehört Paduras *Labyrinth der Masken.* Sein Held, der Teniente Mario

Conde, personifiziert die ganze Komplexität des Themas. Conde ist eine extrem realitätstüchtige Figur, weil er keineswegs eine oberflächliche Scheinliberalität an den Tag legt. Er ist homophob sozialisiert, er ist hysterisch misstrauisch, wenn er Alberto Marqués verhören soll, ihn gruselt vor Transvestiten und er entwickelt eine gehörige Portion Angstlust, bevor er schlichten Respekt vor der Würde des alten Dramatikers entwickeln kann.

Ganz in Sinn der Mayerschen Distinktion zwischen »existentiellem« und »intentionellem Außenseiter« ist Conde aber auch der typische, topische, meinethalben allegorische Melancholiker. Skeptisch, nachdenklich, belesen, versoffen, lustbetont, aber beziehungsgestört. Ein Parametrisierter, allerdings aus eigenem Entschluss und eigener Reflexion – intentionell eben. Und so zerbröseln ihm im Laufe der Handlung die letzten Gewissheiten über den Gang der Welt. Die Masken der Revolution spiegeln sich verzerrt in den Masken des Transvestismus, beide werden offen für neue Zuordnungen. Und die neue Offenheit wird möglich, weil ein armer, verwirrter Jüngling im blutigen Ernst mit den alten Normen kollidiert ist. Er wurde ermordet. Der sozialistische Kriminalroman hat sein letztes Opfer gefunden – mit Leonardo Paduras *Labyrinth der Masken* beginnt eine neue Phase.

Und noch mal paradoxerweise ist damit der solcherart aufgestellte, anscheinend randständige kubanische Kriminalroman der derzeitigen *mainstream*-Variante der europäisch-amerikanischen kriminalliterarischen Erfolgswelle intellektuell und ästhetisch weit voraus.

Leonardo Padura
Das Havanna-Quartett

»Mario Conde ist ein Meister der kriminalistischen Ermittlung und der unglücklichen Liebe. Und nebenbei erfährt man so vieles über das Leben in Kuba.«

Norbert Thomma, Der Tagesspiegel, Berlin

Ein perfektes Leben *Das Havanna-Quartett: »Winter«*
ISBN 3-293-00315-X
Das Leben des hohen Wirtschaftsfunktionärs und vorbildlichen Genossen Rafael Morín war nur scheinbar perfekt. Mario Conde muss sich der verlorenen Liebe zu Tamara stellen – und gleichzeitig den Träumen und Illusionen seiner eigenen Generation.

Handel der Gefühle *Das Havanna-Quartett: »Frühling«*
ISBN 3-293-00322-2
Mario Conde dringt ein in eine Welt der Vetternwirtschaft, der Drogen und des Betrugs. Und er verliebt sich leidenschaftlich in die schöne, jazzbegeisterte Karina, ohne etwas vom tragischen Ausgang dieser Liebesgeschichte zu ahnen.

Labyrinth der Masken *Das Havanna-Quartett: »Sommer«*
ISBN 3-293-00323-0
Der exzentrische, homosexuelle Marqués – kultiviert, intelligent und mit feiner Ironie begabt – lebt geächet in einem zerfallenden Haus. Er führt Mario Conde in eine düstere Welt ein, in der jedermann die ganze Wahrheit über den ermordeten Transvestiten Alexis Arayán zu kennen scheint.

Das Meer der Illusionen *Das Havanna-Quartett: »Herbst«*
ISBN 3-293-00324-9. In Vorbereitung
Miguel Forcade Mier, seit 1978 in Miami im Exil, wird kurz nach seiner Rückkehr nach Kuba ermordet aufgefunden. Nach der Revolution war er mit der Enteignung des Kunstbesitzes der kubanischen Bourgeoisie beauftragt und schaffte sich zahlreiche Feinde. Die Ermittlungen werfen Mario Conde aus der Bahn.